NA SENDA DAS *NOITES*

Coleção Estudos Árabes

NA SENDA DAS *NOITES*
"Os Quatro Talismãs" de Charles Nodier
e *Les mille et une nuits*

Christiane Damien

Copyright © 2010 Christiane Damien

Direitos reservados e protegidos pela Lei 9.610 de 19.02.1998.
É proibida a reprodução total ou parcial sem autorização, por escrito, da editora.

Dados Internacionais de Catalogação na Publicação (CIP)
(Câmara Brasileira do Livro, SP, Brasil)

Damien, Christiane
   Na Senda das Noites: "Os Quatro Talismãs" de
Charles Nodier e *Les mille et une nuits* / Christiane
Damien. – São Paulo: Ateliê Editorial, 2010. –
(Coleção estudos árabes)

   Bibliografia.
   ISBN: 978-85-7480-472-9

   1. Contos árabes – História e crítica   2. Galland, Antoine,
1646-1715 – Crítica e interpretação   3. Gêneros literários
4. Literatura comparada   5. Maravilhoso na literatura
6. Nodier, Charles, 1780-1844 – Crítica e interpretação
7. Orientalismo   I. Título   II. Título: "Os quatro talismãs"
de Charles Nodier e *Les mille et une nuits*.   III. Série.

10-00328   CDD-809

Índice para catálogo sistemático:
1. Literatura comparada   809

Direitos reservados à
ATELIÊ EDITORIAL
Estrada da Aldeia de Carapicuíba, 897
06709-300 – Granja Viana – Cotia – SP
Telefax: (11) 4612-9666
www.atelie.com.br
atelie@atelie.com.br

Printed in Brazil 2010
Foi feito o depósito legal

*A Maria Emily Damien Codenhoto, minha mãe,
pelo seu exemplo de força e virtude.*

Sumário

Agradecimentos 11
Convenção gráfica 13
A estética do prazer – *João Baptista M. Vargens*................ 15
Introdução 17

Capítulo 1. Na senda das *Noites*
   1. As origens e os ramos 27
   2. A chegada das Noites *à França* 38
   3. O cânone de Antoine Galland 46
   4. Les mille et une nuits: "la belle infidèle" 59

Capítulo 2. Charles Nodier e o Oriente
   1. O orientalismo entre as luzes e o imaginário 75
   2. O romântico salão do Arsenal 90
   3. Um lugar para Les mille et une nuits 98
   4. O fantástico de Nodier 105

Capítulo 3. Em presença das *Noites*
  1. O prólogo-moldura 111
  2. Os motivos 131
  3. Os temas 145
  4. Narrativa e permanência 187

Nota final 195
Bibliografia 201

Agradecimentos

O livro que ora apresento é baseado em minha dissertação de mestrado, defendida em outubro de 2007 no Programa de Língua, Literatura e Cultura Árabe da Faculdade de Filosofia, Letras e Ciências Humanas da Universidade de São Paulo. Para a realização deste trabalho, colaboraram professores, amigos e familiares, alguns dos quais irei mencionar de forma especial, reiterando meus agradecimentos.

Prof. Dr. Mamede Mustafa Jarouche, por sua orientação e incentivo nesta publicação; Profª Drª Ana Luiza S. Camarani e Profª Drª Verónica Galíndez Jorge, participantes da minha banca de defesa de dissertação, pelas preciosas intervenções; Prof. Dr. João Baptista M. Vargens, pela cuidadosa revisão e generosidade acadêmica; Prof. Dr. Michel Sleiman e Profª Drª Safa Abou-Chahla Jubran, pelo auxílio nesta jornada; FAPESP, pelo apoio à publicação deste livro; Prof. Dr. João Batista Toledo Prado, por abrir as portas para que eu iniciasse minha caminhada em direção aos estudos árabes; em especial, agradeço, à Profª Drª Guacira Marcondes M. Leite, por suas aulas de literatura francesa, que me formaram e me motivaram a seguir pelas veredas da pesquisa acadêmica.

Agradeço também às amigas Hannelore König da Costa e Silva e Rosa Francisca Machado, pela calorosa acolhida em meus primeiros anos na cidade de São Paulo; aos amigos Kleber Wilson Valadares da Silva, Pedro Martins Reinato, Letícia Lopes Falleti, Rafaela Deiab, Márcia Maria Sant'Ana Jóe, Ivair Carlos Castelan, Maurício Brusadin, Gabriel Rached, Mariene Valadares da Silva e Lígia Barros de Freitas por suas reiteradas manifestações de apoio e incentivo; aos meus caros familiares Diana Elias (*in memoriam*), Cesar Augusto Damien Codenhoto, Angela Demian Prates, Alexandre Damien Codenhoto, José Renato Demian Ferreira e Paulo Henrique Gonçalves Demian pelo carinho, torcida e amparo a minhas escolhas. Agradeço especialmente ao querido Miguel Attie Filho, companheiro de todas as horas, pelo constante apoio ao meu trabalho e, sobretudo, por suas belas e sábias histórias que tão bem me orientaram ao longo de toda esta jornada.

Convenção gráfica

1. As vogais longas â, î, û podem ser pronunciadas como se fossem vogais tônicas.
2. A fricativa palatal surda š tem som equivalente ao do *x* ou *ch* do português, como *x*ícara e *ch*apéu.
3. A gutural laríngea (') e a faríngea sonora (') não possuem som semelhante em português.
4. Para a laríngea surda, utilizamos a letra *h*. É sempre pronunciada como o *h* do inglês, como *h*ome.

A estética do prazer

Não disponho de 1001 linhas para apresentar *Na Senda das* Noites, de Christiane Damien. Ainda assim, aceito o desafio e, neste curto espaço, procurarei apontar algumas veredas, que tornam a obra – em princípio um ensaio – um tratado de estética, ou seja, um estudo para a tentativa de compreensão das condições e dos efeitos da criação literária.

A autora utiliza uma técnica originalíssima ao confrontar as traduções – ou recriações – de *As Mil e Uma Noites* com o conto de Charles Nodier, "Os Quatro Talismãs". O texto crítico emaranha-se às narrativas analisadas, perpassando-as sorrateiramente, sem, ao menos, pedir licença. Esse expediente seduz os leitores de tal forma, que aguardam o desfecho das histórias para suspirarem aliviados e, então, perceberem o verdadeiro prazer da leitura. Damien, conforme as obras objeto de sua análise, faz um jogo de esconde-esconde e, desse modo, suscita e aguça a curiosidade dos interlocutores, incitados ao permanente diálogo, em busca do fio de ouro do novelo, guardado a sete chaves. Quando é encontrado, atinge-se o pleno êxtase, resultado da cumplicidade triangular, estabelecida tacitamente entre a escritora, a escritura e o público legente. Aquela, consciente da função da literatura, afirma: "a página sem palavras é envenenada, ou o livro que nada conta, mata; portanto, a ausência de narrativa significa a não permanência, ou seja, a morte".

Vale a pena ressaltar que *Na Senda das* Noites surge num momento mais que oportuno. Evidencia a importância e a atualidade de *As Mil e Uma Noites* como modelo para a narrativa ocidental, modelo esse que perdura, se perpetua e orienta o desenvolvimento de tramas entrelaçadas, até mesmo em bem-sucedidas telenovelas brasileiras.

Enquanto os arautos do apocalipse, ocultando os verdadeiros motivos, advertem para o perigo de uma tragédia mundial, fruto do "choque de civilizações", e insistem na manutenção do papel em branco, Christiane nos oferece em seu livro um bom exemplo de que ideias e ideais de diversas sociedades, permutados, com respeito mútuo, astúcia, inteligência e imaginação, podem prenunciar um advir de tolerância e de boa convivência, afastando, de vez, a saga da morte, prenunciada para a noite seguinte.

João Baptista M. Vargens

Introdução

A existência de elementos sobrenaturais e mágicos marca presença nas narrativas desde os mais remotos tempos de nossa história; tal longevidade foi lembrada por Todorov quando observou que o gênero maravilhoso existe desde sempre. A mais velha fonte da literatura popular maravilhosa – e que está fortemente integrada ao folclore das nações ocidentais – é a oriental.

Originária da Índia e reelaborada no mundo árabe, a coletânea *Kalîla e Dimna* é um dos mais antigos e importantes fabulários do Oriente, cujo valor universal é testemunhado pelas inúmeras traduções feitas nas línguas antigas e modernas. O texto original, em sânscrito, só foi encontrado tardiamente; os estudos comparativos e as pesquisas dos orientalistas demonstraram que a obra *Kalîla e Dimna* é uma reunião de narrativas pertencentes originalmente ao *Pancatantra* – apólogos usados pelos pregadores budistas por volta do século V a.C. – e à epopeia indiana *Mahabharata* – escrita por volta do século VIII a.C. Esse fabulário, que remonta ao século V antes de Cristo, foi traduzido para o persa – ignora-se a data – e para o siríaco por um monge cristão chamado Bod. A versão árabe, considerada a mais importante do ponto de vista da riqueza textual, feita por Ibn al-Muqaffa' em meados do século VII, foi, sobretudo, a grande difusora da obra. O texto *Kalîla e Dimna* possui uma complexa estrutura narrativa composta de um eixo condutor do qual partem e ao qual voltam as sucessivas histórias – técnica hoje denominada estrutura em cadeia.

Essa forma de composição intrincada é também observada em *O Sábio Sindbâd*, texto indiano que teve perdido seu original em sânscrito. O fabulário continuou a ser transmitido pelas versões persa, árabe, siríaca, grega, hebraica e, a seguir, pelo castelhano, que acabou por tornar-se um dos mais antigos testemunhos da literatura medieval espanhola e, ainda, uma das formas mais antigas da coletânea. *O Sábio Sindbâd* foi introduzido na Península Ibérica em 1263 – praticamente ao mesmo tempo em que *Kalîla e Dimna,* já vertido para a língua local há alguns anos, através da versão castelhana, feita diretamente do árabe, por ordem do Infante Dom Fadrique, irmão de Afonso X, o Sábio. Na tradução espanhola, *O Sábio Sindbâd,* título que provém do nome de uma das personagens – o filósofo Sindbâd – foi chamado de *Sendebar* ou *Libro de los Enganos e los Asayamentos de las Mugeres o Livro de Cendubete*. O texto é tido como um dos precursores do conto de fadas pelo fato de possuir como conflito questões de natureza existencial, como a paixão amorosa e a sabedoria da palavra.

É provável que os árabes tenham entrado em contato com a singular técnica narrativa da estrutura em cadeia por meio de *Kalîla e Dimna* e empregaram-na amplamente nas *Mil e Uma Noites* [*Alf laylah wa-laylah*], obra fundamental do gênero maravilhoso e do cânone literário do Ocidente. As narrativas das *Noites* encaixam-se em torno de um eixo condutor, cumprido por Šahrâzâd, a filha do vizir, que tenta salvar-se da morte, decretada pelo rei Šahriyâr, seu esposo, contando-lhe, todas as noites, curiosas histórias, a pedido de sua irmã Dînârzâd. Antes do final, a última história é suspensa ao raiar do dia, a fim de manter a curiosidade do rei; este, por sua vez, vai poupando Šahrâzâd da morte para ouvir, na próxima noite, o desfecho da narrativa interrompida, que, então, é seguida de novas histórias surpreendentes.

As *Noites* possuem, segundo Borges, um dos títulos mais belos do mundo. Sua encantadora beleza está, talvez, atada à própria sugestão a que ele nos remete, que se figura em noites infinitas, inexauríveis, de modo que, como quis Borges, dizer "mil e uma noites" significa acrescentar uma ainda depois do infinito. Do mesmo modo, Nabhan sugeriu que o significado do título relaciona-se com um número vultoso e indefinido, lembrando a hipótese de Litmann acerca da influência da expressão de origem turca *bin bir* [mil e um], utilizada para indicar uma grande quantidade, na elaboração do título árabe *Alf laylah wa-laylah*.

Os manuscritos encontrados diferem entre si quanto ao número, à diversidade e às variantes das mesmas histórias. Zotenberg, orientalista do século XIX, que introduziu os estudos dos manuscritos das *Noites*, classificou-os em três grupos: família A – são aqueles oriundos de países muçulmanos da Ásia, referem-se ao Grupo Oriental e são considerados os mais antigos; família B e C, manuscritos de origem egípcia que se diferenciam quanto à distribuição dos contos. No século XX, o *scholar* Muhsin Mahdi manteve a proposição de Zotenberg, baseada na origem e na distribuição dos manuscritos, classificando-os, porém, em ramos; são eles: o ramo sírio – manuscritos provenientes da região onde hoje é o Líbano, a Síria e a Palestina – e o ramo egípcio – manuscritos copiados nesta região, o qual, por sua vez, se subdivide em antigo e tardio.

Até os dias de hoje, não se sabe ao certo o local de nascimento da obra; o único ponto de convergência é o fato de as histórias serem originárias do Oriente. No século XIX, orientalistas europeus tiveram longas discussões acerca da origem das *Noites*: Langlès (1814) defendeu a origem indiana; Hammer (1827 e 1839), a persa e a indiana; e Silvestre de Sacy (1817 e 1829), a árabe. No final do século XIX, de Goeje, um orientalista holandês, sustentou uma tese que ressaltava a origem persa com elementos judaicos. Silvestre de Sacy considerou que as hipóteses da origem indiana e persa não foram apresentadas de maneira convincente, e criticou Langlès e Hammer argumentando que as *Noites* são uma obra árabe porque possuem o "espírito e a concepção de mundo" muçulmanos. Do mesmo modo, Mahdi concebeu as *Noites* como uma obra árabe, sugerindo, ainda, que a obra, no formato pelo qual é conhecido hoje, remonta ao período entre a segunda metade do século XIII d.C. e a primeira do século XIV, no momento em que o Estado Mameluco englobava o Egito e a Síria.

Os contos maravilhosos das *Noites* foram divulgados na Europa no início do século XVIII, por meio da tradução do orientalista francês Antoine Galland, que publicou, em 1704, o primeiro de uma série de doze volumes, editados ao longo dos treze anos seguintes. É oportuno lembrar que a publicação da obra na França ocorreu num momento em que os valores do Classicismo estavam em crise. No final do século XVII, Perrault desencadeara uma polêmica que ficou conhecida como "Querela dos Antigos e Modernos", atacando os ideais da estética clássica defendidos por escritores como Racine e Boileau. Com o intuito de provar a equivalência de valor entre os "Antigos" greco-latinos – tidos como modelo estético desde o Renascimento – e os "Antigos" nacionais – chamados "Modernos" na "Querela" – Perrault voltou-se inteiramente para o resgate das "literaturas novas", produção literária de caráter popular criada a partir da Idade Média nas regiões da França, Itália, Espanha e Portugal. Tratava-se dos chamados contos de fadas, narrativas maravilhosas que estavam nas raízes do folclore francês. Nos contos publicados por Perrault, os estudiosos apontam, entre outras, as fontes indianas e céltico-bretãs.

Nessa atmosfera propícia a estimular o imaginário, a fantasia e o inverossímil, os contos maravilhosos das *Noites* tornaram-se presentes no cotidiano da corte de Luís XIV. Os salões desse período divertiam-se com os romances preciosos[1], plenos de aventuras mirabolantes, heróis e heroínas mitológicos, e com os contos de fadas, narrativas exemplares de intenção moralizante, publicados por Perrault, cujos valores se relacionavam com as questões espirituais e existenciais do homem. A chegada dos contos maravilhosos das *Noites* trouxe à tona as experiências sensorial, material e ética do ser humano, que se afastavam nitidamente das tradicionais histórias exemplares, oferecendo, portanto, narrativas inusitadas que atraíam os leitores da época. A partir de então, com o sucesso triunfal que *Les mille et une nuits*, de Galland, experimentaram desde seu primeiro volume, foi iniciado um processo de difusão dessas narrativas por todo o Ocidente, que, seduzido pelos encantos de uma outra civilização e cultura, bem diferentes da cristã, produziu uma série de traduções a partir da versão do orientalista francês, bem como inúmeras obras inspiradas nas histórias do livro, ao longo dos tempos.

1. Forma romanesca que se difundiu nos salões da França do século XVII.

Antoine Galland baseou sua tradução em um manuscrito árabe, datado do século XIV, pertencente ao ramo sírio – conforme a classificação de Mahdi –, considerado o melhor e o mais antigo dos manuscritos das *Noites*. Porém, o orientalista, em seu trabalho, não se baseou somente nesse manuscrito, de modo que uma das acusações de infidelidade, a propósito dos textos originais, incide sobre o fato de que algumas histórias – como as conhecidas "Aladdim ou a Lâmpada Maravilhosa", "Ali Baba e os Quarenta Ladrões Exterminados por uma Escrava", "Príncipe Ahmed e a Fada Pari-Banou", "O Adormecido Despertado" e "As Aventuras do Califa Haroun-al-Raschid" – que integram sua tradução não constam do manuscrito que lhe serviu de base. A autoria de tais histórias é atribuída ao maronita H'annâ, que, no contexto de uma viagem à França, divertiu o orientalista e demais ouvintes com suas histórias interessantes.

Desse modo, depois de Galland, as *Noites* conheceram outros tradutores que pretenderam a elaboração de um trabalho mais próximo do original. Em língua francesa, Mardrus, cuja tradução foi publicada entre 1899 e 1904; René Khawam teve seu trabalho publicado na década de 1960; André Miquel e Jamel Eddine Bencheikh, na década de 1990. Em inglês, Edward Lane, John Payne e Richard Burton editaram suas traduções no século XIX; e, mais recentemente, Husain Haddawi, em 1992. Em espanhol, Juan Gines Vernet, arabista catalão, e o escritor Ricardo Cansinos-Asens, no século XX; em alemão, Littmann publicou seu trabalho na década de 1920. Em língua portuguesa, temos a recente tradução de Mamede Mustafa Jarouche, que teve os dois primeiros volumes publicados em 2005; esta versão será utilizada neste trabalho como referência, pois, além de basear-se no mesmo conjunto de manuscritos utilizados por Galland, primou pela fidelidade ao original.

Embora a tradução de Galland tenha sido considerada, pelos orientalistas, infiel aos textos originais, "a pior escrita de todas, a mais mentirosa e mais fraca", para Borges, ela foi a "melhor lida" porque encantou, causou sensações de "assombro e felicidade" a quem sobre ela se pôde debruçar. Conforme Nabhan, a versão de Galland foi a base para a escola de traduções, que se consolidou durante os três séculos posteriores à sua publicação, pois, como se observou anteriormente, essa primeira versão das *Noites* foi traduzida para diversas línguas do Ocidente e, mesmo, do Oriente e adaptada para a literatura infanto-juvenil – como a de A. Henri, na França, e dos irmãos Grimm, na Alemanha –, além de ter sido uma fonte para a criação literária desde que fora publicada.

Depois do sucesso que os contos de *Les mille et une nuits*, de Galland, tiveram, no início do século XVIII, o gosto pelo Oriente adentrou o Século das Luzes, de modo que novas produções literárias foram engendradas com as cores de um Oriente exótico: *Cartas Persas*, de Montesquieu, e *Zadig*, de Voltaire, são exemplos de obras desse período que apresentam aspectos orientais exóticos, pelos quais os autores desenvolveram seus conceitos filosóficos e críticas à sociedade francesa da época.

No século XIX, o orientalismo teve um desenvolvimento surpreendente na Europa: ampliaram-se as traduções e os estudos relacionados com as mais variadas línguas orientais; na França, foi criada a Société Asiatique de Paris, que teve como presidente Silvestre de Sacy e o Duque de Orleans como presidente de honra; diversas revistas e jornais passaram a publicar artigos de estudos orientais, além de ter sido criado um jornal especializado para a área, o chamado *Journal Asiatique*, cujos artigos contemplavam a língua, a literatura, a filosofia e as ciências orientais. Nessa efervescência relativa aos estudos orientais, *Les mille et une nuits* ganharam novos leitores e tiveram mais publicações: uma delas teve seu prefácio assinado por Charles Nodier, o que suscitou um interesse ainda maior por essa edição.

Foi na Alemanha que, primeiramente, foi ressaltada a importância do Oriente para a renovação do pensamento e da criação literária. Nesse sentido, F. Schlegel, Creuzer e Herder associaram o crescente interesse pelo Oriente ao desejo de manifestar "essas outras expressões da humanidade que, em sua pureza primitiva, eram lendas nacionais ou poesias populares", de modo que Schlegel, em especial, sugeriu: "É no Oriente que devemos buscar o romantismo supremo". Além do retorno ao primitivo, ao original, os autores românticos alemães – e depois os românticos franceses – buscaram, também, o enriquecimento de sua imaginação nas cores do maravilhoso oriental.

Na França, os reflexos do orientalismo na produção literária parecem ter ocorrido gradativamente, conforme o Romantismo direcionava-

-se para sua consolidação. Nesse sentido, Victor Hugo, em *Les Orientales*, registrou em seu prefácio que toda fonte de inspiração era legítima, como aquelas vindas das culturas orientais, que poderiam enriquecer, sobremaneira, a literatura francesa. Assim, o desenvolvimento dos estudos relativos ao Oriente, associado a uma produção não somente literária, mas também filosófica, baseada no conhecimento oriental, levou diversos autores, alemães e franceses, tais como Victor Hugo, a sugerir que o século XIX vivia um segundo Renascimento, cuja referência era, neste momento, o Oriente. Edgar Quinet, por fim, consagrou a importância do Oriente através da expressão "Renascimento oriental", título de um dos capítulos de sua obra *Génie des Religions*.

Charles Nodier, iniciador do fantástico francês (considerando-se Jacques Cazotte como um precursor), foi um dos autores que reconheceram no Oriente uma rica fonte de conhecimento e inspiração, participando das reuniões do Salão de Cuvier, onde se falava da Ásia, de seus povos, de suas leis, de sua religião, bem como de sua literatura e filosofia. Quanto à produção literária de Nodier, o período mais intenso ocorreu a partir de 1830, quando elaborou, principalmente, contos fantásticos. Nessa mesma época, Nodier atravessou momentos de crise pessoal, buscando, diante da realidade que o agredia, o isolamento e a ruptura com o mundo exterior para um mergulho no universo imaginário. Assim, o brilhante contador de histórias que encantava a todos no salão do Arsenal passou a contar histórias para si mesmo, como um modo de distanciar-se da vida positiva dos homens: "As *Novelas* que eu conto a mim antes de contá-las aos outros têm, aliás, para meu espírito um encanto que o consola". É importante salientar que o autor situou tal posição no chamado "Prefácio Inútil", que antecede o conto "Os Quatro Talismãs" ["Les quatre talismans"], uma narrativa que visa à moralização, valendo-se de determinados elementos do maravilhoso árabe, que, comparativamente, podem ser encontrados em vários contos das *Noites*.

Nodier foi reconhecido pelo importante papel que desempenhou no movimento romântico e, sobretudo, por sua grande erudição – foi eleito membro da Academia Francesa em 1833 –, que está presente mesmo em suas produções mais pitorescas e de tradições populares, sempre muito valorizadas pelo autor. Segundo Camarani, Nodier recuperou lendas populares transmitidas pela tradição oral ao transpô-las para a ficção escrita, "mantendo sempre a figura, para ele imprescindível, do contador de histórias". Desse modo, torna-se possível observar o interesse de Nodier por *Les mille et une nuits*, de Galland – uma tradução das *Noites* que, na primeira metade do século XIX, desfrutava de uma circulação praticamente exclusiva – pois, nesta obra, tal qual na obra árabe, é prestigiada a arte de contar: a principal narradora do livro, a chamada Scheherazade, como a original Šahrâzâd, mantém-se viva por meio das encantadoras histórias que habilmente conta ao rei, assim como suas personagens, que, com a vida por um fio, também desempenham o papel de contadoras de histórias.

O encanto de Nodier por *Les mille et une nuits* é atestado em "Notice sur Galland", um prefácio que elaborou para uma nova edição da obra, em 1822. Nesse texto, o autor, além de tecer referências elogiosas ao tradutor e à tradução feita pelo orientalista francês, chamou atenção para o valor do livro:

[...] a realidade dos sentimentos, a novidade dos quadros, uma imaginação fecunda em prodígios, um colorido pleno de calor, o encanto de uma sensibilidade sem pretensão, um cômico picante sem caricatura, a graça e o natural, enfim, agradam em todos os lugares e agradam a todo mundo.

Para Nodier, tais narrativas, imbuídas de "uma imaginação fecunda", promoviam, a cada leitura, um "novo prazer", promovendo a evasão através das "ilusões deliciosas de uma vida imaginária" e da distância "dos aborrecimentos da vida positiva".

Ademais, Nodier foi também um dos teóricos iniciais da literatura fantástica, ainda não figurada, naquele momento, como um gênero diferente da narrativa maravilhosa. No ensaio teórico "Do Fantástico em Literatura" ["Du Fantastique en Littérature"], o autor assinalou, em vários momentos, a significativa contribuição da cultura e literatura árabes para a produção oral e escrita do gênero fantástico europeu.

Tendo em vista a esfera de interesse dos românticos pelo Oriente, à qual Nodier também pertencia, bem como os registros do autor que atestam a importância que atribuía a *Les mille et une nuits*, o objetivo de nosso trabalho, além de traçar o caminho das *Noites* até sua primeira tradução, na Europa, é observar a presença desta tradução de Galland na produção literária de Nodier, mais precisamente em seu conto "Os Quatro Talismãs". Para atingir tal objetivo, este trabalho foi estruturado em três capítulos. O primeiro discorre sobre questões a propósito das origens e dos manuscritos das *Noites*, a chegada do livro à Europa e a tradução de Galland. O segundo trata do orientalismo na Europa nos séculos XVIII e XIX, do contato de Charles Nodier com *Les mille et une nuits*, bem como da concepção do autor a respeito do fantástico. O terceiro capítulo foi dedicado propriamente à análise comparada, observando aspectos da técnica narrativa do prólogo-moldura, os motivos e os temas que engendram as histórias e, por fim, a concepção acerca da arte de narrar e permanecer ao longo do tempo. Como o desenvolvimento de "Os Quatro Talismãs" baseia-se em vários elementos que compõem *Les mille et une nuits*, dentre os quais vários pertencem, originalmente, à própria obra árabe, selecionamos para a análise comparada contos que, apesar das adaptações, foram traduzidos por Galland a partir de seu manuscrito árabe das *Noites*, pertencente ao ramo sírio, bem como contos que o orientalista, a partir das histórias de H'annâ, inseriu em seu cânone. Nesse sentido, verificamos que "Os Quatro Talismãs" apresentam elementos comuns com a "História de Aladdim ou a Lâmpada Maravilhosa" e a "História do Cego Baba-Abdalla", ambas inseridas por Galland em sua versão; bem como possui elementos comuns com as seguintes histórias que o orientalista traduziu das *Noites*: "História do Pescador", "História dos Três Calândares Filhos de Rei e das Cinco Damas de Bagdá", "História do Pequeno Corcunda" com suas respectivas histórias encaixadas, "História do Rei Grego e do Médico Douban", "História do Segundo Calândar" e "História Contada pelo Mercador Cristão", e também o prólogo-moldura, ou seja, a história de Schahriar e de Scheherazade. Cumpre notar que o título *Les mille et une nuits*, da tradução de Galland, será mantido em todo o trabalho como também a transliteração do orientalista para os nomes das personagens, com a finalidade de demarcar a particularidade de sua tradução em relação às *Noites*.

Torna-se, então, possível pensar que, por meio de *Les mille et une nuits*, Nodier apropriou-se de elementos essenciais das *Noites*, como a estrutura que constitui esta obra árabe. Nesse sentido, "Os Quatro Talismãs" é um conto composto pelo recurso da estrutura em cadeia, mantendo como fio condutor um contador que dá voz a mais quatro narradores. Ademais, nessa estrutura que propicia um entremear de vozes, Nodier valorizou a figura do contador de histórias, elemento imprescindível para o autor que, mais uma vez, atesta a referência da obra de origem árabe na constituição de sua narrativa.

Desse modo, além da repercussão do Oriente no século XIX, que gerava uma atmosfera propícia para a elaboração de contos inspirados nessa região, havia um interesse especial de Nodier pelo universo imaginário e pela arte de contar, fatos que conduziram o autor ao inevitável encontro com *Les mille et une nuits*, de Galland, e, através dela, com as *Noites*, uma obra que se constituiu, fundamentalmente, em parte do cânone literário ocidental.

Capítulo 1
Na senda das *Noites*

1. As origens e os ramos

Copiosa tinta tem registrado as diversas e conflituosas discussões em torno da história das *Noites*[1]. As pesquisas concernentes à gênese do livro iniciaram-se ao final do século XVIII, e, desde então, estudiosos, incluindo muitos orientalistas, debruçam-se sobre as antigas literaturas indiana, persa, grega, egípcia, babilônica, medieval europeia e árabe à procura de possíveis informações sobre origens e fontes das *Noites*. No entanto, apesar dos esforços, não há uma resposta precisa; o respaldo material que chegou até o momento não permite conclusões evidentes, relegando muito mais as hipóteses, por ora elaboradas, ao terreno movediço da especulação.

Do mesmo modo, as questões que envolvem a autoria das *Noites* não são menos controversas. Galland, o primeiro tradutor das *Noites*, referiu-se brevemente ao assunto quando comentou sobre a multiplicidade

---

1. Doravante, quando nos referirmos ao livro árabe (*Alf laylah wa-laylah*), usaremos *Noites* e, ao nos referirmos a suas traduções, reproduziremos o título e a grafia dos nomes das personagens correspondentes de cada tradução.

de textos reunidos em um só livro: "Ignora-se o nome do autor de uma obra assim tão vasta, mas é verossímil que não seja toda ela de uma única mão, pois como se poderá acreditar que um único homem tivesse tido a imaginação fértil o bastante para tantas ficções?"[2] No século XIX, falou-se de um único autor sírio, de vários escritores árabes, de dois escritores egípcios dos quais um judeu convertido ao Islã[3]; no século passado, como bem sugeriu Abdel-Halim, as diferenças de estilo e a diversidade da técnica narrativa do texto parecem denotar mais de um autor; e, mais recentemente, temos a importante referência do *scholar* Muhsin Mahdi, que também admitiu serem as *Noites* uma obra de autores árabes.

Paralelamente à discussão de autoria, há uma crença pertinaz que ecoa como matéria da gênese das *Noites*: a oralidade, admitida e disseminada por diversos comentadores e críticos de literatura desde sua primeira publicação. O entendimento das *Noites* como literatura oral perpassa pela ideia de que a obra fora compilada muito tempo após suas histórias terem transmigrado por várias regiões do Oriente na boca de inúmeros contadores de rua. Afirmar que as *Noites* é uma obra exclusivamente compilada a partir de histórias orais significa ignorar sua notável coerência interna, a qual, aliás, se afigura muito mais um trabalho letrado. Na atualidade, Jarouche, tradutor brasileiro das *Noites*, ponderou que não há respaldo textual que aponte para a possível oralidade, e arrisca a hipótese – articulada, de acordo com ele, a partir de observações de Mahdi, que, entretanto, não chegou a formulá-la – de que a elaboração do livro parte da escrita para a apropriação oral, e não o contrário. Segundo o tradutor, as histórias teriam sido elaboradas por escrito, pela pena de alguém, a partir de fontes diversas, algumas das quais poderiam ter sido orais; e, a seguir, tais narrativas foram crescentemente apropriadas pelos narradores de rua[4].

---

2. Galland, 1965, vol.1, p. 21.
3. Trata-se, respectivamente, de um editor das *Noites* publicadas em Calcutá em 1914 e dos orientalistas Sylvestre de Sacy e Victor Chauvin (cf. Abdel-Halim, 1964, p. 296).
4. Cf. M. M. Jarouche, "Uma Poética em Ruínas (Introdução)", *Livro das Mil e Uma Noites*, Introdução, notas, apêndice e tradução do árabe por Mamede Mustafa Jarouche, São Paulo, Globo, 2005, vol. I, p. 28.

Ao lado das discussões a propósito das origens e da autoria, figura a questão relativa à época em que as *Noites* se constituíram com as características que hoje se conhecem; as hipóteses se acercam do período entre os séculos XIII e XIV d.C./VII e VIII H.[5] Galland inferiu que o livro teria sido composto por volta do século XIII d.C./VII H., observando as datas citadas pela personagem do barbeiro na centésima sexagésima primeira noite de sua versão: "Ficará contente, senhor, em saber que estamos hoje na sexta-feira, dezoito da lua de safar[6] do ano 653, depois da retirada do nosso grande profeta de Meca para Medina"[7]. A inferência do tradutor ocorre em nota, observando que a data 653 é o ano da Hégira e corresponde ao ano cristão de 1255, e que, portanto, o livro deveria ter sido composto em árabe por volta desta época.

Mais precisamente, Mahdi avaliou que as *Noites*, no formato ou nos formatos que hoje se conhecem, é uma elaboração produzida entre a segunda metade do século XIII d.C./VII H. e a primeira do século XIV d.C./VIII H., durante a época em que o Estado Mameluco abrangia as terras da Síria e do Egito. Esse período, do qual o livro é contemporâneo, é considerado pelos historiadores um momento devastador para o mundo árabe e islâmico, pois corresponde à fase das invasões mongólicas, que culminaram, em 1258 d.C./656 H., na destruição de Bagdá e na extinção do califado abássida[8]. Como observou Jarouche, a contemporaneidade dos dois eventos – a elaboração das *Noites* e a invasão dos mongóis – pode ser observada nos seguintes extratos do texto: "Por Deus que sairei sem rumo pelo mundo, nem que eu vá para Bagdá", diz uma personagem, na septuagésima segunda noite; e, mais adiante, recebe o conselho: "Não faça isso, meu filho.

---

5. A datação de textos e acontecimentos históricos árabes apresentará o ano cristão seguido do século da Hégira – migração do Profeta de Meca para Medina, que ocorreu no ano 622 da era cristã e marca o início do calendário muçulmano –, com a finalidade de manter a referência temporal em relação ao advento do Islã.
6. A data dezoito do mês *safar* corresponde a vinte e nove de março; *safar* é o segundo mês do calendário islâmico (cf. Jarouche, 2005, vol.1, p. 319, nota 238).
7. Galland, 1965, vol.1, p. 426.
8. A dinastia abássida vigorou entre os anos 749 e 1258 da era cristã (130-655 da Hégira) e teve como ápice o califado de Hârûn Arrašîd (786-809 d.C./169-192H.).

O país está em ruínas"[9]; semelhantes referências indicam que a cidade estava destruída, e, nessa condição, pode ter-se tornado por algum tempo um local perigoso. Os extratos permitem, então, datar o texto como posterior a 1258 d.C./655H., e, como o manuscrito mais antigo que nos chegou às mãos é do século XIV d.C./VIII H., conforme se falará adiante, pode-se constatar que a obra é contemporânea à tomada de Bagdá pelos mongóis.

Anteriormente ao século XIV d.C./VIII H., existem algumas referências ao título do livro. A mais antiga evidência material da existência das *Noites* consiste em dois fragmentos de folhas[10], datadas de 879 d.C./266 H., em Antioquia, na Síria; neles, é possível ler vinte linhas de uma obra que é ali referida, na primeira página, como "livro que contém história das mil noites":

Primeira página:
"*Livro*
que contém história(s) [*ou* a história]
das mil noites [*ou*: histórias pertencentes às mil noites]. Não há
poderio
ou força senão em Deus
altíssimo e poderoso."

Segunda página:
"*Em nome de Deus, Misericordioso, Misericordiador*
NOITE
E quando foi a noite seguinte
Disse Dînâzâd: ó minha delícia, se não
Estiver dormindo, conte-me a história
Que você me prometeu ou um paradigma sobre
a virtude e a falta, o poderio e a ignorância,
a prodigalidade e a avareza, a valentia e a covardia,
que sejam no homem inatas ou adquiridas

---

9. Jarouche, 2005, vol. 1, p. 25.
10. A pesquisadora iraquiana Nabia Abbott encontrou os fragmentos entre uma resma de papiros árabes adquiridos pela Universidade de Chicago durante a Segunda Guerra Mundial (cf. Jarouche, 2005, vol. 1, p. 12).

[ou] que sejam característica distintiva ou decoro sírio
[ou be]duíno
[e então Šîrâzâd contou-lhe uma his]tória que continha graça
e beleza
[sobre fulano, o..., e sua m]emória
[...e] se torna mais merecedor quem não
[...] a não ser mais astucioso do que eles"[11].

Sobre o conteúdo deste fragmento, é possível extrair poucas informações concretas. Primeiramente, as folhas atestam a existência de uma coletânea nomeada "mil noites", evidenciando o fato de que as *Noites* já existiam no século IX d.C./III H.[12]; e indicam, conforme a formulação "livro que contém história das mil noites" ou "livro que contém histórias pertencentes às mil noites", que é um extrato ou resumo dessa coletânea, e não sua cópia. Ademais, não se pode fazer uma única asserção sobre quais histórias, ou paradigmas, eram contados pela personagem a qual Dînâzâd chama de "minha delícia" – tratamento, aliás, inexistente nas *Noites* como hoje é conhecida –, permitindo apenas a noção de que seu conteúdo seria imbuído do *adab* [decoro] sírio, e que, pela solicitação dos temas (a virtude e a falta, o poderio e a ignorância, a prodigalidade e a avareza, a valentia e a covardia), ele poderia direcionar-se pela linha didático-moralizante, verificável em livros como *Kalîla e Dimna*[13] e *O Sábio Sindbâd*[14], obras de grande circulação na época.

11. Jarouche, 2005, vol. I, p. 12. Ressalte-se que as inferências entre os colchetes pertencem a Nabia Abbott, a partir de trechos ilegíveis no manuscrito.
12. Mahdi propôs que a primeira elaboração, ou as primeiras elaborações, das *Noites* constituiriam as "matrizes antigas" ou "arquétipos antigos" das *Noites*, e pertenceriam à chamada "matriz iraquiana", ou "ramo iraquiano"; seria como um primeiro estágio da redação independente em árabe de uma obra com remota origem persa. Essa primeira elaboração teria ocorrido em Bagdá, no período da dinastia abássida, por volta do século IX d.C./III H. Os dois fragmentos de folhas descobertos por Nabia Abbott, como observou Jarouche, certamente são de um livro que pertenceu a esse "ramo iraquiano" das *Noites* (cf. Jarouche, 2004, vol. I, p. 72, nota 2).
13. Fabulário indiano traduzido para o árabe por Ibn al-Muqaffa' em meados do século VII d.C. / I H.; essa tradução foi a grande difusora da obra, sendo, a seguir, traduzida para outras línguas, entre elas o espanhol, no século XIII d.C.
14. Fabulário indiano traduzido para o espanhol no século XIII, a partir de uma versão árabe, sob o título *Sendebar* ou *Libro de los Enganos e los Asayamentos de las Mugeres o Livro de Cendubete*. É também conhecido como *Os Sete Vizires*.

No século X d.C./IV H., há duas menções, em obras renomadas, de um livro conhecido como "as mil e uma noites" ou "mil noites"; tais referências aparecem associadas à obra de origem persa *Hazâr afsân*, considerada uma das fontes longínquas das *Noites*. A primeira menção ocorre em *Murûj addahab wa ma'âdin aljawhar* [*Pradarias de Ouro e Minas de Pedras Preciosas*], do historiador Almas'ûdî (morto em 956 d.C./346 H.), quando relata sobre um conjunto de obras que contêm *hurâfât* [fábulas]:

> Muitos conhecedores das notícias [a respeito da cidade de Iram Dât Al'imâd, mencionada no Alcorão] constantes desse livro afirmam que elas são elaboradas a partir de fábulas [*hurâfât*] forjadas, arranjadas por quem pretendia aproximar-se dos reis narrando-as para eles. Essas notícias se impuseram aos contemporâneos por meio da memorização e da citação constante. Sua maneira é a mesma de livros transmitidos até nós e traduzidos para o nosso idioma a partir do persa, do sânscrito e do grego, e a maneira pela qual foram compostos esses livros que mencionamos é semelhante à do livro *Hazâr afsâna* cuja tradução do persa é "mil fábulas", pois a fábula em persa se diz *afsâna*. As pessoas chamam esse livro de "as mil e uma noites"[15] e ele dá a notícia do rei, do vizir, de sua filha e de sua serva, que são Šîrazâd e Dînâzâd. É também semelhante à maneira do livro de Farzah e Sîmâs e o que ele contém de notícias sobre os reis da Índia e os vizires, e também ao *Sindabâd* e de outros livros no mesmo sentido[16].

A segunda menção está no *Alfihrist* [*Catálogo*], obra em que o livreiro Annadîm Alwarrâq (morto em 990 d.C./390 H.) pretendeu compendiar todos os livros escritos em árabe até aquele momento. A referência ocorre em uma parte em que relata sobre "pessoas dadas a tertúlias noturnas" [*musâmirûn*] e sobre "pessoas que contam fábulas" [*muharrifûn*]; bem como sobre os livros compostos de "histórias que se contam à noite" [*asmâr*] e de "fábulas" [*hurâfât*]:

---

15. Há manuscritos que trazem simplesmente "mil noites", fruto, talvez, da correção de algum copista, lançando dúvidas sobre o nome inicial da obra. A mais antiga e incontestável menção literal ao título das *Noites* data de 1127 d.C./521 H., em um documento divulgado pelo orientalista Goitien, na segunda metade do século XX, onde são citados alguns livros alugados, entre os quais "o livro das mil e uma noites, com Majd Al'azîzî" (cf. Jarouche, 2004, p. 72).
16. Almas'ûdî *apud* Jarouche, 2005, vol.1, p. 15. (As referências entre os colchetes são da autora.)

Quem primeiro produziu as fábulas, e as pôs em livros, e guardou [tais livros] em bibliotecas, e compôs uma parte disso na linguagem de animais, foram os persas; a seguir, aprofundaram-se nisso os reis *ašghânidas*, terceira geração dos reis persas. Depois, semelhantes fábulas se difundiram e ampliaram na época dos reis sassânidas, e então os árabes as passaram para o seu idioma, e os eloquentes e disertos poliram-nas e ornamentaram-nas, elaborando, no mesmo sentido, fábulas equivalentes. O primeiro livro feito nesse sentido foi *Hazâr afsân*, que significa "mil fábulas". O motivo disso foi que um dos reis [dos persas], quando casava com uma mulher à noite, matava-a no dia seguinte; então, casou-se com uma jovem [*jârya*] filha de rei, chamada Šahrâzâd, que tinha inteligência e discernimento; logo que ficou com ele, ela começou a *tuharrifuhu* ["entretê-lo contando fábulas"]: quando a noite findava, ela interrompia a história, fato que levava o rei a preservá-la e a indagá-la na noite seguinte sobre a continuação da história, até que se completaram mil noites, e ele, nesse período, dormiu com a jovem, que então teve um filho dele, mostrou-lhe a criança e o inteirou de sua artimanha; assim, o rei passou a considerá-la inteligente, tomou-se de simpatia por ela [*mâla ilayhâ*] e lhe preservou a vida. O rei tinha uma aia [*qahramâna*] chamada Dînârzâd, que a apoiava em sua artimanha [*hîla*]. Diz-se que esse livro foi elaborado para Humâna, filha de Bahman, e também há notícias diferentes. E o correto, se Deus quiser, é que o primeiro a passar a noite entretido em colóquios [*asmâr*] foi Alexandre [da Macedônia]: ele tinha um grupo que o entretinha contando histórias, com as quais ele buscava não o prazer, mas sim proteção e vigília. Depois dele, os reis utilizaram com essa finalidade o livro *Hazâr afsân*, composto de mil noites e menos de duzentas histórias, porque uma única história às vezes era narrada em várias noites. Em diversas oportunidades vi esse livro completo, e ele, na verdade, é um livro ruim, de narrativa frívola. Abu 'Abdullâh Muhammad Bin 'abdûs Alahšiyârî, autor do *Livro dos Vizires e dos Escribas,* começou a escrever um livro para o qual escolhera mil dentre os *asmâr* dos árabes, dos persas, dos gregos e de outros. [...] Ele reuniu os contadores de histórias noturnas [*musâmirûn*] e deles recolheu o que de melhor e mais belo conheciam; e escolheu, nos livros já elaborados, os *asmâr* e as *hurâfât* que lhe agradaram. Era um homem de mérito, e reuniu quatrocentas e oitenta noites, cada noite composta de uma história completa. [...] A morte, porém, colheu-o antes que realizasse o que seu espírito almejava, que era completar as mil noites. [...] Antes disso, quem compunha *asmâr* e *hurâfât* na linguagem de seres humanos, aves e quadrúpedes era [...] 'Abdullâh Ibn Almuqaffa, Sahl Bin Hârûn Bin Râhyûn e 'Alî Bin Dawûd, escriba de Zubayda[17]. [...] Existem divergências

---

17. Zubayda (morta em 831 d.C./216 H.) era mulher do califa Hârûn Arrašîd, protegeu poetas e letrados.

quanto ao livro de *Kalîla e Dimna*; diz-se que foi feito pelos indianos, e a informação relativa a isso está no próprio livro. [...] Quanto ao livro *O Sábio Sindabâd*, do qual há uma cópia longa e outra curta, também ocorrem divergências iguais às do livro *Kalîla e Dimna*. Mas o mais provável e próximo da verdade é que os indianos o tenham feito[18].

O fabulário de origem persa, *Hazâr afsân*, descrito por Almas'ûd e, mais detalhadamente, por Annadîm, embora possua com as *Noites* analogias relativas ao título, à estrutura – divisão em noites, introdução (prólogo-moldura) – e ao gênero – *hurâfât* [fábulas] –, apresenta elementos e situações que não correspondem exatamente ao que se conhece do livro, nos dias de hoje. A breve menção de Almas'ûdî informa apenas que *Hazâr afsâna*, o livro conhecido como "mil e uma noites", "dá notícia do rei, do vizir, de sua filha e de sua serva, que são Šîrazâd e Dînâzâd", não exprimindo como exatamente se davam as relações entre tais personagens. Dînâzâd cumpre o papel de serva, portanto não mantém qualquer parentesco com a filha do vizir, como ocorre nas *Noites,* onde é irmã da protagonista; e o nome desta, Šîrazâd ("coração de leão"), não consta de nenhuma das versões hoje conhecidas da obra.

O prólogo-moldura aludido por Annadîm apresenta, do mesmo modo, significativas diferenças em relação àquele das *Noites*, denotando que o livro *Hazâr afsân* mencionado no "Catálogo" deve distanciar-se do formato pelo qual as *Noites* são hoje conhecidas. Šahrâzâd é filha de um rei, e não de um vizir; Dînârzâd é aia do rei, cujo nome, aliás, não é mencionado; não se diz por que o rei mata suas esposas; não há qualquer referência ao irmão do rei, denominado Šâhzamân nas *Noites*; não é citada a circunstância em que aconteceu o casamento entre o rei e Šahrâzâd. E, o mais importante, não se menciona nenhuma das histórias com as quais Šahrâzâd entretém o rei. Além das informações sobre o prólogo-moldura de *Hazâr afsân*, também é possível depreender a partir desse extrato do "Catálogo" a proliferação de um gênero – partilhado por *Kalîla e Dimna, O Sábio Sindbâd* e *Hazâr afsân* – na cultura da época e tipificado por meio de categorias narrativas chamadas de *hurâfât* [fábulas] e *asmâr*

---

18. Annadîm Alwarrâq *apud* Jarouche, 2005, vol. I, pp. 16-17.

[narrativas noturnas]; ademais, podemos observar que não era algo incomum estruturar a composição de um livro por meio da divisão em noites, como o fez o citado Abu 'Abdullâh Muhammad Bin 'abdûs Alahšiyârî: "[...] reuniu quatrocentas e oitenta noites, cada noite composta de uma história completa".

Podemos, então, constatar que no mundo árabe circulou, pelo menos desde o século IX d.C./III H., elaborações com título e características análogas às *Noites*; e que, ademais, essas elaborações compartilhavam de um gênero bastante disseminado na época – as histórias noturnas e as fábulas – e deviam apresentar semelhanças acentuadas de composição com outras narrativas classificadas nesse mesmo gênero. Como *Kalîla e Dimna* e *O Sábio Sindbâd,* essas elaborações, com características análogas às *Noites,* teriam seu prólogo-moldura: um enredo inicial em que se contam os motivos pelos quais determinadas histórias são ali narradas, ou seja, a "história das histórias"; no caso, o traço distintivo do prólogo-moldura dessas elaborações seria uma personagem feminina que narra histórias no período noturno. No entanto, ainda hoje não se conhece, em detalhe, qual seria o enredo de seu prólogo-moldura, tampouco quais histórias seriam narradas a partir dele.

O tempo nos legou duas redações das *Noites,* advindas de uma elaboração produzida entre a segunda metade do século XIII d.C./VII H. e a primeira do século XIV d.C./VIII H., dentro do Estado mameluco, como já foi mencionado anteriormente. Essa elaboração, que mantém as características pelas quais as *Noites* são hoje conhecidas, foi dividida por parte da crítica em dois ramos[19], nos quais se distinguem com clareza as duas redações acima referidas: o ramo sírio e o egípcio, sendo este último subdividido, segundo a proposição de Mahdi, em antigo e tardio.

---

19. Muhsin Mahdi, ao realizar a divisão dos manuscritos em "ramo sírio" e "ramo egípcio" – sendo este subdividido em dois sub-ramos, "antigo" e "tardio" –, manteve a proposição de Zotenberg, orientalista do século XIX, que fizera a divisão dos manuscritos em três grupos: família A – manuscritos oriundos de países muçulmanos da Ásia e considerados os mais antigos; família B e C – manuscritos de origem egípcia (cf. Nabhan, 1990, pp. 60-61). É preciso ter em mente que nem todos os estudiosos do livro aceitam esta divisão; para maiores detalhes a respeito desse assunto, consultar Jarouche, 2004, pp. 70-117.

O ramo sírio é constituído pelos manuscritos que foram escritos entre os séculos XIV d.C./VIII H. e XVIII d.C./XII H., na região do Levante – que hoje corresponde ao Líbano, Síria e Palestina; e apresentam, em seu enredo, determinadas ocorrências de lugares, palavras e conceitos característicos do período mameluco. Todos os manuscritos desse ramo contêm duzentas e oitenta e duas noites, encerrando-se abruptamente no mesmo ponto da narrativa, ao final da décima primeira noite da "História do rei Qamaruzzamân e seus filhos Amjad e As'ad"; até hoje não se sabe o motivo que levou à interrupção da redação do livro. Considerado por Mahdi o ramo que preserva melhor as características do chamado "arquétipo" [dustûr][20], o ramo sírio possui, além do prólogo-moldura – onde se apresentam o rei Šahriyâr e seu irmão Šahzamân; Šahrâzâd, sua irmã Dînârzâd e o seu pai, o vizir do reino de Šahriyâr –, dez histórias principais: "O Mercador e o Gênio", "O Pescador e o Gênio", "O Carregador e as Três Moças de Bagdá", "As Três Maçãs", "Os Vizires Nûruddîn 'Alî, do Cairo, e Badruddîn Hasan, de Basra", "O Corcunda do Rei da China", "Nuruddîn Bin Hâqân", "Jullanâr, a Marítima, e Seu Filho, o Rei Badr", e a incompleta história "O Rei Qamaruzzamân e seus Filhos Amjad e As'ad"[21]. Nesse ramo existem quatro manuscritos, entre os quais se encontra o *Arabe 3609-3611*, em três volumes, que remonta ao século XIV d.C./VIII H.[22] e é considerado o melhor e o mais antigo dos manuscritos do livro; pertenceu a Antoine Galland, e está depositado na Biblioteca Nacional de Paris. Os outros três são o *Arabo 872* da Biblioteca Apostólica Vaticana, do século XV d.C./IX H.; o *Arabic 647*, da John Rylands Library, em Manchester, pertence ao século XVIII d.C./XII H.; e o *Arabic 6299*, da India Office Library, em Londres, referente ao século XIX d.C./XII H. Salvo este último manuscrito, que é uma transcrição do anterior, os demais não apresentam

---

20. Segundo Mahdi, o ramo sírio é a testemunha mais antiga do núcleo mais velho, ou original, das *Noites*, referente, portanto, ao que o estudioso considerou as primeiras elaborações do livro (cf. Jarouche, 2004, vol. I, p. 73).
21. Os respectivos títulos baseiam-se na tradução de Jarouche (cf. Jarouche, 2005, vols. I e II).
22. Esse manuscrito contém em letras árabes, como mais antigo registro de leitura, a datação do ano cristão de 1455; no entanto, Mahdi, ao analisar o papel e a tinta do documento, calculou que o manuscrito fora produzido pelo menos um século antes dessa data (cf. Jarouche, 2004, p. 73, nota 3).

qualquer relação genealógica entre si, o que demonstra não ser uma mera coincidência a interrupção de histórias no mesmo ponto.

O ramo egípcio é constituído por manuscritos copiados nessa região e foram elaborados mais tardiamente – o mais antigo deles remonta ao século XVII d.C./XI H. Os manuscritos do ramo egípcio, além do fato de serem recentes, sofreram, de modo mais visível, a intervenção arbitrária de copistas, apresentando, assim, em numerosas passagens, discrepâncias entre si. Desse modo, embora esse ramo possua, como o ramo sírio, o que a filologia e Mahdi chamaram de "arquétipo" [*dustûr*], é mais difícil de determinar as características dessa sua elaboração primeira, em decorrência das intervenções dos copistas.

Mahdi classificou no ramo egípcio antigo cinco manuscritos. O mais antigo deles é o *Arabe 3612*, do século XVII d.C./XI H.; pertenceu ao diplomata francês Benoît de Maillet e chegou a 870 noites; hoje se encontra na Biblioteca Nacional de Paris. Esse manuscrito finaliza no início da história "Os Corujões e os Corvos", existente, em árabe, no livro *Kalîla e Dimna*; assim, além de compor histórias que constam do ramo sírio – e, portanto, pertencentes a um núcleo mais antigo do livro – o manuscrito também reúne demais narrativas, denotando a tentativa do copista de reunir histórias para "completar" o livro. Esta é, aliás, uma tendência comum que se verifica no ramo egípcio: "completar" o livro, ou seja, fazer seu número de noites corresponder ao título, orientação esta que não se observa no ramo sírio.

Os dois melhores manuscritos do ramo egípcio antigo são o *Arabe 3615*, da Biblioteca Nacional de Paris – pertence ao final do século XVII d.C./XI H. ou ao início do século do XVIII d.C./XII H. – e o *Gayangos 49*, da Real Academia de la Historia, em Madrid. Em ambos se verificam problemas. O primeiro contém duas histórias adicionais, sendo uma delas a versão mais arcaica de "Sindbâd, o Marujo", que consta somente do ramo egípcio tardio, e "Os Dez Vizires", que não consta de nenhuma outra versão das *Noites*. O segundo modernizou sua linguagem e inseriu expressões picantes ao longo do texto.

O *Bodl. Or. 550* e sua continuação o *Bodl. Or. 551*, da Bodleian Library, de Oxford, pertencem a um conjunto que se estende até o número 556.

Todo o conjunto remonta à segunda metade do século XVIII d.C./XII H. e pertenceu, inicialmente, ao orientalista e viajante Edward W. Montagu. O primeiro tomo, o *Bodl. Or. 550* – pertencente ao ramo egípcio antigo, segundo a classificação de Mahdi – possui um texto bastante lacunar e falhas na numeração das noites: chega a noventa e uma noites, embora seu *corpus* corresponda, *grosso modo*, às cento e setenta primeiras noites dos manuscritos do ramo sírio. O *Bodl. Or. 551*, de mesma classificação do anterior, é ocupado integralmente pela história "O Rei Qamaruzzamân e seus Filhos Amjad e As'ad", a mais antiga e completa versão árabe, de acordo com a avaliação de Mahdi; estende-se da 92ª noite à 166ª noite. Os demais tomos são bastante confusos e denotam, como sugeriu Jarouche, uma compilação de ocasião.

O número de noites do livro passou a corresponder ao título, ou seja, "mil e uma noites", somente na segunda metade do século XVIII d.C./XII H., com o *corpus* do que se chamou ramo egípcio tardio. Essa elaboração seria o resultado de uma iniciativa isolada de um copista do Cairo, que teria agregado materiais dispersos e, assim, conferido à obra as mil e uma noites de narrativas. Ressalte-se que as histórias acrescentadas ao livro por esse anônimo escriba não eram recentes; muitas delas são mais antigas do que as próprias *Noites*, como as histórias da Donzela Teodora, do marinheiro Sindbâd e do Sábio Sindbâd. As duas últimas obras são diferentes embora seus protagonistas, por coincidência, apresentem o mesmo nome.

É interessante notar que, anteriormente à segunda metade do século XVIII, na França, também houve quem anexasse a história do marinheiro "Sindbâd" às *Noites*; porém o autor desta inserção não foi um copista egípcio, mas um orientalista francês chamado Antoine Galland, o primeiro tradutor das *Noites*.

2. A chegada das Noites à França

Na França de Luís XIV, entre 1661 e 1715, as relações com o Império Otomano conheceram um impulso notável; os empreendimentos comerciais na região, efetivados com a Companhia do Levante em 1670, levaram Colbert (1619-1683), ministro de Luís XIV, a estimular atividades culturais: fundou a escola "Jeunes de Langues" para a formação de dragomanos, financiou estudos em seus territórios e missões para a procura de medalhas e manuscritos.

A propósito de negócios no Oriente, viajantes como Jean-Baptiste Tavernier (1605-1689), Jean de Thévenot (1633-1667) e Jean Chardin (1643-1713) registraram e publicaram, ao final do século XVII, suas jornadas à Pérsia, à Índia e ao Levante, observando seus vários aspectos relativos à vida social e religiosa, à política e ao desenvolvimento comercial. Do mesmo modo, os pesquisadores que viajavam para a região priorizaram o conhecimento sobre o Oriente: a produção de várias traduções – essencialmente do árabe, do turco e do persa – e de relatos ocupou-se de sua história, religião, modo de vida, organização política e social. Nesse sentido, trabalhos realizados por Antoine Galland (1646-1715) e Barthélémy d'Herbelot (1625-1695), com sua *Bibliothéque oriental ou Dictionnaire universel contenant généralement tout ce qui regarde la connoissance des peuples de l'Orient...*[23] [*Biblioteca Oriental ou Dicionário Universal Contendo em Geral Tudo o que Diz Respeito ao Saber dos Povos do Oriente...*], contribuíram significativamente para a evolução, em sua época, dos conhecimentos relativos ao Oriente. Mas, de todo modo, até a segunda metade do século XVII, a lista de obras árabes, persas e turcas, impressas na própria língua ou tradução, ainda era limitada; havia trabalhos sobre medicina, filosofia,

---

23. Esta obra reuniu informações históricas e bibliográficas a partir de fontes originais; seu título inteiro explicita as ambições do autor: *Bibliothèque oriental ou Dictionnaire universel contenant généralement tout ce qui regarde la connoissance des peuples de l'Orient. Leurs histoires et traditions véritables ou fabuleuses. Leurs religions, sectes et politique. Leurs gouvernements, loix, coutumes, moeurs, guerres, et les révolutions de leurs empires. Leurs sciences, et leurs arts. Leurs théologie, mythologie, magie, physique, morale, médicine, mathématiques, histoire naturelle, chronologie, géographie, observations astronomiques, grammaire et rhétorique. Les vies et actions remarquables de tous leurs saints, docteurs, philosophes, historiens, poètes, capitaines, et de tous ceux qui se sont rendus illustres parmi eux, par leur vertu, ou par leur savoir. Des jugements critiques, et des extraits de tous leurs ouvrages, de leurs traitez, traductions, commentaires, abrégez, recueils de fables, de sentences, de maximes, de proverbes, de contes, de bons mots, et de tous leurs livres écrits en arabe, en persan, ou en turc, sur toutes sortes de sciences, d'arts, et de professions* (cf. Abdel-Halim, 1964, p. 87).

história, uma versão do *Alcorão* e de *Kalîla e Dimna*, como também algumas poucas coletâneas de sentenças e de poesias, que chamavam, quase exclusivamente, a atenção de eruditos.

Na literatura francesa, durante quase todo o século XVII, o Oriente foi representado pelos autores com certo exotismo figurado em topônimos e em alguns nomes estrangeiros, como os romances de Madeleine de Scudéry, *Ibrahim ou l'illustre Bassa* [*Ibrahin ou o Ilustre Bassa*] (1641) e *Artamène ou le grand Cyrus* [*Artamène ou o Grande Cyrus*] (1649-1653), que empolgaram os preciosistas; no teatro, a marca oriental foi um pouco mais sensível: *Bajazet* (1672), de Racine (1639-1699), por exemplo, foi inspirado no assassinato do príncipe otomano Bâyazîd, em 1635, por ordem de seu irmão, o sultão Murâd IV (1612-1640); e na comédia *Le bourgeois gentilhome* [*O Burguês Fidalgo*] (1670), de Molière (1622-1673), apareceram algumas palavras em turco, mas que não passavam de elementos cômicos. Veja-se, então, que o cenário do século XVII figurava um Oriente ainda desconhecido e, por isso, alguns orientalistas passaram também a aplicar-se à tradução – ou adaptação, conforme será discutido posteriormente – de obras com títulos atraentes, conteúdo agradável e variado, para oferecer ao leitor europeu algum conhecimento sobre a sociedade oriental que os textos históricos evocavam: os hábitos e costumes, práticas religiosas e mágicas, ideias morais, a vida comum de povos que pareciam tão afastados da civilização ocidental.

Desse modo, no final do século XVII, Antoine Galland, no encalço do gosto francês pela literatura gnomológica, almejou difundir "a moral" dos orientais com *Les paroles remarquabes, les bons mots, et les maximes des Orientaux: traduction de leurs ouvrages en Arabe, en Persan & en Turc, avec des remarques* [*Expressões Notáveis, Ditos Espirituosos e Máximas dos Orientais: Tradução de suas Obras em Árabe, Persa e Turco, com Notas*] – publicada em Paris, em 1694 – e *Fables indiennes de Bidpaï* [*Fábulas Indianas de Bidpaï*] – completada em 1696, a partir de uma versão turca do fabulário *Kalîla e Dimna*. Mas é preciso lembrar que, nesse período no qual Galland preocupava-se em fazer conhecer, aos olhos europeus, uma civilização ainda desconhecida, as tendências literárias francesas atravessavam um momento singular, que, aliás, não se pode deixar de retomar, mesmo brevemente, com a finalidade de alcançar maior clareza do contexto literário do final do século XVII e do início do XVIII.

Vale destacar que os valores do Classicismo – especial e atentamente cultivados nas décadas de 1660 e 1670[24] – abalaram-se com o desenvolvimento da "Querela dos Antigos e Modernos"[25], em 1687, na qual se opunham os adeptos da imitação da literatura clássica – representantes dos "Antigos", como Racine e Boileau – e os defensores do progresso de novas ideias e da primazia das culturas nacionais – partidários dos "Modernos". Charles Perrault (1628-1703)[26], o desencadeador da "Querela", em

24. O período áureo do classicismo teve no teatro uma de suas maiores manifestações. A tragédia clássica francesa – representada para o público refinado e culto da corte de Luís XIV – conheceu com Racine seu esplendor ao ser elaborada primorosamente segundo os princípios teóricos da Doutrina Clássica Francesa. Semelhante Doutrina baseava-se, *grosso modo*, nos textos e comentários dos críticos italianos das obras de Aristóteles e de Horácio, sendo primeiramente teorizada na obra *Poétique* (1635), de Mesnardière; por volta de 1660 já estava estabelecida; a seguir, foi codificada e divulgada por Boileau em *Art poétique* (1674). Entre os princípios e regras da Doutrina Clássica, cite-se: a. *razão* – baseada no bom senso, que virá canalizar a imaginação, o furor poético, e não a razão cartesiana, pois a influência de Descartes só se fez sentir no final do século XVII, tornando-se, no século XVIII, o principal argumento de combate contra a tradição; b. *imitação da natureza*; c. *função social da obra de arte* (*moralização e instrução*); d. *verossimilhança*; e. *conveniência* (bienséance); f. *maravilhoso* (*relativo à mitologia clássica*) – era, no entanto, rara a intervenção do sobrenatural no teatro francês; g. *regra das três unidades* (*ação, tempo, lugar e tom*).
25. Em período anterior à "Querela", por volta de 1680, os partidários dos "Modernos" já vinham atacando com publicações os antigos modelos greco-romanos, questionando a necessidade de imitá-los eternamente.
26. Charles Perrault desencadeou a "Querela" no dia 27 de janeiro de 1687, quando fez ler, em sessão da Academia Francesa, seu poema *Le siècle de Louis le Grand* [*O Século de Luís, o Grande*], onde criticava os "Antigos", louvava os contemporâneos e proclamava a superioridade do século de Luís XIV em relação ao século de Augusto. O equilíbrio da Academia rompeu-se, a ofensiva em grande estilo perturbou os representantes dos ideais clássicos, como Racine e, mais acirradamente, Boileau, que replicou os ataques com publicações, expondo os méritos dos "Antigos" e sua doutrina de imitação. Os "Modernos", guiados pela crítica ao princípio de autoridade, continuaram a manifestar sua rejeição à imitação dos princípios da estética da Antiguidade greco-romana; recusavam a mitologia clássica pagã para a criação do "maravilhoso" na literatura, em favor de sua substituição pelo maravilhoso cristão; defendiam a superioridade do francês sobre o latim – vernáculo pelo qual se dava a educação na época; em suma, acreditavam no potencial de seu próprio tempo e na criação de novas e melhores formas de arte. Depois de *Le siècle de Louis le Grand*, Perrault reuniu seus argumentos nos quatro volumes de seus *Parallèles des Anciens et des Modernes* [*Paralelos dos Antigos e Modernos*], publicados entre 1688 e 1697, procurando firmar sua posição de "Moderno" e provar que conhecia perfeitamente os "Antigos". Foi no segundo volume de *Parallèles* que apareceu, pela primeira vez, a referência aos contos de *Peau-d'ane* [*Pele de Asno*] e de *Ma mère l'oye* [*Mamãe Gansa*]; datado de 1690, esse texto atesta que a "Querela

busca de razões que justificassem a superioridade dos "Modernos" franceses sobre os "Antigos" greco-latinos, voltou-se às fábulas nacionais, que até então eram somente reproduzidas oralmente pelo campesinato francês. Desse modo, Perrault utilizou o folclore como um meio de aprofundar sua crítica aos "Antigos", defendendo que as fábulas da Antiguidade, tais como as milesianas, *Psyché* e mesmo os poemas homéricos, eram ficções equivalentes aos *contes de vieilles* [contos de velhas] e apresentavam natureza semelhante àquelas histórias populares francesas; sendo assim, seria mais conveniente a referência aos contos de sua civilização, que detinham uma moral mais elevada do que a moral pagã dos "Antigos". Notemos que a valorização das fábulas francesas por Perrault decorreu da própria concepção literária do Grand Siècle: a obra deveria ser um meio de instrução e moralização dos leitores; o que denotava a indissociabilidade entre a estética e a ética. Embora os contos populares franceses, edificados pelo maravilhoso, fossem criticados e julgados frívolos, não se podia ignorar que eles encerravam uma "moral útil", como bem lembrou Perrault:

> [...] Houve pessoas que perceberam que essas bagatelas não são simples bagatelas, mas que guardam uma *moral útil* e que a narração que as conduz não foi escolhida senão para fazer entrar (tal moral) de maneira mais agradável no espírito, e de uma maneira que *instrui e diverte ao mesmo tempo*[27].

Perrault recolheu as fábulas nacionais e adaptou-as para o salão – a fim de atender ao gosto de uma audiência sofisticada, sem, no entanto, desviar-se da linha original das histórias – e as publicou em 1697, com o título *Histórias ou Contos do Tempo Passado, com Moralidades. Contos da Mamãe Gansa*[28]; os contos ali reunidos deliciaram os salões franceses e acabaram consagrando-o como um mestre do gênero.

---

dos Antigos e Modernos" foi ao menos um dos fatores, se não o único, conforme sugeriu Soriano, que levaram Perrault a precisar sua atenção à literatura popular. Para maiores detalhes sobre as discussões entre os "Antigos" e "Modernos", consultar M. Soriano, *Les contes de Perrault: Culture savante et tradictions populaires,* Paris, Gallimard, 1968.

27. Perrault, 1923, *apud* Coelho,1985, p. 67.
28. As histórias de *Ma mère l'oye* ficaram habitualmente conhecidas como "contos de fada", tal qual as demais ficções do mesmo estilo, mas nessa coletânea, em especial, metade não apresenta

Além dos contos de Perrault, no final do século XVII, houve também as publicações da jovem baronesa Marie Catherine d'Aulnoy, que colocou em moda os "contos de fadas". Ela estreou em 1690 com o romance "precioso" *História de Hipólito, conde de Douglas*, marcado por aventuras mirabolantes, bem ao estilo da época. Em 1695, iniciou a publicação de oito volumes de contos maravilhosos que fizeram grande sucesso, desafiando o racionalismo clássico e os modelos dos "Antigos" greco-latinos. Os salões franceses também se deleitaram com as publicações de Mlle L'Héritier – sobrinha de Perrault –, de Preschac, de Mme de Murat e de outros líderes do gênero.

Desse modo, o contexto literário francês dos últimos anos do século XVII – marcado pela lassitude do "espírito clássico", pela aspiração de novas ideias e pelo florescimento dos "contos de fadas" – e os próprios desdobramentos das relações com o Oriente – como os relatos de viagens que denotavam diferentes locais e costumes – propiciaram a tradução de fábulas orientais por Galland, que via nesse tipo de literatura um meio de fazer conhecer a civilização oriental na Europa[29].

Inicialmente, Galland completou suas *Fábulas Indianas de Bidpaï*, a seguir traduziu o manuscrito árabe com as histórias de "Sindbâd", e então, em 1704, publicou, na França, os primeiros tomos – quatro de uma série de doze que se completou somente em 1717 – de sua tradução das *Noites*, sob o título *Les mille et une nuit*[30], *contes arabes, mis en françois par M. Galland* [*As Mil e uma Noites, Contos Árabes, Vertidos para o Francês por Sr. Galland*]. A publicação obteve um sucesso imediato; os

---

fadas. O rótulo fora empregado para indicar, na verdade, o seu gênero: são contos maravilhosos, caracterizados pela existência de elementos mágicos e sobrenaturais que não provocam qualquer hesitação dos agentes envolvidos, isto porque integram, no contexto, a própria natureza. Nesse sentido, os elementos maravilhosos de *Ma mère l'oye* estão nas metamorfoses, nos objetos mágicos, nos animais que falam e agem como humanos e nas próprias fadas.

29. Galland não concebia, efetivamente, as obras literárias como objeto de seu trabalho, mas sim a numismática grega e romana e traduções (do árabe, persa e turco) de tratados – como de medicina, de geografia, de compilações de história –, do *Alcorão* e seus comentadores. Segundo Abdel-Halim, a diversidade do trabalho de Galland é explicada, em parte, pelo acaso das circunstâncias que ele vivenciara junto a demais orientalistas, e em parte pelo próprio caráter do tradutor, que pretendia divulgar a cultura de civilizações negligenciadas pela Europa (cf. Abdel-Halim, 1964, p. 214).

30. Conforme o costume da época, Galland concorda *nuit* com *une*.

ávidos leitores, entre eles as senhoras da nobreza, desejavam conhecer o tradutor e obter dele sequências ainda inéditas da obra ou volumes já esgotados. Os contos traziam, em relação aos "contos de fada", publicados extensivamente nos últimos anos, elementos diversos que atraíram os leitores e, subsequencialmente, renovaram a inspiração da literatura maravilhosa francesa.

Galland, como um orientalista, observou em seu primeiro *Avertissement* [*Nota Introdutória*] que os contos árabes eram um excelente meio de informação e conhecimento:

> Eles [*Contos*] devem ainda agradar pelos costumes e hábitos dos orientais, pelas cerimônias de sua religião, tanto pagã quanto maometana; tais coisas, nestes contos, são melhor demarcadas que nos autores que escreveram sobre elas e que nos testemunhos dos viajantes. Todos os orientais, persas, tártaros e indianos se distinguem e aparecem tais como são, desde os soberanos até as pessoas da mais baixa condição[31].

E, como um erudito do século XVII, não deixou de atentar para o aspecto moral – caráter primordial que uma obra deveria encerrar –, destacando aos leitores tal propriedade:

> Aqueles que lerão esses Contos, por menos dispostos que estejam a aproveitar os exemplos de virtude e de vícios que encontrarem, poderão extrair uma vantagem que, absolutamente, não se extrai da leitura de outros Contos, que mais corrompem os hábitos do que os corrigem[32].

Mas, para propagar o conhecimento do Oriente e, ao mesmo tempo, moralizar, Galland deveria tornar agradável sua tradução, obedecendo ao gosto da época; para isso, seria necessário que adaptasse e eliminasse elementos que pudessem chocar seus leitores (*bienséance*), afastando-se do texto original. Esta era, na verdade, uma concepção comum no século XVII e XVIII: tanto para os teóricos como para os tradutores, a finalidade principal do trabalho não era a fidelidade escrupulosa ao original, mas

---

31. Galland, 1965, vol. I, p. 21. (A observação entre colchetes é da autora.)
32. *Idem*, p. 22.

tornar a versão uma obra digna de ser lida e admirada pelos seus contemporâneos; nesse sentido, o século de Luís XIV conheceu o reinado das *belles infidèles*[33] – mais obras de criação do que de tradução, no sentido contemporâneo. A fidelidade tal como hoje a concebemos – a fidelidade ao texto – era alvo de censuras – como assinalou D'Ablancourt: "os tradutores escrupulosos, para um corpo cheio de vida produzem apenas uma carcaça e fazem de um milagre um monstro"[34]; o essencial para um trabalho de tradução era ater-se ao conteúdo do texto, ao compromisso de dar uma ideia exata dos escritos, ideia que os tradutores eram os primeiros a descobrir e apreciar.

Entretanto, ergueram-se vozes contra semelhante conceito; uma grande representante foi Anne Dacier (1647-1720), uma helenista que defendia a tradução integral do texto, embora não tivesse conseguido desvencilhar-se inteiramente do gosto de sua época ao verter o texto original para o francês; de qualquer maneira, a propósito de seu posicionamento e dos demais tradutores de Homero, Voltaire (1694-1778) escreveu a ela, resumindo a ideia de tradução em voga: "eu estou convencido de que não os lerão, se não adoçarem, se não suprimirem. A razão é, senhora, que é preciso escrever para seu tempo, e não para os tempos passados"[35].

Galland, por sua vez, seguiu as regras correntes de tradução ficcional nas *Noites*, e também nos demais trabalhos, porque considerava que uma versão literal do livro correria o risco de não ser lida: "O original está em árabe, e eu digo *vertido para o francês* porque não é uma versão precisamente atrelada ao texto, o que não agradaria aos leitores"[36]. O orientalista deixou registrado na abertura do livro, em seu primeiro *Avertissement*, o caráter de sua tradução, que procurou não se afastar dos desígnios do original, mas adaptou e suprimiu elementos quando os julgara inadequados ao gosto da época:

33. De acordo com Larzul, a expressão originou-se de um comentário de Ménage (1613-1664) a propósito das traduções de Perrot d'Ablancourt: "Elles me rappellent une femme que j'ai beaucoup aimée à Tours, et qui était belle mais infidèle" [Elas me lembram uma mulher que muito amei em Tours, e que era bela, porém infiel] (Ménage, *apud* Larzul, 1996, p. 20, nota 5).
34. D'Ablancourt, *apud* Larzul, 1996, p. 21.
35. Voltaire, *apud* Abdel-Halim, p. 172.
36. Carta a Cuper, de agosto de 1702 (cf. Mahdi, 1994, pp. 204-205, nota 80).

Procurou-se conservar seus caracteres e não se afastar de suas expressões e sentimentos, desviou-se do texto somente quando a conveniência não permitiu encerrar-se nele. O tradutor está certo de que [...] mostrou os árabes aos franceses com toda a circunspecção que demandava a delicadeza de nossa língua e de nosso tempo[37].

Galland, ao seguir a concepção de tradução de seu tempo, adaptou as *Noites* à *délicatesse* de sua língua e aos valores literários clássicos da época, acrescentando elementos para atender às funções sociais de instruir e moralizar, e suprimindo o que poderia ferir o convenientemente aceito [*bienséance*] na literatura do período.

Desse modo, como um exemplo marcante de *belle infidèle*, *Les mille et une nuits* de Galland refletem um Oriente ancorado no luxo e na conveniência mais próximos à corte de Luís XIV do que do próprio universo das *Noites*. E foi em uma corte que já apreciava os contos de Perrault e de Mme d'Aulnoy que essa versão adaptada das *Noites* encontrou um sucesso imediato, pondo à mostra um universo que até então era desconhecido – que se figurava, talvez, mais como um sinônimo de rotas comerciais francesas e de lugares exóticos –, desvelando a face social, cultural, política e religiosa e, sobretudo, da própria riqueza literária do Oriente árabe.

3. O cânone de Antoine Galland

Entre 1670 e 1688, Antoine Galland, a trabalho dos interesses franceses no Oriente, participou de viagens para algumas regiões do Mediterrâneo Oriental, sobretudo, para Constantinopla, onde permaneceu por vários anos; durante sua estada, adquiriu conhecimento mais acurado da língua[38] e do modo de vida de seus habitantes, interessou-se profundamente por

---

37. Galland, 1965, vol. I, p. 22.
38. Galland conhecia as línguas persa, hebraica, árabe e turca, nas quais leu muitas obras de ficção em prosa e poesia e realizou várias traduções, entre elas *Les fables indiennes de Bidpaï* (a partir de uma versão turca advinda de uma versão persa de *Kalîla e Dimna*); livros árabes: *Traité des simples* de Ibn al-Baytâr, *Dictionnaire bibliographique* de Hadjdjî Khalîfa (obra utilizada por Barthélémy d'Herbelot para compor sua *Bibliothèque oriental*, prefaciada e publicada em 1697 por Galland) e o *Alcorão*; do persa: o célebre *Matla' al-Sa'dayn* do historiador Abd al-Razzâq. (A propósito das várias traduções de Galland, publicadas ou não, ver Abdel-Halim, 1964, pp. 29-30.)

sua literatura, visitando numerosas bibliotecas e livrarias, em especial na cidade de Constantinopla; e, a serviço de Colbert, comprou manuscritos para a Biblioteca do Rei. No entanto, todo esse período não lhe propiciou o encontro com os manuscritos das *Noites*, como também não há qualquer indicação, até o momento, de que Galland tivesse tomado conhecimento da existência desse livro durante a fase de suas viagens.

Na verdade, os comentários sobre a gênese e as etapas do trabalho de Galland com as *Noites* não são menos controversos do que a própria história do livro, pois o orientalista deixou, em relação às suas fontes, apenas informações fragmentárias. O *scholar* Muhsin Mahdi, baseando-se em correspondências do orientalista, ponderou que seu contato com as *Noites* deve ter ocorrido entre 25 de fevereiro e 13 de outubro de 1701, não havendo em tempo anterior qualquer indicação de que ele conhecesse o livro. Na primeira data, Galland escreveu a Pierre-Daniel Huet informando sobre sua tradução de determinados contos, parecidos com os de fadas, em dois dos quais reconhecia similaridades com Homero: tratava-se de "Sindbâd":

> Eu tenho também uma pequena tradução de *Contos* que são melhores do que aqueles de fadas, que se publicaram nesses últimos anos com tanta profusão [...]. Há dois deles que parecem ter sido tirados de Homero: com efeito, reconhecemos em um a fábula de Circe e em outro a de Polifemo[39].

Na segunda data, ele escreveu nova carta a Huet mencionando, então, as *Noites*:

> Há três ou quatro dias, eu soube pela carta de um amigo de Alepo, residente em Paris, que ele recebeu de seu país um livro árabe que eu lhe havia pedido. Ele é em três volumes, intitulado [*Alf al-layl*] *As Mil Noites*. É uma coletânea de contos, com os quais, naquele país, entretém-se nos serões. Eu pedi a esse amigo para que ele o guarde até a minha chegada a Paris [...][40].

Provavelmente, como sugeriu Mahdi, fora através de sua prévia tradução de "Sindbâd" que ele chegou a ouvir sobre as *Noites* e adquirir

---

39. Galland, 1964 *apud* Mahdi, 1994, p. 189, nota 28.
40. *Idem*, p. 191, nota 36.

seus manuscritos. Num momento em que os contos de fadas e a literatura gnomológica desfrutavam de grande interesse, Galland completou seus *Contes arabes* [histórias de "Sindbâd"] antes de mudar-se de Paris para Caen, no início de 1698; sua tradução fora baseada em um manuscrito árabe independente[41], ou talvez mais de um, sem qualquer relação com as *Noites*, conforme ponderou Mahdi: "Praticamente, não há dúvida de que ele o traduziu a partir de um ou mais manuscritos árabes que se apresentaram como um conteúdo próprio, um trabalho independente, sem qualquer relação com as *Noites*"[42].

Seus *Contes*, com o mecenato da Marquesa D'O, filha do erudito e estimado amigo Gilleragues, já estavam prontos para ser impressos, quando Galland suspendeu a reprodução. Em dedicatória à marquesa – presente no primeiro volume de sua tradução das *Noites*, publicado em 1704 – Galland justificou-lhe o atraso da publicação de "Sindbâd" informando que soubera – por alguém, cujo nome não ficou registrado na história – ser o périplo do marinheiro apenas uma parte de uma coletânea maior, intitulada *Les mille et une nuits*, e que, por isso, suspendera a impressão no aguardo de apresentar uma tradução mais completa:

[...] Senhora [...] eu ouso demandar-vos para este livro a mesma proteção que vós concedestes à tradução francesa dos sete *Contos Árabes*, que eu tive a honra de apresentar-vos. Vós vos surpreendereis por, desde aquele tempo, eu não ter tido a honra de vo-los oferecer imprimidos. O atraso, Senhora, vem pelo fato de eu ter tomado conhecimento, antes de começar a impressão, de que esses *Contos* foram tirados de uma coletânea prodigiosa de *Contos* semelhantes, em diversos volumes, intitulada *As Mil e Uma Noites*. Essa descoberta me obrigou a suspender a impressão e a empregar meus cuidados para recuperar a coletânea. Foi preciso fazê-la vir da Síria, e verter para o francês o primeiro volume, que aqui está, de somente quatro[43] que me foram enviados[44].

---

41. Conforme Abdel-Halim, este seria o manuscrito nº 3645 da Biblioteca Nacional de Paris (cf. Abdel-Halim, 1964, pp. 194 e 265).
42. Mahdi, 1994, p. 18.
43. Entre os manuscritos aos quais Galland se refere, três volumes correspondem aos hoje codificados como 3609, 3610 e 3611 da Biblioteca Nacional de Paris; o quarto, de acordo com Mahdi, seria um volume perdido que o orientalista recebeu posteriormente, mas sem qualquer relação com o conjunto anterior (cf. Mahdi, 1994, pp. 25-26).
44. Galland, 1965, vol.1, pp. 19-20.

Embora Galland tivesse esperado por muitos anos um manuscrito das *Noites* que possuísse "Sindbâd", ele nunca o encontrou, e, ao acreditar que as narrativas do marinheiro fizessem parte das *Noites* ("esses *Contos* foram tirados de uma coletânea prodigiosa de *Contos* semelhantes"), ele realizou seus primeiros acréscimos ao livro; desse modo, as histórias de Sindbâd, bastante próximas do gosto da época, conduziram Galland, ainda que por um descaminho, às *Noites*. Em dezembro de 1701, o orientalista recebeu três volumes de manuscritos do livro e começou a traduzi-los no ano seguinte, logo depois de sua volta de Paris, como atesta sua carta a Cuper[45], datada de agosto de 1702:

> [...] acabo de passar a limpo uma obra de seiscentas páginas [...] eu a iniciei neste ano, desde o meu retorno de Paris, trabalhando nela somente depois do almoço, como um divertimento depois do meu trabalho da manhã sobre os nomes das dignidades que se encontram sobre as medalhas. [...] Esta obra de que eu tenho a honra de vos falar é intitulada: *As mil e uma noites, contos dos árabes, vertidos para o francês* [...]. Eu poderei continuar essa empreitada [...] se o público receber bem esta primeira parte, que servirá como um ensaio[46].

Assim, os dois volumes iniciais de *Les mille et une nuits* haviam sido elaborados durante as horas de lazer dos sete ou oito primeiros meses de 1702; sua tradução prosseguiu até o sétimo tomo nos dois anos seguintes, quando publicou, em 1704, junto ao seu editor, a família Barbin, os quatro primeiros volumes; o extraordinário sucesso com que foram recebidos motivou a sequência da publicação, atingindo doze tomos até 1717.

Os dois números iniciais de sua versão incluíram, respectivamente, da 1ª até à 30ª noite e da 31ª até à 68ª noite; juntos, eles correspondem ao primeiro volume de seu manuscrito e a primeira página do segundo, apresentando a mesma ordem de histórias: o prólogo-moldura seguido por "O Mercador e o Gênio" ["Le marchand et le génie"], "O Pescador e o Gênio" ["Histoire du pêcheur"] e "O Carregador e as Três Jovens

---

45. Gisbert Cuper (1644-1716) foi professor e numismata holandês, como também membro da Academia de Inscrições.
46. Galland, *apud* Abdel-Halim, 1964, pp. 266-267.

de Bagdá" ["Histoire de trois calenders fils de rois et de cinq dames de Bagdad"][47]. O volume três foi iniciado por um *Avertissement* no qual Galland justificou a supressão dos reiterados pedidos de Dînârzâd pela retomada da história da noite anterior:

> O leitor não encontrará mais a cada noite: "Minha querida irmã, se não estiveres dormindo etc." Como essa repetição chocou diversas pessoas sagazes, nós a retiramos para adequá-la a sua delicadeza. O tradutor espera que os eruditos lhe perdoem a infidelidade em relação ao original, visto que, aliás, conservou religiosamente o espírito e o caráter dos contos orientais [...]. Ele havia pressentido que essa repetição poderia desagradar os franceses; mas por uma timidez bastante rara para um tradutor que traduz um livro pouco conhecido, ele não ousou afastar-se de seu texto. O sucesso dos dois primeiros volumes [...] deve corresponder ao êxito dos outros, que contém coisas não menos maravilhosas nem menos agradáveis[48].

A partir do terceiro tomo, Galland, ao atender ao gosto delicado do público francês, alterou o prelúdio, a fórmula que antecede, e justifica, as variadas narrativas presentes no livro; ademais, a infidelidade ao original foi acrescida pela alteração da sequência de histórias: Galland incluiu nesse tomo, entre suas noites 69 e 90, a antiga tradução dos contos de "Sindbâd" ("Histoire de Sindbad"), ausentes no seu conjunto de três volumes de manuscritos, ou, segundo Mahdi, de qualquer outro manuscrito árabe das *Noites* por ele conhecido[49]. O orientalista, acreditando que as aventuras do marinheiro fizessem parte do livro, dividiu-as ao longo de noites, embora o original não apresentasse nenhuma segmentação, tampouco possuísse as personagens Dînârzâd, Šahrâzâd ou Šâhriyâr das *Noites*. A seguir, ainda no terceiro tomo, retornou à sequência de narrativas dos manuscritos, situando a história "As Três Maçãs" ["Les trois pommes"] e parte de "Os Vizires Nûruddîn 'Ali,

---

47. Os títulos das histórias, em português, referem-se à tradução de Jarouche e, entre parênteses, estão os títulos da versão de Galland. Quando citarmos, nesta seção, histórias pertencentes às *Noites* árabes, manteremos dessa mesma forma (em português e francês) as referências aos seus títulos, com a finalidade de explicitar suas semelhanças e diferenças nas duas versões.
48. Galland, 1965, vol. 1, p. 225.
49. Cf. Mahdi, 1994, p. 29.

do Cairo, e seu Filho Badruddîn Hasan, de Basra" ["Histoire de Noureddin Ali et de Bedreddin Hassan"] entre suas noites de números 90 e 110. O quarto volume, último publicado em 1704, também seguiu a ordem do original: entre suas noites 111 e 145, Galland finalizou a história anterior e continuou com "O Corcunda do Rei da China" ["Histoire du petit bossu"].

Em 1705, o tradutor publicou mais dois tomos. O volume quinto inteiro, concordando com o original, encerrou toda a sequência de histórias encaixadas a partir de "O Corcunda e o Rei da China" ["Histoire du petit bossu"] entre suas noites 146 e 204; no volume seis, até a noite 211, Galland acompanhou o original, concluindo a história de "Nûruddîn 'Alî Bin Bakkar e Šamsunnahâr ["Histoire d'Aboulhassan Ali Ebn Becar et de Schemselnihar favorite du calife Haroun-al-Raschid"]. A ordem das narrativas, a partir de "As Três Maçãs", acompanhou fielmente todo o segundo volume do seu manuscrito e os três primeiros fólios do terceiro, com as correspondentes noites de número 69 a 170. No restante do seu tomo seis – noites 211 a 236 –, Galland quebrou a sequência do original ao antecipar a história "O Rei Qamaruzzamân e seus Filhos Amjad e As'ad" ["Histoire des princes Amgiad et Assad"], com a qual o terceiro volume, e último, do seu manuscrito é finalizado na 282ª noite, sem a conclusão dessa narrativa[50]. Segundo Mahdi, o tradutor utilizou em sua versão um outro manuscrito não identificado para "O Rei Qamaruzzamân e Seus Filhos Amjad e As'ad", descartando o início dessa história presente no terceiro volume manuscrito das *Noites*[51].

O sétimo volume, publicado em 1706, Galland o iniciou por um *Avertissement*, onde, primeiramente, relembrou sua eliminação anterior dos reiterados pedidos de Dînârzâd pelas histórias de Šahrâzâd, considerando-os um defeito por ele remediado, para, a seguir, anunciar mais uma supressão: o abandono, deste volume em diante, da divisão em noites, alegando ser uma estrutura enfadonha e inútil que, ademais, os próprios árabes não aprovaram:

---

50. Cf. seção I deste capítulo.
51. Cf. Mahdi, 1994, p. 29.

Os leitores dos dois primeiros volumes destes contos cansaram-se da interrupção que Dinarzade trazia à sua leitura. Remediamos esse defeito nos volumes que se seguiram. Não temos dúvida de que eles ficarão ainda mais satisfeitos com este, onde não serão mais detidos por outras interrupções a cada noite. Basta que estejam instruídos do desígnio do autor árabe que fez a coletânea. Encontramos alguns desses contos em árabe onde não se fala nem de Scheherazade, nem do sultão Schahriar, nem de Dinarzade, nem da separação em noite. Isso mostra que todos os árabes não aprovaram a forma que o autor lhe deu, e que uma infinidade dessas repetições são entediantes e, verdadeiramente, bastante inúteis [...]. Estimamos, entretanto, ainda informar os leitores de que Scheherazade fala, doravante, sem ser interrompida[52].

A intervenção na estrutura das *Noites*, que mais uma vez atendeu ao gosto da época, foi justificada pela existência de alguns contos árabes do mesmo gênero que não possuíam divisão em noites, nem as personagens pertencentes ao prólogo-moldura – Šahriyâr, Šahrâzâd e Dînârzâd que reaparecem a cada noite –; os contos a que Galland se referiu seriam, segundo Abdel-Halim, os manuscritos de "Sindbâd", que, na verdade, pertencem a um ciclo independente do prólogo-moldura[53]. No tomo sete, Galland finalizou, com as duas histórias restantes do último volume árabe – "Anîsuljalîs e Nûruddîn 'Alî Bin Hâqân" ["Histoire de Noureddin et de la belle persienne"] e "Jullanâr, a Marítima, e Seu Filho Badr" ["Histoire de Beder Prince de Perse et de Giauhare Princesse du royaume de Samandal"] –, a tradução do manuscrito pertencente hoje à Biblioteca Nacional de Paris, codificado pelo número 3609-3611.

Em 1709, foi publicado o controverso oitavo volume de sua tradução das *Noites*: Galland enviara "Ganem", traduzido de um manuscrito não identificado, à maison Barbin; seu editor, por outro lado, desejoso de atrair leitores para o novo volume, julgou o material insuficiente; adicionou, então, sem consultá-lo, "Zayn al-Asnam" e "Khudadad", contos de uma outra coletânea[54] traduzidos por Pétis de la Croix, amigo de Galland. O editor, além de cometer a fraude sem a permissão de

---

52. Galland, 1965, vol. II, p. 257.
53. Cf. Abdel-Halim, 1964, p.193.
54. Os contos em questão foram extraídos da obra turca *Al-Faradj ba'd al-šiddah*, traduzida por Pétis de la Croix, tendo como título *Mille et un jours*.

ambos os tradutores, forjou o vínculo dessas histórias com as *Noites*, escrevendo mais um capítulo na história do cânone de *Les mille et une nuits*. Galland tomou conhecimento do fato somente depois da publicação, como atesta o *Avertissement* que abriu seu nono volume, publicado três anos depois:

> Os dois contos que finalizam o oitavo tomo não são da obra *Mil e Uma Noites*: eles foram inseridos e impressos sem que o tradutor soubesse, e tomou conhecimento dessa infidelidade que lhe fizeram somente quando foi colocado à venda. [...] Teremos o cuidado de, em uma segunda edição, suprimir esses dois contos [...][55].

Embora Galland tivesse prometido que a fraude seria reparada em edição posterior, as histórias traduzidas por Pétis de la Croix, inseridas na obra em 1709, permaneceram como parte de suas *Les mille et une nuits*.

Galland já havia esgotado a tradução dos manuscritos que possuía[56] e ainda aguardava uma versão mais completa do livro, parecendo desejar que o número de noites alcançasse a cifra do título, ou seja, "mil e uma noites", quando encontrou uma fonte viva de histórias árabes: o maronita alepino H'annâ[57], homem cultivado que, além do árabe, sua língua materna, falava o turco, o provençal e relativamente bem o francês; o encontro ocorrera durante visitas ao amigo Paul Lucas (1664-1737), um viajante que procurava no Oriente manuscritos e demais coleções para livrarias e para pessoas importantes. A primeira menção a H'annâ ocorreu em seu *Journal* em 17 de março de 1709, mas foi a partir de 25 do

---

55. Galland, 1965, vol. II, p. 423.
56. De acordo com correspondências de Galland, entre 1701 e 1702, e a dedicatória à Madame D'O, de 1704, Abdel-Halim observou que Galland, além do conjunto codificado 3609-3611, possuiu outros exemplares – inclusive um manuscrito turco contendo as primeiras noites do livro, mas que não fora utilizado pelo tradutor –, sempre no aguardo de uma versão mais completa. Galland também entrara em contato com o manuscrito egípcio trazido por Benoît de Maillet, no início do século XVIII, com 870 noites (pertencente ao que a crítica filológica denominou, anos depois, de ramo egípcio antigo), contendo um número maior de histórias; no entanto, não há evidência de que ele o tenha utilizado em sua tradução. Para as controversas questões a respeito de demais fontes de Galland na elaboração de sua tradução das *Noites*, aqui sumariamente indicadas, consultar Abdel-Halim, 1964, pp. 169-214, e Mahdi, 1994, pp. 24-27.
57. Galland, em seu *Journal*, anotou que H'annâ chamava-se Jean-Baptiste Diab, mas também se referiu a ele como Jean Dipi (cf. Abdel-Halim, 1964, p. 272).

mesmo mês que o alepino começou a contar-lhe algumas histórias encantadoras[58], as quais prometeu dar-lhe por escrito: "O Sr. Hanna [me contou] alguns contos árabes muito bonitos e me prometeu escrevê-los para eu transmiti-los"[59]. Estas histórias que encantaram Galland não provinham de qualquer manuscrito das *Noites*, mas de fontes diversas, segundo Abdel-Halim, ou mais especificamente, como sugeriu Larzul, da tradição oral síria[60].

Conforme seus registros, Galland ouvira do maronita o conto de "Aladdin" e, a seguir, passou a anotar, cuidadosamente, em seu *Journal* o resumo de outras histórias de H'annâ[61]; entre elas citemos: "As Aventuras do Califa Haroun-al-Raschid" ["Les aventures du calife Haroun-al-Raschid"], "História do Cavalo Encantado" ["Histoire du cheval enchanté"], "A Cidade de Ouro ["La ville d'or"], "História das Duas Irmãs que Invejavam a Irmã mais Nova" ["Histoire des deux soeurs jalouses de leur cadette"], "História do Príncipe Ahmed e da Fada Pari-Banu" ["Histoire du prince Ahmed et de la fée Pari-Banu"], "O Sultão de Samarcanda e Seus Três Filhos" ["Le sultan de Samarcand et ses trois fils"], o prólogo-moldura de uma coletânea de contos intitulada "Os Dez Vizires" ["Les dix vizirs"], "Ali-Baba", "Ali-Cogia, Mercador de Bagdá" ["Ali-Cogia, marchand de Bagdad"]. Tais anotações não continham somente a ideia geral ou os principais acontecimentos da história. Abdel-Halim observou que Galland detalhou a ação, principalmente ao iniciar o resumo para, a seguir, deixar registradas sugestões e frases para "chamar à memória"[62].

---

58. Sobre as anotações de Galland em seu *Journal* a respeito de seu encontro com H'annâ, ver Abdel-Halim, 1964, pp. 272-273.
59. "M. Hanna [me rapporta] quelques contes arabes, fort beaux, qui me promit de les mettre par écrit pour me les comuniquer" (Galland, 1919 apud Mahdi, 1994, p. 201, nota 71).
60. Cf. Abdel-Halim, 1964, p. 274, e Larzul, 1996, p. 28.
61. Galland ouviu "Aladdin" entre 4 e 5 de maio de 1709, a partir do dia 6 passou a anotar resumos das narrativas de H'annâ. Cf Abdel-Halim, 1964, p. 273. Os títulos das histórias citadas a seguir não pertencem ao cânone das *Noites* árabes; por isso, mantivemos os títulos em francês, de acordo com *Les mille et une nuits* e com as anotações de Galland em seu *Journal*. A propósito das histórias anotadas por Galland em seu *Journal*, cf. Abdel-Halim, 1964, pp. 428-474.
62. Cf. Abdel-Halim, 1964, p. 276.

Enquanto aguardava a vinda de um manuscrito das *Noites* que completasse seus três volumes iniciais[63], Galland aplicava-se à leitura e à tradução dos textos escritos por H'annâ, conforme seu *Journal*:

Segunda-feira, 3 de novembro [1710] Desde o dia anterior eu havia começado a ler o conto árabe da Lâmpada que foi escrito em árabe para mim, há mais de um ano, pelo maronita de Damasco – que o Sr. Lucas trouxe consigo –, com a intenção de vertê-lo para o francês.

Sábado, 10 de janeiro [1711]. Acabei a tradução do 10º tomo das *Mil e Uma Noite* (*sic*), conforme o texto árabe que recebi da mão de Hanna, ou Jean Dipi, que o Sr. Lucas havia trazido para a França. [...] Eu havia começado essa tradução no mês de novembro e trabalhei nela somente à noite[64].

Diante das tentativas fracassadas de adquirir um manuscrito completo das *Noites*, Galland começou, como explicita a nota supracitada, a reunir determinadas histórias do maronita para compor os tomos seguintes de suas *Les mille et une nuits*: o nono volume foi composto pela história do "Adormecido Despertado" ["Histoire du dormeur éveillé"], traduzida de um suposto manuscrito perdido e já pronta desde 1708, e por uma parte de "Aladdin". No volume dez, Galland reuniu a continuação de "Aladdin" e "Les aventures du calife Haroun-al-Raschid", contos traduzidos dos escritos árabes de H'annâ, conforme a anotação de Galland de 10 de janeiro de 1711; ambos os volumes foram publicados em 1712 pelo editor Delaulne.

O volume onze começou a ser planejado em agosto de 1711[65] e compreendeu os contos "História de Ali Babá e os Quarenta Ladrões Exterminados por uma Escrava" ["Histoire d'Ali Baba et les quarante voleurs, exterminés

---

63. Desde a publicação do sétimo volume de suas *Les mille et une nuits*, em 1706, Galland esperava por um manuscrito completo das *Noites*. Há registros em seu *Journal*, entre 20 de julho de 1710 e 27 de setembro de 1712, de sua busca junto a seu amigo Brue, que se encontrava em Constantinopla, por um suposto manuscrito árabe completo das *Noites*; apesar dos esforços, a procura foi inútil. Para maiores detalhes, consultar Abdel-Halim, 1964, p. 274, e Mahdi, 1994, pp. 32 e 33.
64. Galland, *apud* Abdel-Halim, 1964, p. 275.
65. Cf. Mahdi, 1994, p. 203, nota 78.

par une esclave"][66], "Histoire d'Ali Cogia, marchand de Bagdad" e "Histoire du cheval enchanté"[67]; as duas últimas histórias basearam-se nos detalhados resumos que Galland aprontara, dois anos atrás, na medida em que ouvia as narrativas orais de H'annâ; entretanto, na versão de "Ali Baba", o orientalista não utilizou seu resumo: segundo Abdel-Halim, ele seria uma tradução dos escritos de H'annâ[68]. No volume doze de sua versão, Galland incluiu a "Histoire du Prince Ahmed et de la fée Pari-Banu" e "Histoire des deux soeurs jalouses de leur cadette", que tiveram sua fonte nos resumos do *Journal*, a partir das narrações de H'annâ. Os dois últimos volumes ficaram prontos em 1713, mas foram publicados somente em 1717, dois anos após sua morte, pelo editor Delaulne, associado ao tipógrafo lionês Antoine Briasson.

Embora Galland tenha utilizado os demais manuscritos e histórias transmitidas por H'annâ, oralmente ou por escrito, a maior fonte para a composição de suas *Les mille et une nuits* foi seu manuscrito em três volumes (o *Arabe 3609-3611* da BNP), que ocupou a maior parte dos sete primeiros tomos[69]. Os motivos que o levaram a realizar os acréscimos em relação a sua fonte principal – o que provocou críticas ferrenhas à sua versão – se devem talvez ao engano – no caso de "Sindbâd" –, à insistência de seu primeiro editor por mais volumes, à espera acalorada de seus leitores ou, mesmo, como assinalou Bremond, a seu desconcerto após ver sua obra fraudada pelo editor: "Galland pode ter pensado que suas *Mille et une nuits*, diante de tal descaracterização, não havia, desde então, mais nada a perder"[70]; mas

---

66. Deste conto há apenas um manuscrito árabe, o qual não apresenta nenhuma ligação com as *Noites*; a sua publicação, pelo orientalista Macdonald, permitiu averiguar que a versão de Galland lhe é bastante próxima (cf. Abdel-Halim, 1964, p. 275).
67. Este conto está no ramo egípcio tardio.
68. Cf. Abdel-Halim, 1964, p. 275.
69. Segundo a avaliação percentual de Mahdi, *Les mille et une nuits* apresentam a seguinte distribuição: os três volumes de manuscritos ocupam 46% da obra; o manuscrito de "Sindbâd", 4%; outros manuscritos perdidos ou contendo histórias conhecidas, transmitidas por meio da tradição escrita, 20%; e histórias contadas por H'annâ, oralmente ou por escrito, 30% (cf. Mahdi, 1994, p. 210, nota 100).
70. Claude Bremond, "Traditions, traductions, trahisons", em S. Larzul, *Les traductions françaises des* Mille et une nuits: *Étude des versions Galland, Trébutien et Mardrus,* Paris, L'Harmattan, 1996, p. 7.

vale lembrar que as inserções das histórias de H'annâ nos quatro volumes finais, conquanto figurassem em sua tradução das *Noites* como exemplos de contos do livro, jamais foram anotadas em seu *Journal* como tais[71].

Quanto ao desfecho do livro, nenhum manuscrito sobrevivente das *Noites* que se reporta ao tempo de Galland contém mil e uma noites ou uma cena conclusa. Segundo Mahdi, o número do título remete a um número vultoso, indefinido, e, por isso, o escriba que reunira as histórias das *Noites*, tal como hoje as conhecemos, não pretendeu alcançar as literais mil e uma noites ou produzir uma cena conclusa[72]. Mas nem todos os que lidaram com o livro, ao longo dos séculos, interpretaram o título da mesma maneira[73], como o próprio Galland, que parece tê-lo tomado literalmente – talvez, segundo Mahdi, por ter ouvido de alguém ou por ter lido relatos sobre as *Noites* em fontes bibliográficas[74] –, conforme o extrato de sua carta a Cuper, de agosto de 1702, onde resumiu em algumas palavras "o desígnio dessa grande obra": "De noite em noite a nova sultana o conduz [o sultão] até às mil e uma, e o obriga, deixando-a viver, a desfazer-se da prevenção que tinha contra todas as mulheres"[75].

No desfecho de suas *Les mille et une nuits*, elaborado aproximadamente dez anos depois, uma sentença com conteúdo bastante assemelhado ao do extrato da supracitada carta foi introduzida logo ao final de "Histoire des deux soeurs jalouses de leur cadette", no décimo segundo tomo de sua versão: "Mil e uma noites haviam passado nesses inocentes divertimentos; eles ajudaram muito a diminuir as prevenções dolorosas do sultão contra a fidelidade das mulheres; seu espírito tornara-se dócil;

---

71. Cf. Larzul, 1996, p. 29.
72. Sobre o desfecho de *Les mille et une nuits*, de Galland, consultar Mahdi, 1994, pp. 48 e 49.
73. Lembremos que os manuscritos do ramo egípcio possuem a tendência de "completar" o livro, a exemplo da cópia do ramo egípcio antigo, que pertenceu a Benoît de Maillet, datado do século XVII, que chegou a 870 noites (cf. seção I deste capítulo).
74. Como o *Alfihrist* [*Catálogo*] de Annadîm Alwarrâq, sobre *Hazâr afsân*, fonte longínqua das *Noites*: "quando a noite findava, ela interrompia a história, fato que levava o rei a preservá-la e a indagá-la na noite seguinte sobre a continuação da história, até que se completaram mil noites, e ele, nesse período, dormiu com a jovem, que então teve um filho dele, mostrou-lhe a criança e o inteirou de sua artimanha; assim, o rei passou a considerá-la inteligente, tomou-se de simpatia por ela [*mâla ilayhâ*] e lhe preservou a vida" (cf. seção I deste capítulo).
75. Cf. Mahdi, 1964, p. 214, nota 112.

ele estava convencido do mérito e da sabedoria de Scheherazade"[76]. *Les mille et une nuits* de Galland tiveram, assim, um desfecho lógico e verossímil: Schahriar[77] acabou por revogar a lei que se havia imposto de desposar a cada noite uma virgem e matá-la no dia seguinte; diferente, aliás, do que ocorre com diversas edições árabes das *Noites* pertencentes ao ramo egípcio, onde a resolução se dá como um *deus ex machina*: Šahrâzâd mostra a Šahriyâr um filho, ou mesmo três, gerado durante o período das mil e uma noites, livrando-se, então, do pesar da morte[78].

Tendo em vista o fato de que, durante a elaboração dos volumes onze e doze, Galland ainda procurava por um manuscrito completo das *Noites* – desejando, talvez, ir além do décimo segundo tomo –, Abdel-Halim questionou se o desfecho foi realmente feito pelo orientalista, ou se o responsável pelo termo do livro foi seu editor, que já não podia mais obter a continuação das histórias; e, como se sabe, os editores da época eram capazes de cometer intervenções semelhantes. Ademais, Abdel-Halim também apontou para o fato de que a conclusão de Pétis de la Croix de seus *Mille et un jours,* comparável àquela dada às *Mille et une nuits*, já havia sido feita em 1912, material em que o editor poderia ter-se inspirado para finalizar o livro[79].

Les mille e une nuits, tal como o conjunto das *Noites* árabes, têm na história de sua edificação mais de uma pena, como também fontes incertas que geram controvérsias e desafiam pesquisadores; porém as histórias que entraram para o cânone de Galland fazem de *Les mille et une nuits* uma versão singular das *Noites*. Ademais, sua particularidade não se encerra com a alteração do *corpus* e da sequência de histórias que constituem as *Noites* árabes, mas há também o próprio caráter da tradução de Galland, que, como veremos na próxima seção, faz de sua versão um dos exemplos marcantes das chamadas *belles infidèles*.

---

76. Galland, 1965, vol. 3, p. 433.
77. Ao nos referirmos à versão de Galland, manteremos sempre a transliteração empregada pelo autor, com o intuito de demarcar a singularidade da obra em seus diversos aspectos, a começar pela própria grafia dos nomes.
78. Cf. Abdel-Halim, 1964, p. 286.
79. *Idem*, pp. 286-287.

4. Les mille et une nuits: "la belle infidèle"

Antes de iniciarmos, propriamente, esta seção, é oportuno deixar aqui algumas observações. Na seção anterior, vimos a sequência de textos que entraram para o cânone e compuseram ao longo de treze anos *Les mille et une nuits* de Antoine Galland; por ora, faz-se necessário elucidar em quais aspectos a tradução do orientalista aclimatou as *Noites* para os leitores do Grand Siècle. Tendo em vista o contexto histórico-social e literário da França no período em que Galland realizou sua tradução das *Noites*, destacaremos alguns dos elementos que caracterizam o livro árabe – baseando-nos fundamentalmente no trabalho de Larzul – os quais, na pena do tradutor francês, foram alterados, ora pela sua amplificação, ora pelo seu encobrimento[80]. Para ilustrar as interferências do tradutor na obra, utilizaremos junto ao texto de Galland a tradução brasileira das *Noites* de Jarouche, que, além de basear-se no mesmo conjunto de manuscritos utilizados por Galland, primou pela fidelidade ao original. Ademais, os fragmentos de texto utilizados nessa seção pertencem, preferencialmente, a algumas histórias escolhidas para nossa análise no terceiro capítulo desse trabalho: "História do Pescador" ["Histoire du pêcheur"], "História dos Três Calândares Filhos de Rei e das Cinco Damas de Bagdá" ["Histoire de trois calenders fils de rois et de cinq dames de Bagdad"], "História do Pequeno Corcunda" ["Histoire du petit bossu"] com suas respectivas histórias encaixadas: "História do Rei Grego e do Médico Douban" ["Histoire du roi grec et du médecin Douban"], "História do Segundo Calândar" ["Histoire du seconde calender"] e "História Contada pelo Mercador Cristão" ["Histoire que raconta le marchand chrétien"], mais a primeira história do livro, ou seja, o prólogo-moldura – todas elas vertidas do manuscrito *Arabe 3609-3611* –; "Histoire d'Aladdin" e "História do Cego Baba-Abdalla"

---

[80]. Faremos aqui uma abordagem geral e sucinta. No terceiro capítulo, alguns dos elementos tão somente considerados aqui no âmbito da generalidade serão retomados de modo mais pontual. Para um estudo mais acurado sobre a comparação entre as *Noites* e a versão de Galland, conferir Larzul, 1996, pp. 19-116.

["Histoire de l'aveugle Baba-Abdalla"] – traduzidas por Galland a partir dos escritos de H'annâ. Dadas essas premissas, partiremos agora para as interferências de Galland nas *Noites* árabes.

Primeiramente, quanto à ambientação, os contos das *Noites* desenrolam-se quase sempre em meios abastados, nos quais as moradas trazem determinadas descrições que revelam as especificidades da arquitetura e decoração do auge da civilização árabo-islâmica. Na tradução de Galland, as belas construções árabes foram adaptadas, ganhando colunas e jardins mais característicos da civilização francesa clássica; seu interior também sofreu retoques: certas particularidades da disposição dos cômodos e sua mobília foram excluídas, enquanto que outros detalhes da decoração foram amplificados, reforçando a imagem reluzente dos ambientes: ganharam quantidades adicionais de ouro, de pedras preciosas, de mármore e ricos tecidos que os tornaram ainda mais magníficos e esplêndidos do que aqueles do original. O retrato pouco fiel de Galland [1] aclimatou os aspectos materiais ao domínio da corte francesa, mas também sublimou, por vezes, o universo árabe, lançando seus leitores a mundos maravilhosos, com riquezas inestimáveis. A passagem seguinte – extraída da "História dos Três Calândares Filhos de Rei e das Cinco Damas de Bagdá" –, à luz da tradução de Jarouche [2], é um exemplo de eliminação de certas particularidades do cenário árabe e amplificação de outras:

[1]
[...] e todos os três, após terem atravessado um belo vestíbulo, passaram por um pátio bem espaçoso, circundado por uma galeria, que se comunicava com vários aposentos, todos muito magníficos. Havia no fundo desse pátio um estrado ricamente guarnecido com um trono de âmbar no meio, sustentado por quatro colunas de ébano enriquecidas de diamantes e pérolas de um tamanho extraordinário, e guarnecidas por um cetim vermelho admiravelmente bordado com ouro da Índia. No meio do pátio, estendia-se um grande tanque de mármore branco, cheio de água claríssima que nele caía abundantemente pelo focinho de um leão de bronze dourado[81].

81. Galland, 1965, vol. I, 29ª noite, p. 115.

[2]
Avançaram todos até chegar a um salão espaçoso, simétrico e elegante, dotado de colunas, arcadas, madeira entalhada, bandeiras, balcão, banquetas, armários e bufês cobertos com cortinas. No meio do salão havia uma grande piscina cheia de água em cujo centro estava uma barquinha; numa das pontas do salão havia uma cama de âmbar com quatro pés de zimbro cravejado de pérolas e gemas, e sobre a qual se estendia um mosquiteiro de cetim vermelho com botões de pérolas do tamanho de avelãs [...][82].

Notemos que, além dos acréscimos materiais, tais como o vestíbulo, vários aposentos ao redor do salão, estrado guarnecido de um trono, piscina adornada com mármore, leão de bronze, tecido bordado com ouro da Índia, diamantes, as amplificações decorrem também da descrição dos elementos constituintes do cenário, empregados junto a termos intensificadores: "pátio *bem* espaçoso"; "aposentos *muito* magníficos"; "estrado *ricamente* guarnecido"; "diamantes e pérolas de um tamanho *extraordinário*"; "água *claríssima*".

Da mesma maneira, a aparência das personagens em *Les mille et une nuits* sofreu intervenções; a começar por Šahrâzâd, a protagonista da obra, que, apesar das *Noites* a descreverem tão somente pelos seus atributos intelectuais – sem qualquer menção a suas características físicas –, adquiriu na versão de Galland [1] uma beleza extraordinária – um ideal feminino nutrido pelos leitores franceses; ademais, o orientalista descreveu suas qualidades morais, como a coragem, configurada apenas implicitamente nas *Noites* [2]:

[1]
[...] a mais velha chamava-se Scheherazade [...] tinha uma coragem acima de seu sexo, muitíssimo espírito e uma percepção admirável. Ela havia lido muito, e possuía uma memória tão prodigiosa que nada lhe escapava de tudo quanto havia lido. Aplicara-se com afinco ao estudo da filosofia, da medicina, da história e das belas-artes, e fazia versos mais bonitos do que os dos poetas mais célebres de seu tempo. Além disto, possuía uma excelente beleza, e uma virtude solidíssima coroava todas essas lindas qualidades[83].

82. Jarouche, 2005, vol. I, 29ª noite, p. 113.
83. Galland, 1965, p. 35.

[2]
Šahrâzâd, a mais velha, tinha lido livros de compilações, de sabedoria e de medicina; decorara poesias e consultara as crônicas históricas; conhecia tanto os dizeres de toda a gente como as palavras dos sábios e dos reis. Conhecedora das coisas, inteligente, sábia e cultivada, tinha lido e entendido[84].

As personagens com aparência repugnante tiveram sua descrição atenuada, assim como os belos traços, que, embora não tenham sido delineados de acordo com as especificidades das *Noites*, foram marcados sistematicamente pelo tradutor. As belas personagens das *Noites*, masculinas e femininas, apresentam, de um modo geral, descrições semelhantes: cabelos e grandes olhos negros, pele alva, faces e lábios avermelhados, e, muito comumente, a descrição vem associada a uma imagem cósmica; nesse sentido, a beleza do rosto é comparada ao "sol" [*šams*], à "lua cheia" [*badr*], ou simplesmente à "lua" [*qamar*]. Em *Les mille et une nuits*, Galland raramente manteve as comparações com as imagens cósmicas e ocultou o detalhamento do ideal de beleza contido no livro árabe – tanto mais quando ocorrem referências a partes íntimas do corpo – ao empregar expressões mais abstratas para retratar a aparência de suas personagens; entre elas citemos "muito bem feita", "ar tão nobre", "beleza extraordinária", "beleza surpreendente"; como ocorre na descrição da jovem porteira, na "História dos Três Calândares Filhos de Rei e das Cinco Damas de Bagdá":

[1]
[...] outra dama que abriu a porta lhe pareceu tão bela que ele ficou completamente surpreso; ou mais, foi tão vivamente tocado pelo brilho de seus encantos que pensou deixar cair o cesto com tudo quanto havia dentro, tanto essa figura o emocionara. Nunca vira beleza que se aproximasse da que lhe estava diante dos olhos[85].

[2]
O carregador olhou para quem abrira a porta e eis que era uma jovem de boa estatura, seios empinados, de formosura, beleza, elegância, perfeição e esbelteza; sua fronte parecia ter o brilho da lua cheia; seus olhos imitavam os das vacas selvagens e

---

84. Jarouche, 2005, p. 49.
85. Galland, 1965, vol. I, 29ª noite, p. 115.

das gazelas; as sobrancelhas eram como a lua cheia do mês de *ša'bân*[86]; as faces pareciam papoulas; a boca, o sinete de Salomão; seus labiozinhos vermelhos eram como ouro puro; os dentinhos, como pérolas engastadas no coral; o dorso, como uma torta oferecida ao sultão; o peito, como uma fonte com jatos d'água; os seios, como duas enormes romãs; a barriga tinha um umbigo que cabia meia medida de unguento de benjoim; e uma vagina que parecia cabeça de coelho com orelhas arrancadas [...][87].

Os traços detalhados da jovem desapareceram da versão de Galland [1], a beleza é, neste exemplo, mais delineada pelas reações que ela provoca no carregador do que pela sua própria descrição física; enquanto que, nas *Noites*, à luz da tradução de Jarouche [2], a caracterização fornece a imagem de seu rosto e talhe, dando, inclusive, pormenores de suas partes íntimas.

Notemos, então, que Galland não somente ocultou os detalhes descritivos das personagens, como também qualquer remissão explícita a sua sexualidade. Orientado pela *bienséance* e *délicatesse*, deixou de registrar as descrições e os episódios mais libidinosos das *Noites*, quando se encerra o próprio ato sexual. O tradutor, por um "jogo de modulações"[88], como observou Larzul, buscou compensar a intensidade das passagens eróticas utilizando uma justificativa, como o faz no episódio do prólogo--moldura em que a esposa do rei Šâhriyâr, acompanhada por jovens serviçais e escravos negros, comete adultério[89]: "O pudor não permite contar tudo o que se passou entre essas mulheres e esses negros, trata-se de um detalhe dispensável"[90]; ou pela atenuação da imagem do ato sexual, como podemos ver, comparativamente, na cena em que a jovem prisioneira de um gênio impõe a copulação a Šâhriyâr e a Šâhzamân, irmão caçula do rei – também no prólogo-moldura:

[1]
"Descei, respondeu-lhe no mesmo tom, se não vos apressardes em me obedecer, eu vou acordá-lo, e eu mesma lhe pedirei vossa morte." Estas palavras intimidaram de

---

86. Oitavo mês do calendário lunar muçulmano (cf. Jarouche, 2005, p. 112, nota 77).
87. Jarouche, 2005, vol. I, 29ª noite, pp. 112-113.
88. Cf. Larzul, 1996, p. 106.
89. Cf. seção 1 deste capítulo.
90. Galland, *op. cit.*, p. 27.

tal modo os príncipes, que eles começaram a descer com todas as precauções possíveis para não despertar o gênio. Ao pisarem o chão, a dama pegou-os pela mão, e, afastando-se com eles, sob as árvores, fez-lhes livremente uma proposta bastante ousada, que inicialmente a rejeitaram; mas ela os obrigou, por meio de novas ameaças, a aceitá-la[91].

[2]
Ela disse: "É absolutamente imperioso que vocês desçam. Se acaso não o fizerem, eu acordarei o *ifrit* e lhe pedirei que os mate", e continuou fazendo sinais e insistindo até que eles desceram lentamente da árvore, colocando-se afinal diante dela, que se deitou de costas, ergueu as pernas e disse: "Vamos, comecem a copular e me satisfaçam, senão eu vou acordar o *ifrit* para que ele mate vocês". E tanto insistiu que eles não tiveram como divergir: ambos copularam com ela, primeiro o mais velho, e em seguida o mais jovem[92].

De todo modo, seja pela utilização de uma justificativa ou pela atenuação da cena, Galland retirou as sequências eróticas disseminadas ao longo das *Noites*; entretanto, não deixou de sugerir a ocorrência do ato sexual, tal como os trechos selecionados elucidam. Assim, o orientalista, por um jogo de correspondências semânticas, realizou a transposição do claro e manifesto *élan* sexual das *Noites*, para um discurso insinuante em suas *Les mille et une nuits*, optando pela sua simples sugestão.

Não menos emblemática foi a rejeição de Galland pela linguagem vulgar presente no texto árabe, adquirindo em sua tradução das *Noites* uma forma polida; principalmente quando o discurso traz termos grosseiros, que, na época, poderiam chocar seus leitores: na sua versão, um homem jamais foi chamado "bastardo" [*walad zinâ*], nem a mulher "puta" [*qah'ba*][93] ou, como aparece no prólogo-moldura, "arrombada" [*kûra*], em referência à esposa de Šâhriyâr: "Quanto à senhora, ela gritou: 'ó Mas'ûd! ó Mas'ûd', e eis que um escravo negro pulou ligeiro de cima de uma árvore ao chão; encaminhou-se até ela e disse: 'O que você tem, sua arrombada?'"[94] Nessa passagem, em especial, Galland nem chegou a

---

91. *Idem*, p. 32.
92. Jarouche, 2005, vol. I, p. 47.
93. Cf. Larzul, 1996, p. 103.
94. Jarouche, *op. cit.*, p. 45.

interferir na linguagem, preferindo a supressão do trecho: "[...] chamou Masoud, e o sultão viu mais do que o suficiente para ficar plenamente convencido da sua vergonha e da sua desgraça"[95].

Os copiosos versos das *Noites* foram outro alvo de supressão do orientalista: em sua versão eles foram registrados somente em raras ocasiões e, quando os fez, foi em prosa e num sentido mais geral, inserindo-os no corpo do texto. Como observou Abdel-Halim, as poesias, nas *Noites*, são inseridas de acordo com determinadas ocasiões: algumas são intercaladas no texto para conferir um caráter nobre aos sentimentos expressos pelo herói; outras se afiguram canções entoadas em cenas de festins ou artísticas; e há ainda aquelas que mostram simplesmente a grande cultura ou pensamento das personagens. Entretanto, nos vários momentos em que são inseridas, as poesias, que se encontram em árabe clássico, contrastam com o árabe dialetal, mais popular, e o tom prosaico do restante do texto[96]. Galland, de acordo com o gosto de seu tempo, procurou não registrar semelhante diversidade de tom no interior de suas *Les mille et une nuits*, cuja linguagem, como já foi dito anteriormente, foi toda aclimatada para uma forma mais polida em relação àquela das *Noites*. Na "História do Pescador", por exemplo, verifiquemos o corte dos versos recitados pelo pescador, como expressão de sua tristeza diante de um mau dia de trabalho, substituídos por um trecho em prosa, com sentido mais geral em relação ao texto poético:

[1]
[após jogar a rede pela segunda vez:]
"Ó fortuna!", exclamou com uma voz deplorável, "cessa de estar encolerizada comigo, e não persigas um desgraçado que te suplica que o poupes! Saí de minha casa para vir aqui ganhar a vida, e tu me anuncias minha morte. Não tenho outro ofício senão este para sobreviver; e apesar de todos os meus cuidados, posso apenas satisfazer as mais urgentes necessidades de minha família. Mas estou errado de me queixar de ti; tu tens prazer em maltratar os honestos, e em deixar os grandes homens na obscuridade, enquanto favoreces os maus e ergues os que não possuem nenhuma virtude que os tornem recomendáveis".

---

95. Galland, 1965, vol. I, p. 30.
96. Cf. Abdel-Halim, 1964, p.197.

[após jogar a rede pela terceira vez:]
Não se saberia exprimir qual foi seu desespero; pouco faltou para que enlouquecesse[97].

[2]
[após jogar a rede pela segunda vez:]
"Ó tormento do destino, já tive minha parte,
mas, se ainda não tiver tido, então perdoa;
saí em busca do meu sustento, mas me disseram: 'já morreu'.
Minha sorte nada me traz,
e tampouco o meu trabalho.
Quantos ignaros não se alçam às Plêiades,
e quantos sábios vivem às escondidas".

[após jogar a rede pela terceira vez:]
"Eis a fortuna: nada a impele ou prende às tuas mãos;
nem a educação te trará sustento, nem a escrita,
nem a sorte: as fortunas são imponderáveis,
e por isso aceita-as, férteis ou estéreis.
Os caprichos do destino rebaixam o homem educado
e elevam o canalha que só merece a baixeza.
Faze tua visita, ó morte, pois a vida é degradante.
Se os falcões descem e os patos se elevam,
Isso não é tão espantoso, pois vemos homens superiores
Empobrecidos, enquanto os inferiores se pavoneiam.
Nossas fortunas já foram divididas, e nossos fados
são como aves que buscam comida por toda parte:
algumas correm mundo de Oriente a Ocidente,
e outras ganham benesses sem dar um só passo"[98].

Ao compararmos o texto de Galland [1] com a tradução de Jarouche [2], é possível notar que na versão francesa ocorreu a fusão do conteúdo das duas poesias – recitadas, aliás, em momentos diferentes – num curto texto falado pelo pescador, e não declamado, onde foi resumido o lamento de sua sorte e o questionamento da justiça do destino sobre

---

97. Galland, 1965, vol. I, 9ª noite, p. 65.
98. Cf. Jarouche, 2005, vol. I, pp. 72-73.

os homens. Apesar do trabalho de aclimatação da linguagem de *Les mille et une nuits*, o que faria diminuir a diferença de tom entre os versos solenes e o texto em prosa, Galland deixou de traduzir literal e integralmente as poesias das *Noites*. Ademais, nesse exemplo em especial, poderíamos pensar que, talvez, a supressão dos versos teria ocorrido por parecer inverossímil a um erudito educado nos valores do Classicismo que semelhante poesia pudesse ser proferida por um pescador, uma personagem retratada com grande pobreza e sem qualquer referência de que tivesse instrução.

Galland, seguindo o conceito de tradução de seu tempo, também retirou as frequentes repetições que pudessem chocar o gosto delicado de seus leitores. Nas *Noites*, é comum que as personagens com as quais o herói se encontra solicitem que lhes contem os fatos que o trouxeram até ali; sendo assim, toda a sequência narrada pelo protagonista pode ocorrer, detalhadamente ou com alguma abreviação, mais de uma vez. O orientalista francês suprimiu semelhantes repetições de sua versão, assim como a abundante fraseologia religiosa islâmica, que será tratada adiante; ademais, retirou os reiterados pedidos de Dînârzâd a sua irmã Šahrâzâd pela retomada da história da noite anterior, para, a seguir, também eliminar a repetida ligação entre as noites de sua versão – onde necessariamente é narrada, ainda que com palavras sucintas, a suspensão e a retomada da história por Šahrâzâd, entre uma noite e outra – como já foi dito na seção anterior.

Quanto às amplificações no texto, além de ocorrerem na descrição dos elementos materiais, sublimando o universo árabe, elas também foram inseridas, de um modo geral, à guisa de explicações de fatos ou palavras supostamente incompreensíveis aos leitores, aparecendo no corpo do texto e também em notas de rodapé. Estas últimas, por exemplo, preencheram as margens de *Les mille et une nuits* para a interpretação de nomes próprios; esclarecimentos dos hábitos, costumes e religiões; explicações de fatos históricos e pontos geográficos – aliás, as referências são particularmente numerosas na "História de Sinbad, o Marinheiro", em que o orientalista cuidou de esmiuçar, didaticamente, os lugares aos quais a história se refere. Mas Galland também inseriu referências semelhantes ao longo do texto, localizando cidades e regiões, possivelmente menos familiares aos leitores, em relação a lugares mais conhecidos como o rio Eufrates e a Mesopotâmia. Há referências geográficas em "História do Príncipe Ahmed e da Fada Pari-Banu", uma história introduzida por Galland em sua tradução das *Noites*, em que podem ser identificadas as inserções didáticas do orientalista ao longo do texto:

> O príncipe [...] aguardou com paciência a partida da primeira caravana para retornar à Índia. Utilizou esse tempo para ver em Samarcanda e nos arredores tudo o que era digno de sua curiosidade, como, principalmente, o vale da *Sogde*, banhado pelo rio de mesmo nome, e que os árabes reconhecem como um dos quatro paraísos do mundo, em virtude da beleza dos seus campos e jardins seguidos de palácios, pela sua fertilidade com todos os tipos de frutas e pelas delícias que se pode gozar na bela estação[99].

Com a intenção de tornar sua obra útil, Galland não se furtou de acrescentar nessa passagem elementos que relevam um saber enciclopédico: como sugeriu Larzul, tal fragmento parece ser uma paráfrase do artigo "Sogde" da *Bibliothèque orientale*, de Barthélémy d'Herbelot[100].

Na "História dos Três Calândares Filhos de Rei e das Cinco Damas de Bagdá", é possível percebermos inserções de caráter histórico; entre elas, o encaixe de uma informação relacionada com o califa Hârûn Arrašîd, com o intuito de esclarecer os leitores sobre uma lenda à qual o texto das *Noites* se refere de modo mais lacunar:

[1]
"Mas, Senhor, disse nesse ponto Scheherazade ao sultão, convém que Vossa Majestade saiba por que se batia tão tarde à porta das damas. Eis a razão: o califa Haroun-al-Rachid tinha o costume de, muitas vezes, caminhar à noite, incógnito, para saber se havia tranquilidade na cidade, e se não se cometiam desordens"[101].

---

99. Galland, 1965, vol. III, pp. 339-340.
100. Cf. Larzul, 1996, p. 59.
101. Galland, 1965, vol. I, 33ª noite, p. 124.

[2]
[*Prosseguiu Šahrâzâd*]: "E eis por que se batia à porta, ó rei: sucedeu que o califa Hârûn Arrašîd e seu vizir Ja'far, o barmécida, resolveram descer à cidade, conforme estavam habituados a fazer de pouco em pouco"[102].

Quanto ao aspecto religioso, as *Noites* evocam de modo constante nas suas narrativas as práticas do islamismo e a atmosfera do mundo muçulmano; Galland, por sua vez, esmerou-se para retratá-las, apesar de não as registrar integralmente de acordo com seu manuscrito, procedendo com determinadas supressões, adaptações e, mesmo, amplificações. Entre as práticas do islamismo, a oração ritual – praticada cinco vezes ao dia, em momentos fixos – foi indicada por Galland, com precisão; como também a prescrição das abluções precedentes à oração foi igualmente sublinhada em sua versão. Com o projeto de instruir os leitores, o orientalista não deixou de inserir a realização das orações mesmo quando elas não aparecem, como ocorre no início do livro, na ligação entre a primeira e segunda noite:

[1]
Scheherazade, nesse ponto, percebendo que era dia, e sabendo que o sultão levantava-se de manhã bem cedo para fazer sua prece e reunir o conselho, parou de falar[103].

[2]
Então a aurora alcançou Šahrâzâd e ela parou de falar [...] Depois, quando bem amanheceu, o dia clareando e o sol raiando, o rei se levantou e foi cuidar de seu reino e de suas deliberações[104].

As práticas islâmicas da peregrinação a Meca e da esmola caritativa[105] foram inseridas em sua versão mesmo quando ausentes no original. No caso da primeira, Larzul observou que Galland não hesitou em acrescen-

---

102. Jarouche, 2005, vol. I, 33ª noite, p. 123.
103. Galland, 1965, vol. I, 1ª noite, p. 46.
104. Jarouche, 2005, vol. I, 1ª noite, p. 58.
105. Conforme Larzul, o *corpus* sobre o qual Galland se apoiou traz somente a prática da *çadaqa*, esmola doada espontaneamente; mas há também a *zakât*, uma doação geralmente recolhida por um '*âmil* (coletor de impostos). Ademais, todas as referências ao tratamento de Galland a propósito das práticas religiosas islâmicas em sua versão podem ser observadas em Larzul, 1996, pp. 72-78.

tar a peregrinação na "História do Sexto Irmão do Barbeiro" ["Histoire du sixième frère du barbier"] para informar os leitores sobre semelhante prática religiosa; ou, sob a mesma perspectiva de divulgação, em suspender a narrativa da "Histoire d'Ali Cogia" – transmitida por H'annâ – para fazer alusão ao templo da Ka'ba e sublinhar os aspectos sociais circundantes à obrigação religiosa. Quanto à esmola, ora Galland a registrou fielmente, como na história do "O Burro, o Boi e o Lavrador" ["L'âne, le boeuf et le laboureur"], encaixada no prólogo-moldura, ora a amplificou a propósito de seus destinatários e de suas quantidades, como na "Histoire de Beder et de Giauhare". Assim, como sugeriu Larzul, a tradução de Galland reflete um anseio de insistir nas práticas religiosas: a ocultação torna-se bastante rara, as formas de adaptação permanecem limitadas e a amplificação ganha espaço, com a multiplicação das ocorrências dos ritos religiosos e com inserções de vários comentários e explicações no interior do texto.

Se, por um lado, Galland insistiu nas práticas religiosas, por outro, mostrou grandes reservas aos dogmas do Islamismo, presentes na abundante fraseologia religiosa das *Noites*. A profissão de fé muçulmana [*šahada*] – dogma fundamental do Islã –, que concebe a unicidade de Deus e Muh'ammad como profeta de Deus, foi praticamente apagada; assim, somente em sua "História do Adormecido Despertado" ["Histoire du dormeur éveillé"], Galland registrou a fórmula "não há outro Deus que Deus"[106]; no mais, o orientalista praticou sistematicamente a ocultação, a exemplo do fragmento da "História do Terceiro Calândar" ["Histoire du troisième calender"]:

[1]
O excesso de júbilo me fez esquecer a proibição: "Deus seja louvado!", exclamei. "Deus seja louvado"[107].

[2]
Tão grande foi minha alegria que louvei a Deus altíssimo e fiz declarações rituais de que ele é único e o maior[108].

---

106. Galland, 1964, vol. II, p. 492.
107. *Idem*, 1965, vol. I, 54ª noite, p. 179.
108. Jarouche, 2005, vol. I, 54ª noite, p. 167.

As páginas das *Noites* também estão recobertas de alusões à intervenção do destino na vida humana e da plenitude do poder divino. Tais concepções estão presentes na versão francesa, mas em proporções menores, conforme ponderou Larzul. A formulação "E Deus quis que ele chegasse são e salvo" [*wa-kataba llâh la-hu s-salâm*], comumente empregada depois de uma viagem, foi traduzida em situações raras; outra expressão que Galland ocultou quase sistematicamente: "se Deus quiser" [*in châ'allâh*], que recobre as *Noites* e é proferida de modo regular por Šahrâzâd, nas ligações entre as noites:

[1]
"Mas estou vendo o dia, prosseguiu Scheherazade, é preciso que eu pare aqui. – Minha irmã, disse Dinarzade, eis um conto que promete bastante; imagino que a continuação seja extraordinária. – Não te enganas, respondeu a sultana; e, se o sultão permitir contá-la a ti, estou certa de que te divertirá muito". Schahriar levantou-se como no dia anterior, sem nada dizer, e não deu ordem ao grão-vizir para ele matar sua filha[109].

[2]
E a aurora alcançou Šahrâzâd, que parou de falar. Sua irmã Dînârzâd lhe disse: "Como é bela sua história, maninha". Ela respondeu: "Na próxima noite, caso eu viva, irei contar-lhe algo mais belo, extraordinário e maravilhoso, se Deus altíssimo quiser"[110].

Da mesma maneira, a fórmula frequentemente pronunciada diante do sentimento de impotência perante a adversidade: "não há poderio nem força senão em Deus altíssimo e poderoso" [*lâ h'awla wa-lâ quwwa illâ bi-llâhi l-'alî l-'azhîm*] foi registrada por Galland apenas excepcionalmente; de acordo com o trabalho de Larzul, foram encontradas apenas três ocorrências no conjunto da obra de Galland[111].

A constante supressão das fórmulas das *Noites* gerou, desse modo, um enfraquecimento da manifestação do destino em *Les mille et une nuits*; mas não foi apenas pela ocultação da fraseologia islâmica que a atuação da sorte sobre os homens perdeu, na versão francesa, a força que possui

---

109. Galland, *op. cit.*, 6ª noite, p. 60.
110. Jarouche, *op. cit*, 6ª noite, p. 68.
111. Cf. Larzul, 1996, p. 80, nota 150.

nas *Noites*, mas também por intervenções no teor do texto. Na "História do Segundo Dervixe", de acordo com a tradução de Jarouche [2], o protagonista censura sua atitude imprudente de ter desafiado o gênio que mantém uma bela jovem, por quem se apaixonou, reclusa num subterrâneo; entretanto, fica claro na narrativa que é o destino o desencadeador de toda a sequência de infelicidades da qual o protagonista é tomado, desde que saiu da casa paterna:

[2]
[...] subi as escadas devagarinho, tremendo de medo, e cheguei à saída; recoloquei o tampão no lugar e cobri-o de terra, conforme estava antes. Lembrei-me da jovem, de sua beleza, de sua gentileza e atenções para comigo, e de como, embora ela tivesse passado 25 anos sem que nada lhe ocorresse, bastara que eu dormisse com ela uma única noite para lhe causar tudo aquilo; minha tristeza cresceu e minhas preocupações se ampliaram. Lembrei-me de meu pai e de meu reino, e de como o tempo fora traiçoeiro comigo, tornando-me um lenhador; e depois que o tempo fora um pouquinho agradável comigo, voltara a tornar minha vida um desgosto. Chorei então copiosamente, recriminei-me e declamei:

"Minha sorte me maltrata como se eu fora seu inimigo,
causando-me desgostos sempre que topa comigo,
e mesmo que ela seja gentil por um instante qualquer,
logo em seguida me faz deslumbrar novos desgostos"[112].

Na versão francesa, o teor da passagem foi modificado: Galland [1] apagou a importância conceitual da fatalidade do destino ao valorizar a culpabilidade do protagonista[113]:

[1]
Terminei de subir, tomado ainda mais de dor e compaixão por ser eu a causa de tão grande desgraça, e porque, sacrificando a mais formosa princesa da Terra à barbaridade de um gênio implacável, eu havia me tornado criminoso e o mais ingrato dos homens. "É verdade, pensei, que ela é prisioneira há 25 anos; mas, a não ser a liberdade, nada lhe faltava para ser feliz. Meu arrebatamento pôs fim à sua ventura, e

---
112. Jarouche, 2005, vol. I, 44ª noite, p. 146.
113. Cf. Larzul, 1996, p. 82.

submete-a à crueldade de um demônio impiedoso." Abaixei o alçapão, recobri-o de terra, e retornei à cidade [...][114].

Porém, não foi apagado do contexto desta história, e de todas as outras que compõem *Les mille et une nuits* – inclusive daquelas narradas por H'annâ –, a ideia de um destino humano submetido às vicissitudes da fortuna ou da vontade divina; em determinadas passagens, como essa supracitada, Galland modificou a intensidade da sorte para que ele pudesse inserir, de acordo com os valores de sua época, o conceito moral da responsabilidade humana. *Les mille et une nuits*, engendradas com as diversas supressões da fraseologia islâmica e com as alterações de significado em determinadas passagens, enfraqueceram a concepção de mundo muçulmana significativamente presente nas *Noites*; porém, não deixaram de comunicar a ideia de um universo dominado pelo destino ou pelo supremo poder divino contido no original.

Ao longo de suas *Les mille et une nuits*, Galland ocultou, amplificou e adaptou elementos das *Noites*, aclimatando o livro árabe para o gosto de sua época com o propósito de divulgar o conhecimento da civilização árabo-islâmica na França. A civilização aí delineada, ancorada na magnificência e na *bienséance*, aproximou-se mais da corte de Luís XIV do que do próprio universo retratado nas *Noites* árabes; porém, apesar da aclimatação operada na versão francesa, Galland não deixou de conservar a carga comunicativa do original, entrelaçando elementos da civilização árabo-islâmica das *Noites* aos elementos emprestados da civilização francesa do Grand Siècle, sem fazer de seu texto uma adaptação grosseira.

Desse modo, Galland rompeu com as elementares representações orientais elaboradas até aquele momento ao apresentar um trabalho de tradução que, embora tenha sofrido adaptações, não deixou de manter o "espírito" dos contos árabes, conforme assinalou Larzul[115]; ademais, o orientalista, por meio de sua tradução, viabilizou o contato entre os leitores franceses e as *Mil e Uma Noites*, um livro desconhecido na época, mas que trazia um

---

114. Galland, 1965, vol. I, 44ª noite, pp. 153-154.
115. Cf. Larzul, 1996, p. 116.

tipo apreciado de histórias, provenientes de uma civilização que ele almejava fazer conhecer na França, e claro, em toda a Europa.

Les mille et une nuits de Galland – que hoje tem pouco a ver com o conceito de tradução, figurando mais como uma adaptação – representam uma significativa tradução do século XVIII, que, além de configurar, nesse período, um trabalho de iniciação ao Oriente[116] – tendo em vista suas notas e comentários ao longo do texto – também foi uma obra que suscitou o enriquecimento do gênero maravilhoso na produção literária europeia. A tradução de *Les mille et une nuits*, além de várias reedições francesas, foi bastante difundida em outras línguas modernas, algumas décadas após a primeira publicação: foram vertidas para o inglês (1706), o alemão (1712), o italiano (1722), o russo (1763), o neerlandês (1788), entre outras; e, diante de sua larga difusão, uma literatura romanesca floresceu em torno da versão de Galland, que a imitou, a "continuou" e inspirou outras produções[117]. Será a semelhante aspecto, ou seja, à apropriação de *Les mille et une nuits* na literatura francesa do século XIX, mais precisamente por Charles Nodier, que nosso trabalho irá ater-se a partir de agora.

---

116. *Idem*, p. 86.
117. Cf. Abdel-Halim, 1964, p. 299.

Capítulo 2
Charles Nodier e o Oriente

1. O orientalismo entre as luzes e o imaginário

A "Querela dos Antigos e Modernos" desencadeada no final do século XVII marcou a passagem de uma época à outra; conforme Jauss, "a 'Querela' nos permite datar o início do Século das Luzes na França"[1]. Os embates entre os "Antigos" e os "Modernos", pouco a pouco, foram conduzindo-os à inesperada constatação de que os tempos modernos e a Antiguidade eram diferentes por essência no domínio das artes, pois cada época possuía costumes diferentes e, portanto, um gosto próprio que caracterizava sua arte[2];

---

1. H. R. Jauss, "La 'Modernité' dans la Tradition littéraire et la conscience d'aujourd'hui", *Pour une esthétique de la réception*, Paris, Gallimard, 1978, p. 175.
2. Charles Perrault, o porta-voz dos "Modernos", entre os anos 1688 e 1697, realizou vasta comparação das artes e das ciências entre os tempos modernos e a Antiguidade. Porém, ao final dos quatro tomos de seus *Parallèles des Anciens et des Modernes*, viu-se obrigado a reconhecer que, nos domínios das artes, a distância entre a Antiguidade e os tempos modernos não podia ser mensurada em termos do progresso histórico, duvidando, então, da possibilidade de compará--los (cf. Jauss, 1978, pp. 177-178). Saint-Evremond, partidário dos "Modernos", desde 1685, em seu tratado *Sur les poèmes des Anciens*, conciliou sua admiração pelos "Antigos" com a ideia de uma evolução da arte dada pela modificação da religião, do governo, dos costumes,

semelhante percepção figurava uma nova consciência – uma razão livre de preconceitos – que abriu passagem à época das "Luzes". O século XVIII considerou a si próprio um século esclarecido, norteado pelas luzes da razão e, orgulhoso do nível alcançado por sua civilização moderna, reivindicou, como observou Jauss, o título de "século humano, século filosófico"[3]. A literatura desse período distinguiu-se pelo domínio de ideias racionalistas e pelo zelo de sua verdade, pelo combate à intolerância, bem como pelo livre exame dos elementos morais, políticos, religiosos e sociais de seu tempo. No campo estético, a literatura permaneceu tímida e tradicionalista na primeira metade do século XVIII: por um lado, houve quem falasse da supressão da poesia por considerar a prosa mais apta à expressão rigorosa e à difusão das ideias; por outro, o gosto clássico se manteve: Voltaire, por exemplo, não perdeu de vista suas regras, concebendo sua época, do ponto de vista da arte literária, inferior ao século de Luís XIV[4].

O gosto pelo Oriente, em moda desde o final do século XVII, também permeou o Século das Luzes, manifestando-se pela imitação de seus contos[5] ou pela atribuição de determinados aspectos orientais às obras de ficção, como ocorre em *Cartas Persas* [*Lettres persanes*] (1721), de Montesquieu, e *Zadig* (1747), de Voltaire. O mundo novo e pitoresco trazido pelas narrativas de viagem[6] e pelas traduções de contos orientais – como *Les mille et une nuits* (1704-1717), de Galland, e

---

das maneiras; desse modo, haveria um caráter próprio que perfilava o tempo dos "Antigos" e dos "Modernos", seu *génie du siècle*, no qual a arte era uma das manifestações: "Si Homère vivait présentement, il ferait des poèmes admirables, *accommodés au siècle où il écrivait*" (Saint-Evremond *apud* A. Lagarde & L. Michard, *XVII Siècle: Les grands auteurs français du programme*, Paris, Bordas, 1958, p. 438). Os "Antigos", do mesmo modo, constataram que cada período possuía seu gosto próprio, de modo que as epopeias homéricas não poderiam ser julgadas em função dos costumes de outro tempo. Pouco a pouco, a controvérsia foi-se amenizando e os dois campos opostos foram constatando que, ao lado de uma beleza intemporal (*beauté universelle*), existia uma beleza própria de cada época (*beau relatif*) (cf. Jauss, 1978, p. 178).

3. Cf. Jauss, 1978, p. 179.
4. Cf. Lagarde & Michard, 1958, p. 12.
5. Tais como as obras: *Amusements sérieux et comiques (lettres d'un Siamois)* (1699), de Dufresny; *Les mille et un quarts d'heure* (1712), de Geulette; *Acajou et Diphile* (1744), de Duclos; *Histoire du Sultan Misapouf* (1746), de Voisenon.
6. Tavernier – que visitou a Pérsia, a Índia e regiões do Levante – e Chardin – conhecido, sobretudo, por suas jornadas na Pérsia – por exemplo, tiveram suas narrativas de viagem conhecidas como referência do gênero. Cf. seção 2 do capítulo 1.

Les mille et un jours (1710-1712), de Pétis de la Croix – anunciava costumes e pensamentos diferentes daqueles cultivados na França, promovendo discussões sobre a sabedoria oriental e incitando a consciência da "relatividade universal"[7]: o conjunto das práticas sociais europeias, longe de ser universal e o único aceitável, não passava de costumes particulares, pois nas várias regiões do continente asiático havia povos diferentes – e não inferiores aos europeus – cujos hábitos eram explicados logicamente por seu meio e seu clima. O sentimento da relatividade universal autorizava os filósofos a mostrar a pertinência da moral e dos costumes diferenciados, em relação à França, de outros povos; surgiram, assim, comparações entre esses dois mundos, que expressavam de modo crítico, e também satírico, os quadros político, social e religioso da civilização ocidental.

Montesquieu (1689-1755), em *Lettres persanes*[8], fez uso desse estratagema: por meio de duas personagens persas – Usbek e Rica, que viajam de sua terra natal a Paris, com o projeto de conhecer o modo de vida no Ocidente, registrando em epístolas, durante sua permanência na cidade entre 1710 e 1720, uma visão comparativa de Paris em relação à Pérsia – Montesquieu evocou aspectos políticos, religiosos e costumes do Oriente – como a vida no harém – mas observou, na maior parte do tempo, questões relacionadas com o mundo ocidental, realizando críticas à moral, à política e à religião vigentes na França, além de inserir considerações de cunho filosófico e sociológico.

Depois de aproximadamente três décadas, Voltaire (1694-1778), com *Zadig*[9], também se serviu de elementos orientais para a elaboração crítica

---

7. Cf. Lagarde & Michard, 1958, p. 14.
8. A harmonia e a verossimilhança da obra epistolar têm como um dos pontos de edificação a armadura cronológica: todas as cartas são datadas de acordo com uma correspondência criada por Montesquieu entre os calendários da Pérsia (meses lunares do ano muçulmano) e da França (meses solares do calendário gregoriano) (cf. Ch. de S. Montesquieu, *Lettres persanes*, Paris, Garnier, 1960, p. XII). Dentre as fontes de informação de Montesquieu sobre o Oriente, presentes em *Lettres persanes*, estão essencialmente as narrativas de viagem de Chardin, mas também aquelas de Tavernier; os contos de Galland incidem de forma bastante restrita na obra (cf. Montesquieu, 1960, pp. XX-XXV).
9. Voltaire iniciou a obra por um estratagema, criando uma dedicatória assinada por Sadi – um poeta persa do século XIII – à sultana Sheraa, e forjando nessa inscrição uma história para seu

de certos aspectos da sociedade francesa do século XVIII. Esse conto filosófico foi elaborado segundo os ideais clássicos de instruir, ao centrar-se na discussão da Providência, e agradar, trazendo em sua composição frases claras e precisas, sem qualquer circunstância consideravelmente inútil; ademais, seguindo o interesse da época, foi engendrado por espaços e personagens orientais – como o protagonista Zadig, que é um jovem babilônio rico –, pelo uso, ainda que de modo fantasioso, do calendário muçulmano e pela imitação das saudações contidas nas narrativas árabes. Desse modo, Voltaire criou um cenário pitoresco em que se desenrolam as várias aventuras de Zadig, e paralelamente inseriu no texto a discussão central da Providência e suas concepções filosóficas; as críticas, embora tenham sido localizadas num contexto estrangeiro – exótico e atraente aos leitores –, eram endereçadas à França do século XVIII, remetendo-se à ciência ligada à política e à religião, à medicina, à justiça, aos cultos religiosos; e também deixou registradas suas ideias favoráveis à ciência experimental, à justiça ideal, ao deísmo[10], à relatividade[11] e à tolerância – empregada essencialmente para os problemas religiosos.

As histórias de *Lettres persannes* e *Zadig* – cujos elementos orientais figuram mais como um exotismo decorativo para a articulação de conceitos filosóficos e de críticas à sociedade francesa da época – foram engendradas a partir de regiões da Pérsia e dos rios Tigre e Eufrates, que, curiosamente, correspondiam ao eixo no qual eram centralizados os estudos dos orientalistas. No final do século XVII e nas primeiras décadas do XVIII, os trabalhos sobre o Oriente, como aqueles de Galland e d'Herbelot[12], basearam-se essencialmente nas línguas árabe, persa e turca – idiomas das regiões onde a França possuía contatos comerciais com o mundo árabo-islâmico –, nas quais eram propagados a história, a religião, o modo de vida, a organiza-

---

    livro. Conforme tal dedicatória, a obra seria de origem caldeia e tivera sua tradução para o árabe, fora escrito por um antigo sábio e lido por um célebre sultão.
10. Em Voltaire, o deísmo é um sistema que recusa toda revelação e todo culto para somente conservar a crença em um Deus interior e individual (cf. Voltaire, 1964, p. 124).
11. Concepção científica relacionada com a doutrina, extraída da observação e da comparação das ocorrências naturais e humanas, da diversidade dos fatos e das ideias (Voltaire, 1964, p. 124).
12. Cf. seções 2 e 3 do capítulo 1.

ção política e social de seus povos. Ao mesmo tempo, havia também em circulação as narrativas de viagem, entre elas as publicações, do final do século XVII, de Thévenot, de Tavernier e de Chardin – este último elogiado, aliás, por Montesquieu e Voltaire pela riqueza de seu trabalho quanto às observações sobre a civilização persa –, cujas jornadas estenderam-se às regiões do Japão, Índia, Pérsia, Turquia, Síria e Mesopotâmia. Durante o século XVIII, tais elaborações, provindas de eruditos e de viajantes, foram referência para o conhecimento relativo ao Oriente; e não podemos negar que as produções dos orientalistas conferiram, em tal período, significativo progresso aos estudos orientais, distinguindo-se principalmente pelo seu trabalho concernente às línguas acima mencionadas.

No início do século XIX – e, claro, no seu desenrolar –, o orientalismo passou por um processo de surpreendente desenvolvimento, com descobertas decisivas de ordem linguística associadas a um meio literário e filosófico – sobretudo na Alemanha – onde já se delineavam ideias que iriam caracterizar o Romantismo[13].

Primeiramente, no campo das línguas orientais, houve um prodigioso avanço, concentrado nos limiares do século XIX, quando foram desvelados à Europa o sânscrito (1785), o pálavi (1793) e os cuneiformes (1803); e, a seguir, os deciframentos dos hieróglifos (1822) e do avéstico (1832)[14]; ademais, instituições francesas responsáveis pelo ensino de línguas orientais contemporâneas que definhavam no final do século XVIII foram restabelecidas, como a escola "Jeunes de Langues" – fundada por Colbert e reformada em 1790 –, tendo, entre seus diretores, o célebre orientalista Silvestre de Sacy[15] (1824-1838). Essa escola, prin-

---

13. Em 1798 Napoleão Bonaparte (1769-1821) empreendeu sua campanha ao Egito, e, como um admirador do Século das Luzes, levou pesquisadores consigo, fundando o Instituto do Egito. A França também estabeleceu contato com outro país árabe, a Argélia, ao invadi-la em 1830. As relações de cunho imperialista da França com tais países, principalmente com o Egito, refletiram no meio intelectual, mas parece não ter sido um motivo desencadeador do progresso do orientalismo na França do século XIX.
14. A propósito dos estudiosos das respectivas línguas, consultar R. Schwab, *La renaissance orientale*, Paris, Payot, 1950, pp. 18-120.
15. Segundo Schwab, Silvestre de Sacy (1755-1838), "le fondateur, l'inaugurateur de tous les orientalismes", detinha um vasto conhecimento de línguas, sobretudo das orientais – entre elas o

cipalmente nas duas primeiras décadas do século XIX, atraíam por toda a Europa estudantes e pesquisadores de línguas orientais, propiciando o progresso de novas descobertas, e, como consequência, tal prestígio centrou interesses sobre Paris. Em 1795, foi fundada na capital francesa outra escola de línguas orientais contemporâneas, onde Silvestre de Sacy obteve a cadeira do árabe e, a seguir, em 1806, ocupou a cátedra de persa no Collège de France. Ao mesmo tempo em que Sacy impulsionava o árabe e o persa, Abel Rémusat (1788-1832) o fazia com o chinês, abrindo inteiramente um domínio para esta área. Ambos os orientalistas conferiram aos estudos árabo-persas e sinológicos profundos avanços, compartilhados pelos demais pesquisadores: Étienne Quatremère, Caussin de Perceval, Garcin de Tassy, Jaubert, Reinaud foram alguns nomes relacionados com os estudos islâmicos e pré-islâmicos que auxiliaram na multiplicação dos textos árabes e persas no século XIX, agindo sobre a literatura no período; e Stanislas Julien, Bazin, Pauthier, Hervey de Saint-Denys, entre os sinólogos[16].

Em 1785, Charles Wilkins (1749-1836) publicou a primeira tradução direta de *Bhagavad-Gîtâ* para o inglês e, do mesmo modo, após dois anos, *Hitopadesa*; em 1789, o orientalista William Jones (1746-1794) também traduziu do sânscrito para o inglês *Šacountalâ* de Câlidâsa. Em 1801, o francês Anquetil-Duperron (1731-1805) publicou *Oupnekhat*, obra com cinquenta *Upanišads* traduzidos do persa para o latim a partir da versão de Dara Šakoh (século XVII); segundo Schwab, esta foi uma publicação capital pelo seu próprio valor e pela sua atuação nas ideias do período[17]. E, em 1803, o inglês Alexander Hamilton (1762-1824) trouxe o sânscrito a Paris, fazendo da cidade a capital da indologia nascente.

---

persa, o árabe, o turco, o hebreu, o siríaco, o caldeu, o etíope, o samaritano – figurando como um dos maiores filólogos do século XIX. Era partidário das *belles infidèles*, compartilhando das ideias do século precedente quanto à intervenção dos tradutores no texto para adaptá-lo ao gosto francês (cf. Schwab, 1950, pp. 316-318).

16. Cf. Schwab, 1950, p. 108.
17. *Idem*, p. 74. Somente em 1897, Paul Dessen (1845-1919) publicará direto do sânscrito para o alemão sessenta *Upanišads* (cf. Schwab, 1950, p. 58).

Desse modo, desde os limiares do século que se anunciava, as línguas orientais progrediam com vigor, descortinando, aos olhos de uma Europa marcada pelo racionalismo e em processo de desgaste intelectual e espiritual, novas possibilidades no domínio linguístico, literário, filosófico e religioso. Nesse sentido, Schwab sugeriu:

> A Europa, onde as fontes intelectuais e espirituais se esgotavam, e que cultivava, sobremaneira, uma razão racionalista, procurava algo, desde que fosse isso qualquer outra coisa diferente. Antes mesmo de saber o que isso seria, ela invocava, do fundo de sua memória confusa, a Ásia, que tantas vezes condenou, mas nunca esqueceu. E a Ásia chegava. Toda uma Ásia de sempre, que quase começava a se fazer uma Ásia de toda parte. [...]
> A Alemanha exigia um enorme produto de substituição para colocar em xeque o absolutismo cartesiano; na França, um vazio mortal foi cavado pelos últimos excessos do academicismo e pela sangria da guerra civil. Quase sozinhos com as ciências naturais e físicas, e antes dos despertares literários, os orientalismos deram passos gigantescos[18].

Notemos que, de modo crescente, a antiga Ásia tornava-se uma referência para a Europa, pois, conforme o extrato acima, sofria com o desgaste do absolutismo cartesiano (Alemanha) e com os excessos do academicismo (França).

Na Alemanha, o orientalismo foi celebrado com entusiasmo. Na década de 1790, as traduções, sobretudo das obras indianas, atraíam jovens filósofos e eruditos da literatura como Schelling, Fichte, Hegel, Goethe, Schiller, Novalis, Tieck e, principalmente, Friedrich Schlegel, um dos grandes divulgadores das novas ideias com que Romantismo já se ia delineando na Alemanha[19]. Os textos indianos lhes mostravam um

---

18. Schwab, 1950, p. 500.
19. Gerd Bornheim observou que, na última década do século XVIII, os irmãos Schlegel, Friedrich e Wilhelm começavam a estruturar o movimento romântico com base nas ideias filosóficas de Fichte, sorvidas de seu livro *Fundamento de Toda Teoria da Ciência*. Para maiores detalhes, consultar G. Bornheim, "Filosofia do Romantismo", em J. Guinsburg (org.), *O Romantismo*, São Paulo, Perspectiva, 2005, pp. 85-91. Ademais, a vertente primaz alemã (de 1796 em diante) foi quem primeiro empregou, numa conotação crítica e histórica, a palavra *romântico*, selando a fortuna teórica desse termo, o qual passou desde então a significar um estado da poesia e uma atitude em relação à literatura (cf. B. Nunes, "A Visão Romântica", em J. Guinsburg (org.), *O Romantismo*, São Paulo, Perspectiva, 2005, p. 52).

mundo novo, onde entreviam a Índia como o berço das raças, das literaturas e de uma religião original e universal[20].

Desde 1790, quando "descobriu" *Šacountalâ*, F. Schlegel (1772-1829) guardava um crescente interesse pelo Oriente, declarando, em 1800, no "Discurso sobre a Mitologia", em *Athenäum*: "É no Oriente que devemos buscar o romantismo supremo"[21]; desse modo, sua busca pelo conhecimento oriental o incitou a estudar o persa e o sânscrito, estabelecendo-se em Paris, em 1803, para aprendê-los com Chézy (persa) e com Hamilton (sânscrito). Em contínuo progresso no estudo das línguas e em suas pesquisas históricas, Schlegel, norteado pela questão das origens, declarou nesse mesmo ano, em uma carta a Tieck: "Tudo, sim, tudo sem exceção tem sua origem na Índia"[22]; no mesmo documento também registrou a possibilidade de uma filiação direta de língua e de raça entre a Pérsia e a Alemanha. Em 1808, em seu célebre *Ueber die sprache und weissheit der Indier*[23], Schlegel formulou a possibilidade de um novo Renascimento, conduzido, agora, pelos estudos indianos:

> Oxalá tivessem podido os estudos indianos encontrar alguns desses discípulos e protetores, como a Alemanha e a Itália viram, nos séculos XV e XVI, suscitar subitamente e em tão grande número para os estudos gregos, produzindo em pouquíssimo tempo coisas tão grandiosas! O renascimento da Antiguidade transformou e renovou prontamente todas as ciências; pode-se, ainda, dizer que ele renovou e transformou o mundo. Os efeitos dos estudos indianos, ousamos afirmar, não seriam hoje menores nem menos abrangentes se fossem tomados com a mesma energia e introduzidos nos círculos de conhecimento[24].

Desse modo, se, na Alemanha, Schlegel já entrevia um Renascimento, um novo tempo, cuja transformação poderia ocorrer pelas letras in-

---

20. Cf. Schwab, 1950, p. 59.
21. Schlegel, *apud* Schwab, 1950, p. 20.
22. *Idem*, p. 79.
23. *Ensaio sobre a Língua e a Sabedoria dos Hindus* (cf. Schwab, p. 20).
24. Schlegel, *apud* Schwab, 1950, p. 20.

dianas, na França, um registro sobre a percepção do século XIX como século orientalista ocorrerá somente em 1829, com Hugo, no prefácio a *Les orientales*, do qual falaremos adiante.

O reflexo do Oriente entre os literatos franceses parecia acompanhar o passo do movimento romântico, que se desenvolveu mais lentamente do que na Alemanha e na Inglaterra[25]. Nesse sentido, de acordo com Bray, por longo tempo o Romantismo apareceu como um simples gênero poético ou dramático no interior de uma literatura ainda clássica[26]; foi entre 1804 e 1810 que se começou a esboçar uma crescente abertura à reforma literária, com vistas à contribuição de literaturas estrangeiras, delineando já certa oposição entre Classicismo e Romantismo. Mme de Staël registrou semelhante tendência em *De l'Allemagne* (1813), onde assinalava a novidade poética e mística da Alemanha ligada à literatura oriental[27], defendia a renovação da tradição nacional pela inspiração estrangeira e propunha a substituição da literatura clássica por uma literatura romântica, nacional e cristã, ligada à cavalaria[28]. As ideias de *De l'Allemagne* percorriam os círculos de seus defensores e opositores, ao mesmo tempo em que apareciam novas traduções francesas de Byron, Walter Scott, Schiller, Shakespeare e Goethe.

A partir de então, o movimento romântico foi adquirindo novas linhas de pensamento, sendo associado às concepções políticas, afastando-se da visão do movimento como contribuição do estrangeiro; no final de 1819, a necessidade de modificação passou a ser sentida pelos

---

25. Como assinalou Camarani, "ao contrário da Alemanha e da Inglaterra – onde as ideias renascentistas penetraram menos profundamente, conservando-se, assim, as lendas medievais e o clima onírico; onde a valorização da razão imposta pelo Classicismo não encontrou terreno propício a seu pleno desenvolvimento; e onde a fé foi preservada pela renovação do sentimento religioso através, sobretudo, do protestantismo, do quietismo e do pietismo –, o movimento romântico francês desenvolveu-se progressiva e lentamente". A. L. S. Camarani, *Tradução e Poética: Charles Nodier,* Tese de Doutorado em Língua e Literatura Francesa, Faculdade de Filosofia, Letras e Ciências Humanas da Universidade de São Paulo, São Paulo, 1997.
26. Para maior detalhamento sobre as etapas do movimento romântico francês, consultar René Bray, *Chronologie du romantisme,1804-1830,* Paris, Nizet, 1963, p.1.
27. Cf. Schwab, 1950, p. 244.
28. Cf. Camarani, 1997, p. 13.

próprios clássicos, quando as novas tendências, no início da década de 1820, iam-se tornando mais veementes. Era também o momento em que Lamartine publicava *Méditations*, apresentando um novo aspecto da poesia lírica – considerado ousado por alguns críticos; e em que, também, Victor Hugo ia tornando-se conhecido.

A literatura, nos anos seguintes, foi sendo progressivamente influenciada pela política, de modo que o movimento dividia-se entre dois romantismos, um monarquista e outro liberal[29]. Entretanto, diante de uma diferença cada vez mais acentuada entre Classicismo e Romantismo, a reforma se fez "consciente com a instauração de uma poesia do coração, de uma literatura do sentimento, que revelava uma verdade sentida, apreendida em si e não observada nos outros, ou seja, individual"[30]. E assim, em 1826, as duas facções românticas se uniram garantindo a vitória do novo movimento na França.

O orientalismo, por sua vez, após o impulso inicial dado pelo estudo das línguas nos limiares do século XIX, encontrou um importante meio de publicação de seus trabalhos: quando circulava a ideia da vivificação da tradição nacional pela inspiração estrangeira, o *Journal des Savants* abriu-se significativamente aos estudos orientais. Restabelecido em setembro de 1816, o primeiro volume de sua nova série, terminado em dezembro de 1817, por exemplo, compreendeu dezesseis artigos sobre literatura oriental, elaborados por Chézy, Silvestre de Sacy e Rémusat[31].

Os maiores progressos ocorreram entre 1820 e 1843 – com grande número de traduções e difusão de textos –, a começar pela fundação da Société Asiatique de Paris, em 1821, que teve como presidente Silvestre de Sacy, e o Duque de Orleans como presidente de honra, abrindo pessoalmente suas seções anuais; o apoio manifesto do Duque à Société permaneceu ao tornar-se rei dos franceses (1830-1848), quando pas-

---

29. Os românticos ainda impregnados de classicismo, ultramonarquistas na política, concebiam a renovação literária somente como uma volta à tradição cristã e antifilosófica; os românticos filósofos buscavam algo oposto, ou seja, uma nova literatura enquanto filha da Revolução libertadora (cf. Camarani, 1997, p. 14).
30. *Idem, ibidem.*
31. Cf. Schwab, 1950, p. 88.

sou a subsidiá-la. A fundação francesa, que logo se tornou um centro da filologia oriental, tinha entre seus associados os ingleses indianistas Wilkins, Wilson, Colebrooke; os alemães indianistas Klaproth, os Humboldt, Bopp e F. Schlegel; os diversos orientalistas franceses Sacy, Chézy, Champollion, Rémusat, e numerosos principiantes, como Burnouf, Langlois, Lanjuinais, Fauriel, Cousin e Villemain, que lançaram ou apoiaram as primeiras tentativas de literatura comparada[32]; em 1823, a Société Asiatique de Paris criou o *Journal Asiatique*, cujos artigos tratavam da língua, da literatura, da filosofia e das ciências orientais[33]. Mas os novos conhecimentos não se restringiam a um público de especialistas: a partir de 1830, multiplicavam-se na *Revue des Deux Mondes* crônicas de J.-J. Ampère, Th. Pavie e Edgar Quinet sobre o Oriente, satisfazendo a clientela em busca do novo[34]. Desse modo, nas revistas como nas universidades, os estudos orientais foram, por volta de 1830, um dos ramos atraentes relacionados com a Antiguidade ou o estrangeiro, num momento em que, conforme observou Schwab, "a noção de estrangeiro, munida de seu maior prestígio, renovava a noção de antigo"[35].

De fato, no período em que os estudos orientais conheciam um extraordinário avanço e os mais diversos interesses apontavam para o Oriente, a referência de Antiguidade – greco-latina desde o Renascimento do século XVI – parecia voltar-se, no século XIX, para a Ásia, caracterizando-se como um período orientalista, conforme registrou Victor Hugo (1802--1885), figura central do movimento romântico francês, em seu prefácio a *Les orientales* (1829):

> Ocupa-se, hoje – e esse é um resultado de mil causas as quais todas trouxeram um progresso –, do Oriente como jamais se ocupou outrora. Os estudos orientais nunca tiveram tal impulso. No século de Luís XIV era-se helenista, agora, orientalista. Há um passo de fato. Jamais tantas inteligências pesquisaram ao mesmo tempo esse

---

32. Cf. Schwab, 1950, pp. 90-91.
33. *Idem*, pp. 91-92.
34. *Idem*, p. 109.
35. *Idem*, p. 110.

grande abismo da Ásia. Temos hoje um douto para cada um dos idiomas do Oriente, desde a China ao Egito.

Como resultado de tudo isso, o Oriente, seja como imagem, seja como pensamento, tornou-se, para as inteligências tanto quanto para as imaginações, um tipo de preocupação geral, à qual o autor deste livro obedeceu, talvez, sem se dar conta[36].

Notemos que Hugo percebia o século XIX como um século orientalista ("No século de Luís XIV era-se helenista, agora, orientalista"), pois, naquele momento, apreendiam-se imagens, pensamentos e doutrinas do Oriente ("o Oriente, seja como imagem, seja como pensamento") na produção artística e intelectual europeia, tanto quanto se apreendera o legado greco-latino no século de Luís XIV.

Em *Les orientales*, Victor Hugo enriqueceu sua imaginação absorvendo as cores de um Oriente exótico, traduzido em poesias sonoras, pitorescas e fantasistas, em que perfilam vilas ao estilo árabe e voos de gênios em bando[37]; e, conforme o autor, riqueza semelhante à que se podia encontrar no Oriente estava também na Idade Média, "esse outro mar de poesia":

> É uma fonte [o Oriente] na qual ele [o autor] desejara, há muito, beber. Lá, de fato, tudo é grande, rico, fecundo, como na Idade Média, esse outro mar de poesia [...] parece-lhe que até aqui muito se viu sobre a época moderna, no século de Luís XIV, e a Antiguidade, em Roma e na Grécia; não se enxergaria mais alto e mais longe estudando-se a era moderna na Idade Média e a Antiguidade no Oriente?[38]

---

36. V. Hugo, *Les Orientales*, Édition critique avec une introduction, des notices, des variantes et des notes par Élisabeth Barineau, Paris, Didier, 1952, tome I, pp. 10-11.
37. Enquanto a presença das *Noites* mostra-se somente de modo geral, as reminiscências da narrativa de viagem *Itinéraire de Paris à Jerusalém* (1811), de Chateaubriand, estão em toda obra. No seu livro de viagem, Chateaubriand realizou descrições bastante coloridas do Oriente árabe, prendendo-se mais ao pitoresco e ao estado contemporâneo dos países do que às suas ruínas antigas e aos seus costumes, como ocorriam em outras obras do gênero no século XVII e XVIII. Esta era uma nova tendência dos grandes escritores do século XIX – além de Chateaubriand, outros nomes se destacam nesse gênero literário, tais como Lamartine, Nerval, Gauthier (Alain Clerval, "L'Orient des voyageurs français au XIX siècle", *La nouvelle revue française*, nº 393, Paris, NRF, pp. 57-62, 1ᵉʳ octobre, 1985).
38. Hugo, *op. cit.*, p. 13.

Victor Hugo unia, assim, o destino do Romantismo àquele do orientalismo, marcando um novo tempo, engendrado a partir de referências absolutamente diversas das que foram canonizadas pelo Classicismo, constituído a partir da referência à Antiguidade greco-latina. E, além disso, ao combinar dois elementos eminentes, o Oriente e a Idade Média – nos quais os românticos acreditavam encontrar a cultura integrada e a sociedade unificada com que sonhavam[39] –, Victor Hugo erigia dois gigantes que substituíam o século de Augusto e o de Luís XIV.

As novas fontes de inspiração correspondiam aos anseios de uma nova doutrina de arte, cuja lei era os desejos do autor, livre para a escolha de seus temas: "Que o poeta vá para onde ele queira, fazendo aquilo que lhe agrade; é a lei. [...] O poeta é livre"[40]. Reivindicando a mais absoluta liberdade do poeta para a seleção de seus temas – para tratá-los com sua mais livre fantasia, sem preocupações políticas e sociais – o prefácio[41] de Victor Hugo precisava e alargava os princípios literários que ele e outros poetas românticos anunciavam há sete anos. O autor de *Les orientales*, no caminhar de uma nova época, registrava em seu prefácio a concepção da modernidade, o Romantismo, afirmando os valores próprios ao seu novo tempo, opondo-se aos anteriores princípios clássicos e racionalistas: toda fonte de inspiração era legítima, como aquelas vindas das culturas orientais e medievais europeias que poderiam enriquecer, sobremaneira, a literatura francesa.

Conforme Schwab, as ideias de Victor Hugo a respeito do enriquecimento literário nacional em tais fontes eram bastante caras ao Barão de Eckstein[42] (1764-1848), com quem Hugo mantinha contato desde 1823. Estudioso de mitos e de línguas orientais – do sânscrito, sobretudo –, o Barão de Eckstein foi o principal intermediário entre o orientalismo dos pesquisadores e o mundo literário; era ele quem convidava os poetas fran-

---

39. Cf. J. Guinsburg & A. Rosenfeld, "Romantismo e Classicismo", em J. Guinsburg (org.), *O Romantismo,* São Paulo, Perspectiva, p. 272.
40. Hugo, 1952, p. 6.
41. Conforme Barineau, esse prefácio pode ser considerado, ao mesmo tempo, um manifesto romântico de importância capital e um primeiro passo em direção à doutrina da arte pela arte. Para maiores detalhes sobre o assunto, consultar Hugo, 1952, pp. 3-4.
42. Sobre as concepções do Barão de Eckstein, sobretudo míticas, a propósito do Romantismo, da Idade Média e do Oriente, consultar Schwab, 1950, pp. 277-294.

ceses a tomar "inspirações inesperadas" nessas "duas fontes fecundas"[43], ou seja, o Oriente e a Idade Média. Dois anos antes de *Les orientales*, Eckstein dizia em seu jornal, *Le Catholique*: "a literatura oriental irá tornar-se para os espíritos superiores o que a literatura grega foi para os eruditos do século XVI"[44]. Tais ideias, por sua vez, foram absorvidas de Schlegel, mestre e ídolo de Eckstein[45], que, desde 1800, havia consagrado a união entre o Romantismo nascente e o Oriente, sintetizando-a em sua conhecida frase: "É no Oriente que devemos buscar o romantismo supremo", conforme citamos anteriormente. A presença de Eckstein, seja pelos seus artigos – publicados no *Journal Asiatique, Revue Archéologique, Drapeau Blanc, Catholique, Correspondant*, entre outros – seja pelo seu discurso – era bastante eloquente ao defender suas ideias –, simbolizou uma importância capital em favor do orientalismo na literatura, como no caso de Hugo, a quem Eckstein, segundo Schwab, "notadamente [...] havia soprado o tema do Renascimento oriental no prefácio de *Les orientales*"[46].

Além da forte presença do Barão de Eckstein no círculo de Hugo, a atuação do orientalista Ernest Fouinet[47] não foi menos significativa para a elaboração de *Les orientales*: a pedido do próprio Hugo pelos "mais belos poemas do Oriente"[48], ele lhe forneceu traduções de poesias árabes e persas, das quais Victor Hugo tirou algumas imagens. A difusão do orientalismo entre os românticos era, então, bastante intensa de modo que Mohl – tradutor de *Šah-Nameh*, de Firdusî – registrou em meados da década de 1830:

> Esse foi o momento em que a escola romântica conquistou todos os jovens espíritos na França e propagou com ardor incomparável o estudo das literaturas de todos os povos, para lá buscar formas novas. Ampère e seu amigo Fauriel [...] lançaram-se ao estudo das literaturas orientais[49].

---

43. Eckstein, *apud* Schwab, 1950, p. 19.
44. *Idem, ibidem*.
45. Cf. Schwab, 1950, p. 20.
46. *Idem*, p. 284.
47. O contato de Fouinet com Victor Hugo também foi significativo para o orientalista, pois viabilizou a publicação de suas traduções de Imroulkaïs, Djelal-eddin-Roumi, Farid Eddin Attar e Firdousi (cf. Schwab, 1950, p. 352).
48. Hugo, *apud* Schwab, 1950, p. 351.
49. Mohl, *apud* Schwab, 1950, pp. 21-22.

Notemos que a escola romântica francesa debruçava-se sobre as demais literaturas para buscar o novo, e, entre tais literaturas, figurava a oriental como fonte de renovação do pensamento e de inspiração.

No mesmo período, Pierre Leroux, em artigo sobre "A Influência Filosófica dos Estudos Orientais" ["L'influence philosophique des études orientales"], constatou: "Estamos hoje em uma época análoga àquela do Renascimento. É uma verdade que todos começam a sentir vagamente"[50]; a semelhante verdade Edgard Quinet consagrou um dos capítulos essenciais de *Gênio das Religiões* [*Génie des Religions*] (1841), intitulando-o "O Renascimento Oriental" ["La Renaissance Orientale]"[51]. Desse modo, tal período áureo do orientalismo na França, na Alemanha e também na Inglaterra era percebido como um novo marco do pensamento, baseado nas doutrinas, na literatura e nas imagens provenientes da Ásia; de forma que passou a ser identificado como um novo Renascimento, ou seja, o "Renascimento Oriental".

Não podemos deixar de lembrar que, nessa primeira metade do século XIX, a voga do orientalismo ocasionou, também, numerosas publicações de *Les mille et une nuits*, e mais leitores interessados pelo livro, de modo que, como assinalou Sironval: "os contos árabes encontravam-se entre os livros que todo letrado, escritor, poeta, artista, pintor devia ler ou ter nas prateleiras de sua biblioteca"[52]. Uma das edições de *Les mille et une nuits*, de 1822, foi prefaciada por Charles Nodier, fato que, segundo Sironval, repercutiu na renovação do interesse de numerosos leitores pelos contos de origem árabe: "Sob sua assinatura, as *Noites* encontraram um novo fôlego. Disputavam-se os volumes prefaciados por Nodier"[53]. Desse modo, o orientalismo do século XIX, além de estimular novas pesquisas e traduções, promovia, pela sua repercussão, a retomada de outros trabalhos, como *Les mille et une nuits*, que nes-

---

50. Leroux, *apud* Max Milner, *Le romantisme 1820-1843*, Paris, Arthoud, 1973, vol. I, p. 108.
51. Cf. Schwab, 1950, p. 18.
52. M. Sironval, "Le flambeau des *Mille et une nuits* de Galland a Mardrus", em A. Chraïbi (org.), *Les mille et une nuits en partage,* s.l., Sindbad, 2004, p. 319.
53. *Idem*, p. 319.

se século conheceu uma popularização ainda mais significativa do que aquele no qual fora publicada[54].

Como é possível notar, no decorrer dos séculos XVIII e XIX, o Oriente foi, gradativamente, sendo conhecido e estudado, de modo que tornou-se, no Romantismo, uma referência para a renovação da literatura europeia. O chamado "Renascimento Oriental", admitido por vários pensadores e autores consagrados, tais como F. Schlegel e Victor Hugo, é uma expressão-chave, que reflete a importância e, sobretudo, a atuação que o Oriente teve na formação do pensamento e da literatura no século XIX.

2. O romântico salão do Arsenal

Poeta, crítico, filólogo, teórico literário, romancista e contista, Charles Nodier (1780-1844) foi um escritor de tendências estéticas múltiplas, sendo possível verificar em sua produção aspectos diversos tais como os do Classicismo, do Racionalismo, das doutrinas ocultistas e do Romantismo alemão. No período de formação do Romantismo francês, Nodier foi figura relevante, anunciando, como crítico e teórico, as tendências e oscilações do movimento, na tentativa de apreender as manifestações de um novo gosto literário em uma sociedade em modificação[55]:

> Repitamos aqui a sentença tantas vezes repetida: *A literatura é a expressão da sociedade*. Acrescentemos este axioma, que não parece menos evidente: *a poesia é a expressão das paixões e da natureza*, e convenhamos que o romântico poderia muito bem ser somente o clássico dos modernos, isto é, a expressão de uma sociedade nova que não é nem aquela dos gregos, nem aquela dos romanos[56].

---

54. *Idem*, p. 322.
55. A França não sentia apenas os reflexos da Revolução de 1789, mas também do profundo processo econômico e social que ocorreu na Europa a partir de 1750: a Revolução Industrial. Para maiores detalhes a propósito dos aspectos políticos e econômicos que circundam o movimento romântico, consultar N. Falbel, "Os Fundamentos Históricos do Romantismo", em J. Guinsburg (org.), *O Romantismo*, São Paulo, Perspectiva, pp. 23-50.
56. Nodier, apud R. Setbon, *Libertés d'une écriture critique, Charles Nodier*, Genève, Slatkine, 1979, pp. 247-248.

Nesse momento, como crítico, Nodier percebia as manifestações literárias como um reflexo da sociedade ("a literatura é a expressão da sociedade"), de modo que o Romantismo nascente refletia uma nova concepção, uma outra maneira de expressar-se que não mais correspondia à tradição dos chamados "Antigos", ou seja, à tradição greco-latina.

Traçando, ainda que de modo sucinto, os caminhos de Nodier em direção ao Romantismo[57], é possível perceber que desde 1814, no jornal *Débats* – um centro das ideias classicistas –, apesar de um crítico ainda clássico, Nodier escrevia sobre as obras de Schlegel, Schiller, Walter Scott, Goethe, mostrando certa independência de pensamento; em movimento progressivo, mas prudente, rumo ao Romantismo, por ocasião da 5ª edição de *De l'Allemagne*, Nodier dedicou ao livro de Mme de Staël três grandes artigos no *Débats*, em novembro de 1818. Tais participações, entretanto, não significavam apologias à literatura romântica, mas um meio de informar seus leitores para que não a condenassem sem conhecê-la, não julgassem "sem entendê-las, essas numerosas gerações de poetas que fazem as delícias do resto da Europa"[58]; procurou, a seguir, definir a poesia romântica:

[...] a arte de, sobretudo, falar à nossa imaginação, reconduzindo-a em direção às primeiras emoções da vida, despertando ao seu redor até essas terríveis superstições de infância, que a razão dos povos aprimorados reduziram ao ridículo, e que não são mais poéticas do que no sistema poético da nova escola[59].

Em 1819, a tradução das *Obras* de Byron começou a ser publicada; Nodier, ainda que contagiado pela literatura byroniana, registrava determinadas reservas quanto aos excessos desse tipo de texto a que chamava *frenético*. Ao explicá-lo pela modificação da sociedade – cuja geração demandava sensações tocantes –, Nodier também não deixou de fazer referência a uma renovação da literatura:

---

57. Para maior detalhamento a respeito de Charles Nodier no Romantismo francês, consultar Setbon, 1979, e Camarani, 1997, pp. 11-25.
58. Nodier, *apud* Bray, 1963, p. 26.
59. *Idem*, p. 27.

[A imaginação] é tão apaixonada pela mentira, que ela prefere à pintura de uma natural emoção agradável uma ilusão que assuste. Esse último recurso do coração humano, cansado dos sentimentos ordinários, é o que se chama gênero *romântico*; poesia estranha, mas muito bem apropriada ao estado moral da sociedade, às necessidades das gerações indiferentes que demandam sensações a qualquer preço. [...] O ideal dos poetas primitivos e dos poetas clássicos, seus elegantes imitadores, era situar as perfeições de nossa natureza. Aquele dos poetas românticos, nossas misérias. Isso não é um defeito da arte, é um efeito necessário do progresso de nosso aperfeiçoamento social. Sabe-se onde estamos na política; na poesia, ocupamo-nos de *pesadelos* e *vampiros*[60].

Mais uma vez observando a sociedade, Nodier assinalou que o Romantismo nascente era um gênero que correspondia às necessidades de um novo estado moral, como também de novas gerações que demandavam, sobretudo, sensações, configurando uma nova forma de literatura ("Aquele dos poetas românticos, nossas misérias. Isso não é um defeito da arte, é um efeito necessário do progresso de nosso aperfeiçoamento social").

Em 1820, Nodier aderiu publicamente ao Romantismo[61]; porém, em 1821, ao integrar a equipe de *La Quotidienne*, um jornal de linha mais conservadora, Nodier recuou, apresentando Walter Scott como um escritor romântico cuja composição estava entre "uma categoria de fatos e sentimentos que jamais podem existir ou que apenas podem existir por uma exceção monstruosa"[62]. O mesmo ocorreu a propósito da escola frenética, com a qual havia pactuado para, a seguir, recuar e reagir, considerando o frenético uma literatura doentia. Nodier oscilava entre a aprovação e a reprovação porque sentia "toda a força da corrente que levava o público a essa forma extrema da nova tendência que a maioria dos críticos condenava"[63]; seus artigos refletiam, assim, a evolução do movimento romântico.

---

60. Nodier, *apud* Camarani, 1997, p. 16.
61. Cf. Camarani, 1997, p. 17.
62. Nodier, *apud* Camarani, 1997, p. 17.
63. Cf. Camarani, 1997, p. 17.

Em 1823, traçando um quadro da evolução literária, Nodier pôde saudar o início de uma nova era: enquanto a monarquia do antigo regime implicava o Classicismo, o liberalismo de 1820 – fruto da emancipação social pela Revolução – implicava a nova literatura do Romantismo. Nesse sentido, um liberal ou um partidário da monarquia de 1820 só podia ser, consequentemente, um romântico, ao passo que deveria ser clássico apenas quem defendesse o retorno ao sistema social anterior à Revolução[64]. Nesse mesmo ano, a atuação de Nodier na escola nascente se intensificou com a *Muse française,* uma revista que desempenhou um papel significativo para a difusão de algumas tendências românticas, pois se tornou uma presença central na direção da revista, idealizada por Émile Deschamps.

Além de crítico, Nodier desempenhou outro importante papel no movimento romântico ao tornar-se bibliotecário do Arsenal[65]. Em janeiro de 1824, foi nomeado para o cargo e em abril instalou-se na propriedade, quando promoveu, em companhia da esposa e da filha, a primeira recepção dominical, que a partir de então ocorreria semanalmente até 1830. Um erudito com rica experiência intelectual, espírito aberto às novidades, tolerante, matizado de misticismo e ceticismo, um encantador anfitrião e palestrante, Charles Nodier fez de seu salão um lugar de descontração e amizade; e, ao mesmo tempo, um centro no qual os românticos – a maioria dominante, incluindo a equipe da *Muse* – tomavam temas e inspirações, realizavam leituras e discussões literárias[66]. Longe de cultivar um espírito sectário, Nodier comprazia-se com diversas presenças. Assim, participavam de suas reuniões os pintores Delacroix, Boulanger; os filósofos Jouffroy, abade Gerbet e Fourier; os orientalistas Victor Pavie e Ernest Fouinet; viajantes, como Dauzats; eruditos e, ocasionalmente, al-

---

64. *Idem*, pp. 17-18.
65. A biblioteca do Arsenal, constituída no século XVIII, passou a pertencer ao Conde d'Artois em 1786. Em 1792, tornou-se propriedade nacional e foi aberta ao público em abril de 1797; em 1815, foi restituída ao Conde d'Artois e voltou ao Estado em 1830. Com a morte do bibliotecário, o abade Crozier, em 1823, Nodier foi designado seu sucessor em 3 de janeiro de 1824, de acordo com a solicitação do Barão Taylor e de Alphonse de Cailleux – secretário-geral dos museus reais –, ambos amigos de Nodier (cf. Bray, 1963, p. 120).
66. Cf. Milner, 1973, pp. 54-55.

guns defensores do Classicismo, como Jouy; e, claro, a especial juventude adepta à nova literatura romântica: Alphonse de Lamartine, Alfred de Vigny, Honoré de Balzac, Alexandre Dumas pai, Alfred de Musset, Saint-Beuve, Loève-Veimars, Théophile Gautier, Nerval e Victor Hugo.

O movimento romântico francês – um pouco confinado à atmosfera da *Muse*, às emoções da alma e às efusões espirituais – vivenciava no Arsenal uma nova fase, conforme Milner: "O romanstismo ganhou lá uma abertura para o mundo e um gosto pela diversidade que iam ser um de seus principais trunfos"[67]. De fato, um salão onde orientalistas ladeavam os poetas, e seu próprio anfitrião deleitava-se com *Les mille et une nuits* de Galland e a Índia de Schlegel[68] podia tão somente gerar a comunhão desses saberes: Victor Hugo, enquanto trabalhava em *Les orientales*, conheceu no Arsenal uma das fontes de seu livro, o orientalista Fouinet[69], conforme anunciamos anteriormente; e, para deleite dos ouvintes, além das leituras de Hugo de poesias daquela obra em elaboração, Fouinet completava, em viva voz, os *dossiers* entregues ao futuro chefe da nova escola romântica[70].

As reuniões no Arsenal, além de um cenário do Romantismo iniciante, era também o palco onde Nodier desempenhava o papel que mais estimava: o de contador de histórias – uma atividade diretamente relacionada com sua criação literária[71], conforme veremos adiante. Nodier possuía um incrível talento para seduzir seus ouvintes com histórias engendradas por uma imaginação maravilhosa e narradas com um entusiasmo inesgotável, tendo a capacidade de tornar verossímil o inexistente, segundo registrou Charles Weiss, amigo de infância de Nodier:

> Com que graça perfeita ele conta as anedotas mais comuns, como ele sabe embelezá-las com detalhes verossímeis, quando não são exatamente verdadeiros. Ao

---

67. *Idem*, p. 55.
68. Nodier interessava-se pelo tema da metempsicose trazido da Índia e abordado por F. Schlegel (cf. Schwab, 1950, pp. 247-205).
69. Cf. seção 1 do capítulo 2.
70. Cf. Schwab, 1950, pp. 351-353.
71. Cf. Camarani, 1997, p. 21.

escutá-lo, somos obrigados a concordar que, se os acontecimentos por ele narrados não se passaram exatamente como ele o disse, é como ele os conta que deveriam ter-se passado[72].

O encantador anfitrião do Arsenal, entretanto, irritava-se quando era contestado diante de seus hóspedes, que, fascinados, ouviam atentamente os fatos "verídicos" por ele narrados; desse modo, ao contar as histórias, Nodier incorporava-se nas suas personagens, deixando fluir a imaginação, sempre acompanhada de sua cultura e erudição, seu interesse pelo pitoresco e pelas tradições populares.

Era em torno da surpreendente figura de Nodier que os jovens talentos concentravam-se, sendo orientados e estimulados pelo anfitrião; seu caráter erudito revelava-lhes autores franceses desconhecidos e estrangeiros, como atestou Victor Hugo, que sempre testemunhara por Nodier o mais respeitoso reconhecimento: "A primeira vez que ouvi o nome de Shakespeare foi pela boca de Charles Nodier, isso aconteceu em Reims, em 1825, durante a sagração de Carlos X"[73]. Da mesma forma, sua produção literária em direção ao Romantismo interior, empregando o sonho e a loucura como vias para perceber o desconhecido e os segredos do eu profundo, seria referência para Nerval, que via em Nodier um de seus "tutores literários"[74].

Apesar de ser uma figura central no Romantismo nascente, Nodier deixou para Victor Hugo o papel de chefe da nova escola[75]. Eram nas reuniões do Arsenal que se sentiam e desenvolviam as novas ideias, dando início à formação da escola romântica; porém, ali não era um cenáculo onde todos deveriam professar as mesmas ideias e os mesmos objetivos. O verdadeiro cenáculo constituiu-se em torno de Victor Hugo, atraindo boa parte dos convidados do Arsenal já a partir de 1827, ano em que pu-

---

72. Weiss, *apud* Camarani, 1997, p. 21.
73. Hugo, *apud* Camarani, 1997, p. 20.
74. Nerval, *apud* Camarani, 1997, p. 21.
75. Como assinalou Milner: "Trop discret, trop respectueux d'autrui et au fond de lui-même trop sceptique pour se poser en chef d'école, Nodier laissa Victor Hugo faire peu à peu l'apprentissage de ce rôle" (cf. Milner, 1973, p. 55).

blicou o prefácio de *Cromwell*, um marco na evolução das ideias românticas; e, em fevereiro de 1830, o triunfo de seu drama *Hernani* em um reduto do Classicismo assegurou-lhe a condição de chefe do movimento. Desde a constituição do Cenáculo de Victor Hugo, o Arsenal, apesar de ainda conservar o seu encanto e ser bastante frequentado, deixou de ser o centro do grupo romântico, conforme sugeriu Camarani: "as pessoas vão ao salão de Nodier para se distrair, no de Hugo preparam-se para a luta"[76]. O próprio Nodier teria cada vez mais dificuldade para seguir os propósitos da nova escola, considerando, talvez, o risco que eles implicavam, ou seja, o de sufocarem-se pelos seus excessos[77].

Além de lhe parecer que seu papel literário havia acabado, Nodier também sentia perturbações de outras ordens: em janeiro de 1830, o Ministério reduziu pela metade sua pensão literária e, em julho, foi destituído do cargo de bibliotecário, perdendo a outra metade da pensão; porém continuou a residir no Arsenal até sua morte, em 1844. Ao lado das dificuldades materiais, o ano de 1830 também lhe foi ainda mais pesaroso pelo casamento de sua filha; Nodier sentiu profundamente a separação de sua companhia. Nesse momento de grande contrariedade, Nodier definia-se como "um desses homens de emoção [...] que, depois de ter inutilmente esbanjado expressões de uma sensiblidade crédula, acabam por formar, quer queira quer não, uma espécie de solidão para onde transportam suas ilusões, em detrimento da realidade"[78]. Desse modo, em um movimento de ruptura com a realidade que o agredia, Nodier voltou-se para si mesmo, afastando-se da vida real para mergulhar em um universo imaginário: "Eu somente quero compor, daqui até minha morte, que pode vir quando ela quiser, 'Contos de Fada' [...] com atenção a essa grande época de emancipação universal, intitularei meus contos de 'Novelas Fantásticas'"[79].

Assim, Nodier, crítico e figura central do Romantismo nascente, passou a dedicar-se intensamente, partir de 1830, à sua produção lite-

---

76. Camarani, 1997, p. 18.
77. Cf. Setbon, 1979, p. 164.
78. Nodier, *apud* P-G. Castex, *Le conte fantastique en France: De Nodier à Maupassant*, Paris, Corti, 1994, pp. 142-143.
79. Nodier, *apud* Camarani, 1997, p. 23.

rária. Nodier elaborou ensaios teóricos e, sobretudo, narrativas fantásticas[80], que se seguiam uma após outra, dedicando-se completamente ao estimado papel de contador de histórias. Na sua ficção, como um autor romântico, Nodier deixava transparecer sua vida interior, de modo a entrevermos em seus narradores particularidades do próprio autor; o tédio vivenciado no mundo real era esquecido momentaneamente ao entrar em contato com a esfera imaginária das histórias, contando-as, mesmo que fosse somente para si, como nos fala o narrador de "Histoire d'Hélène Gillet" (1832):

O inverno será longo e triste. O aspecto da natureza não está alegre. O universo social tampouco. O senhor receia pelo aborrecimento dos espetáculos. O senhor receia pelo aborrecimento dos concertos. O senhor receia sobretudo pelo aborrecimento dos salões. É o caso de acender em sua casa uma grande fogueira, bem clara, viva e brilhante, de abaixar um pouco as lâmpadas, deixando-as quase sem luz [...] e, feito isso, eu o convido a contar ou a escutar histórias, junto a sua família e amigos, pois suponho que não esteja sozinho. Se, entretanto, estiver sozinho, conte histórias a si mesmo. Este é ainda um outro prazer, e ele tem seu preço. Eu experimentei um pouco de tudo, e, realmente, jamais me diverti com outra coisa[81].

No prefácio a "Os Quatro Talismãs" ["Les quatre talismans"] – uma história engendrada a partir de vários personagens-contadores, como veremos no capítulo seguinte –, o próprio Nodier registrou seu encanto pelo ato de contar histórias – nesse momento, relatadas não mais a seus ouvintes, mas a seus leitores –, que promoviam nele o distanciamento da vida positiva dos homens:

---

80. Entre 1830 e 1844 Nodier escreveu as seguintes narrativas fantásticas: "Histoire d'Hélène Gillet", "Jean-François les Bas-Bleus", "L'amour et le grimoire", "Le songe d'or", "Baptiste Montauban ou l'idiot", "La combe de l'homme mort", "Trésor des fèves et fleur des pois", "Hurlubleu", "Léviathan le long", "La fée aux miettes", "Zérothoctro-Schah", "Voyage pittoresque et industriel", "Les aveugles de Chamouny", "Histoire du chien de Brisquet", "Le bibliomane", "Le génie bonhomme", "M Cazotte", "Lidivine", "Sibylle Mérian", "Les fiancés", "Paul ou la ressemblance", "Inès de las Sierras", "Les quatre talismans", "L'homme et la fourmi", "Légende de soeur Béatrix", "La neuvaine de la chandeleur", "Lydie ou la résurrection", "Franciscus Columna".
81. Ch. Nodier, *Contes,* Paris, Garnier, 1961, p. 330.

As *Novelas* que conto a mim mesmo antes de contá-las aos outros têm, aliás, para meu espírito um encanto que o consola. Elas desviam meu pensamento dos fatos reais para fazê-lo agir sobre as quimeras de minha escolha; elas o entretêm com ideias sonhadoras e solitárias que me enternecem, ou com fantasias risonhas que me divertem; elas me fazem viver uma vida que não tem nada em comum com a vida positiva dos homens, e que me separa desta um pouco menos do que eu gostaria, mas tanto quanto é permitido à imaginação estender os limites e ultrapassar o nível desta vida positiva. É por isso que eu escrevo Contos[82].

Assim, o tédio do mundo real era, para Nodier, atenuado pelas histórias que ele contava a si mesmo, ao deitá-las sobre o papel, comprazendo-se com o universo imaginário e fantástico em que ele mergulhava quando as escrevia ("Elas desviam meu pensamento dos fatos reais [...]; elas o entretêm com ideias sonhadoras e solitárias que me enternecem, ou com fantasias risonhas que me divertem").

Em "Os Quatro Talismãs", conto publicado em 1838, Nodier enriqueceu sua imaginação com fantasias inspiradas nas *Noites*, por meio de sua leitura de *Les mille et une nuits* de Galland; nesse sentido, a narrativa, que se passa em terras de domínio islâmico, é permeada de objetos mágicos, lugares e seres míticos. *Les mille et une nuits*, além de uma fonte nutriz para a imaginação de Nodier, também traz, essencialmente, consigo algo pelo que o autor francês zelava sobremaneira: o poder da arte de contar, pois Scheherazade, como diversas personagens de suas histórias, mantém-se viva pela força de sua palavra.

Nodier, um escritor de atuação múltipla e figura central do Romantismo nascente, também deixou marcada sua face de contador de histórias. Primeiramente, no Arsenal, encantava seus ouvintes com histórias surpreendentes, a seguir, passou a narrá-las através de sua pena, para seus leitores, eternizando sua figura de exímio contador de histórias.

3. Um lugar para Les mille et une nuits

Nodier guardava um interesse especial pelo pitoresco e pelas tradições populares. Tais tendências podem ser verificadas em sua produção literá-

---

82. *Idem*, p. 719.

ria e em suas reivindicações, desde sua juventude, por um lugar de honra na literatura para os contos de fadas e para *Les mille et une nuits*, traduzidas por Galland, contestando o "injusto desprezo" que a crítica dedicava a semelhante gênero literário:

> O gênero de conto que encanta nossos primeiros anos e que às vezes nos distrai das leituras sérias merece ao menos algum reconhecimento: os contos de fadas de Perrault e da Senhorita de Suberte [...] do Conde de Caylus, aqueles que traduziram [...] sob o título de *Mil e Uma Noites* e quase todos os escritos divertidos que recolheram na coleção do *Cabinet des fées*, não têm a temer de nós um injusto desprezo[83].

Nodier, entretanto, não somente defendia e, sobretudo, valorizava tais títulos mais conhecidos de fábulas – gênero que lhe era tão caro pela sua capacidade de promover o imaginário e o distanciamento da vida positiva dos homens –, mas também as demais literaturas orientais. Em consonância com a evolução do conhecimento orientalista do século XIX, evocava a Índia, desde 1816, como a "feliz pátria dos encantadores e das fadas", e como a detentora das doces ilusões e da felicidade dos primeiros habitantes do mundo[84].

O fato é que Nodier, um homem de espírito curioso e erudito, entrara em contato, desde muito jovem, com outros romantismos em formação, ou seja, o inglês e o alemão; e, como leitor de Schlegel[85], Tieck e Schiller[86], deveria conhecer, bem antes de Victor Hugo, o entusiasmo com que a literatura alemã celebrava o orientalismo e, principalmente, a Índia como o berço das literaturas e de uma religião original e universal[87]. Nesse sentido, é importante lembrarmos que, na obra *La Renaissance Orientale*, Schwab referiu-se a Nodier não somente como o anfitrião que recebia orientalistas no Arsenal, mas também como um erudito sensível ao surpreendente progresso do conhecimento oriental

---

83. Registro de Nodier datado de 1808, no seu curso em Dole. *Apud* Setbon, 1979, p. 207, nota 2.
84. *Débats*, 19 de setembro de 1816 (cf. Setbon, 1979, p. 208).
85. Cf. Schwab, 1950, p. 247.
86. Cf. Camarani, 1997, p. 26.
87. Cf. seção 1 do capítulo 2.

na Europa do século XIX; em termos de uma filosofia espiritualista, Nodier estreitou contatos com o salão de Cuvier[88], um local onde se falava "da Ásia, dos povos antigos dessa bela região, de suas leis, de seus escritos e de sua inteligência"[89]. Parece-nos, aliás, que Nodier, além de beber na fonte da filosofia espiritualista indiana para compor "Adèle" (1820) e "Palingénésie humaine" (1832)[90], e em *Les mille et une nuits* de Galland escrever "Os Quatro Talismãs" (1838), também se serviu de outras fontes para seu conhecimento sobre o Oriente; pois, ao nos determos neste conto, é possível perceber que Nodier empregou elementos míticos da tradição árabe ausentes em *Les mille et une nuits* de Galland[91].

Centrando a atenção no contato de Nodier com *Les mille et une nuits*, verificamos que o autor citou a obra, em diversas situações, como exemplo de uma produção fantástica rica em imaginação e fantasia. Zeloso pela promoção do imaginário, Nodier, em seu ensaio teórico "Du fantastique en littérature" (1830), referiu-se a *Les mille et une nuits* como uma obra de profusa "fantasia poética" – criação literária revestida de "todas as graças da imaginação" – sugerindo que a obra nasceu sob o "prisma prestigioso" da fantasia:

---

88. Cf. Schwab, 1950, p. 247. Podemos atestar o contato de Nodier com Cuvier no prefácio a *Les quatre talismans*, elaborado em 1838, ao fazer referências às ideias que nos parecem estar intimamente ligadas à espiritualidade indiana: "J'ai cru fermement pendant trente ans qu'une inspiration étrangère à ma faible intelligence m'avait révélé le plus important des secrets de la nature humaine; que mes regards éclairés par cet instinct supérieur que Socrate appelait son DÉMON, pénétraient avec assurance dans l'avenir de notre espèce et que j'apercevais, aussi vive et aussi pure que si elle était déjà scellé au cycle merveilleux de la création, la soudure inconnue qui doit le fermer, en faisant rentrer tous les êtres, parvenus à la plus haute expression de leur perfectionnement possible, dans le sein de Dieu qui les a produits. Cette idée, soumise à Cuvier dont le génie était un suprême bons sens, l'avait rempli de cet enthusiasme naïf que les grands hommes éprouvent pour la vérité, quelle que soit la source humble et cachée d'où elle jaillit à leurs yeux" (Nodier, 1961, p. 719). Conforme Schwab, quando Nodier retomou as ideias de reencarnação, referia-se obstinadamente a Cuvier como aquele que havia procurado e encontrado a chave dos "mystères du monde ancien", que todo o Romantismo do círculo de Jena, do qual Schlegel participava, localizava na Índia (cf. Schwab, 1950, p. 321).
89. *Idem*, p. 321.
90. *Idem*, p. 247.
91. Cf. seção 2 do capítulo 3.

Foi assim que nasceram, no país mais favorecido pela natureza, esses contos orientais, resplandescente galeria dos mais raros prodígios da criação e dos mais deliciosos sonhos do pensamento, tesouro inesgotável de joias e de perfumes que fascina os sentidos e diviniza a vida. O homem que busca inutilmente uma compensação passageira para o amargo tédio de sua realidade provavelmente não leu ainda *As Mil e Uma Noites*[92].

Nesse mesmo ensaio teórico, Nodier ainda lembrou que a fecunda imaginação desses contos de origem oriental foi, segundo os orientalistas de sua época, longínqua fonte para determinados contos de fadas, posteriormente compilados por Perrault, como "Pele de Asno" ["Peau d'âne"] e "Riquet do Topete" ["Riquet à la houppe"]; não deixando, entretanto, de defender que, apesar dos orientalistas terem buscado as distantes origens dos contos de fadas em terras estrangeiras, havia no país a sua criação fantástica própria, pois cada povo possuía suas histórias, de modo que, "se o fantástico nunca tivesse existido em nosso país, com sua natureza própria e inventiva, abstração feita a qualquer outra literatura antiga ou exótica, não teríamos sociedade, pois nunca houve sociedade que não tivesse o seu fantástico"[93].

Nesse ensaio de 1830, Nodier assinalou a importância de *Les mille et une nuits* sem se referir à tradução; mas, em outro momento, ele registrara não somente sua admiração pela obra, mas também pelo seu tradutor, o orientalista Antoine Galland, no prefácio a uma nova edição de *Les mille et une nuits*, em 1822:

Há nomes que, sem serem acompanhados de grandes títulos de celebridade, jamais são pronunciados sem despertar lembranças honrosas e doces. É o caso do erudito laborioso que consagrou uma vida longa e estudiosa, mas modesta e reservada, à investigação de alguns conhecimentos pouco comuns e mal apreciados de seu tempo, com o único intento de retirar dela algumas vantagens para a utilidade ou para o prazer dos outros. Trata-se do respeitável Antoine Galland, a quem devemos a exce-

---

92. Ch. Nodier, "Du fantastique en littérature", em H. Juin, *Charles Nodier,* Paris, Seghers, 1970b, p. 121.
93. *Idem,* p. 133.

lente tradução dos *Contos Engenhosos do Oriente* e cujos trabalhos infatigáveis seriam mal conhecidos pela sociedade se ele não tivesse a feliz ideia de unir uma parte de sua reputação de literato e erudito a estas risonhas maravilhas da imaginação que se chamam *Mil e Uma Noites*[94].

Notemos que Nodier, no fragmento acima, lembrando do pouco conhecimento que havia a respeito do Oriente, na época ("conhecimentos pouco comuns e mal apreciados de seu tempo"), assinalou a importância do trabalho de Galland ao traduzir as *Noites* ("Contos engenhosos do Oriente"), uma literatura rica em imaginação que a sociedade europeia pôde conhecer através de suas *Les mille et une nuits*.

Neste mesmo prefácio, Nodier referiu-se às demais traduções de Galland, realizadas individualmente ou em parceria com outros orientalistas, como o trabalho junto a d'Herbelot, auxiliando-o na redação de sua *Bibliothèque oriental*; porém, dentre todas as produções de Galland, *Les mille et une nuits* ocupam, para Nodier, um lugar privilegiado: "Mas, entre todas suas produções, não há nenhuma cujo mérito tenha sido mais universalmente reconhecido que os *Contos Orientais*"[95]. Isto porque, conforme Nodier, *Les mille et une nuits* era composta de novos elementos e de uma imaginação fecunda que agradava a todos, desde sua publicação:

> Eles [*Contos Orientais*] produzem, desde o momento de sua publicação, esse efeito que assegura às produções de espírito um sucesso popular. Ainda que pertencessem a uma literatura pouco conhecida na França, e que o gênero de composição admitisse, ou melhor, exigisse detalhes de hábitos, caracteres, costumes e localidades inteiramente estranhos às ideias estabelecidas em nossos contos e romances, fica-se surpreso com o encanto que resulta de sua leitura. É que a realidade dos sentimentos, a novidade dos quadros, a imaginação fecunda em prodígios, o colorido pleno de calor, o encanto de uma sensibilidade sem pretensão, o cômico picante sem caricatura, a graça e o natural, enfim, agradam em todos os lugares e agradam a todo mundo[96].

---

94. Ch. Nodier, "Notice sur Galland", em *Les mille et une nuits,* traduction d'Antoine Galland, Paris, Garnier, 1955, p. I.
95. *Idem*, p. VII.
96. *Idem*, p. VII. (A observação entre colchetes é nossa.)

Como é possível observar, Nodier assinalou que, apesar de pertencer a uma literatura pouco conhecida, cujo gênero evocava determinadas especificidades de hábitos e costumes estranhos aos contos e romances franceses, *Les mille et une nuits* encantavam a todos pela novidade de suas narrativas, imbuídas de cores calorosas e de uma imaginação rica em prodígios. Todos esses elementos da composição de *Les mille et une nuits* despertavam um novo prazer a cada nova leitura de seus contos, de modo que, para Nodier, promoviam um distanciamento da vida positiva: "e qual é o homem que não tem necessidade de, às vezes, distrair-se dos tédios da vida positiva com as ilusões deliciosas de uma vida imaginária?"[97]

Ademais, neste prefácio a *Les mille et une nuits*, Nodier também elogiou o trabalho de tradução de Galland, defendendo as adaptações empreendidas pelo orientalista, quando, ao mesmo tempo, podemos notar seu próprio gosto clássico:

> A tradução de Galland é, nesse gênero de literatura, uma obra por assim dizer clássica; e se ela sofreu alguma reprovação por parte de alguns orientalistas supersticiosamente fiéis aos textos originais, é porque eles atentaram mais aos interesses dessa erudição exótica do que ao espírito de nossa língua e às necessidades de nossa literatura nacional. [...] Estamos convencidos de que se deveria agradecer [...] ao gosto do tradutor por ter suprimido dessas encantadoras composições as figuras excessivas, os detalhes fastidiosos, as repetições parasitas, que somente poderiam enfraquecer o interesse por elas em uma língua brilhante, mas exata, que quer conciliar o prazer e a precisão[98].

Desse modo, Nodier observou que as adaptações efetuadas por Galland nos contos orientais para a língua francesa ("[...] por ter suprimido dessas encantadoras composições as figuras excessivas, os detalhes fastidiosos, as repetições parasitas") foram realizadas com maestria, conciliando o encanto da obra e a precisão da língua nacional e garantindo, assim, o interesse por *Les mille et une nuits*.

---

97. *Idem*, p. VIII.
98. *Idem, ibidem*.

Ainda no âmbito da tradução das *Noites*, vale lembrar que houve, em 1828, a publicação de uma outra versão francesa da obra por Trébutien[99] – realizada a partir de uma versão alemã da tradução de Joseph de Hammer feita, originalmente, em francês, porém jamais publicada; entretanto, foi recebida somente em meio aos círculos de especialistas. Sendo assim, o prefácio de Nodier à tradução de Galland, ao lado da circulação praticamente exclusiva que *Les mille et une nuits* desfrutavam no período, nos leva a pensar que a referência das *Noites* para Nodier centrava-se na versão de Galland, a que já nos vínhamos remetendo anteriormente.

Além do prefácio a *Les mille et une nuits*, onde Nodier atestou sua admiração pelo trabalho de Galland, há também a referência ao orientalista no prefácio de "A Fada das Migalhas" ["La fée aux miettes"] (1832): "[...] e se uma educação literária melhor orientada só tivesse colocado sob meus olhos dois modelos perfeitos em sentimento e verdade, o *Catecismo Histórico* do Sr. Fleury e os *Contos* do Sr. Galland [...]"[100]. Tal extrato testemunha, mais uma vez, a importância das *Noites* traduzidas por Galland na concepção de Charles Nodier, sugerindo seu grande interesse pela obra ao localizá-la como um dos únicos modelos que poderiam ter formado sua educação literária.

Logo no início do primeiro capítulo de "A Fada das Migalhas", o narrador invoca a fantasia – "mãe das fábulas risonhas, dos gênios e das fadas" e "feiticeira de brilhantes mentiras"[101] – para, a seguir, questionar a história positiva dos homens e colocá-la em contraposição à história fictícia, oriunda da vida imaginativa, tomando como exemplo *Les mille et une nuits*:

"A história positiva, retomei gravemente, a expressão de uma cega parcialidade, o romance consagrado de um partido vencedor, uma fábula clássica tornada tão indiferente a todo mundo que ninguém mais tem o trabalho de contradizê-la.

---

99. Cf. Larzul, 1996, p. 14. Depois do trabalho de Galland e do orientalista austríaco Hammer, a próxima tradução francesa direta dos manuscritos árabes será feita pelo orientalista Joseph--Charles Mardrus, que terá seus primeiros volumes publicados em 1899.
100. Cf. Nodier, 1961, p. 171.
101. *Idem*, p. 173.

E quem me assegura hoje que, por exemplo, há mais verdade em Mézeray[102] do que nos ingênuos contos do bom Perrault, e na *História Bizantina* do que nas *Mil e Uma Noites?*"[103]

Como é possível notar, nesse fragmento, Nodier deixou registrada a importância que atribuía a *Les mille et une nuits,* situando-a entre os livros oriundos da vida imaginativa. Esse mesmo fragmento faz uma outra alusão a que não podemos deixar de nos ater: *Les mille et une nuits* também são localizadas como um livro dotado de verdade ("E quem me assegura hoje que, por exemplo, há mais verdade [...] na *História Bizantina* do que nas *Mil e Uma Noites?*"). Como já observamos anteriormente, o universo imaginário para Nodier está relacionado com uma outra realidade que o distancia da vida positiva dos homens; nesse sentido, poderíamos pensar que o fragmento acima evoca *Les mille et une nuits* como um livro dotado de verdade pelo fato de suas histórias conduzirem o leitor para esse universo imaginário, que, conforme Nodier, poderia ser mais verdadeiro do que os próprios fatos históricos.

4. O fantástico de Nodier

Charles Nodier, ficcionista do fantástico e um dos primeiros escritores a refletir sobre o gênero, desenvolveu suas ideias não somente em ensaios teóricos, mas também em prefácios e mesmo no interior de suas narrativas fantásticas. Nesses escritos, o universo fantástico abordado por Nodier, além de valorizar o imaginário e a fantasia – localizando, como vimos, *Les mille et une nuits* entre as obras de referência para o enriquecimento da imaginação –, trata também de elementos que compõem a concepção teórica do autor, à qual faremos, ao longo desta seção, algumas referências.

No prefácio de "A Fada das Migalhas", Nodier registrou sua concepção de verossimilhança:

---

102. Historiador francês do século XVII. Cf. Camarani, 1997, p. 47.
103. Cf. Nodier, 1961, pp. 173-174.

Disse muitas vezes que detestava o verdadeiro nas artes, e creio que teria dificuldade de mudar de opinião; mas nunca tive o mesmo julgamento a respeito do verossímil e do possível, que me parecem de primeira necessidade em todas as composições do espírito. Consinto em ser surpreendido, e acredito de bom grado no que mais me surpreende, mas não quero que zombem de minha credulidade. [...] Não duvidei um só instante, de acordo com o testemunho de Homero, da disforme realidade de seu Polifemo, tipo eterno de todos os ogros, e concebo maravilhosamente o lobo doutrinário de Esopo, que triunfava, ao menos em ingenuidade diplomática, sobre os fins políticos de nossos ministérios, no tempo em que os animais falavam, o que não acontece mais quando não são mais elegíveis. O Sr. Dacier e o bom La Fontaine acreditavam nisso como eu, e não tenho razões para ser mais exigente que eles em hipóteses históricas[104].

Podemos depreender, a partir desse extrato, que, para Nodier, o verossímil é uma condição de primeira necessidade para a composição; nesse sentido, a ideia de verossímil e de possível na narrativa fantástica estaria ligada a uma crença partilhada por quem conta as histórias e por quem delas participa – seja na forma escrita ou oral –, como no tempo em que os autores das fábulas de animais falantes triunfavam. Esta relação entre o verossímil e a crença é exemplificada, no mesmo prefácio, por uma recordação de sua juventude, quando, em uma pequena cidade do Jura, passava as noites ouvindo, junto à lareira, as histórias de seu velho amigo:

Os serões rústicos do excelente ancião adquiriram uma celebridade ao redor de cento e cinquenta passos. Tornaram-se reuniões noturnas às quais as pessoas letradas do povoado não desdenhavam comparecer. [...] Logo se explorou o tema comum de nossas historietas, com inveja uns dos outros, e não se encontrou ninguém, ao final de algumas semanas, que não tivesse para contar algum acontecimento do mundo maravilhoso [...] mas minha impressão já ia diminuindo, ou melhor, ela tinha mudado de natureza. À medida que a fé se enfraquecia no contador de histórias, dissipava-se no auditório, e eu acredito lembrar-me de que, com o tempo, quase já não atribuíamos mais importância às lendas e às tradições fantásticas do que teria dado, de minha parte, a qualquer conto moral do Sr. de Marmontel[105].

---

104. Nodier, 1961, p. 168.
105. Escritor francês do século XVIII, autor de peças de teatro, romances, *Contos Morais* e *Memórias*. Nodier, 1961, pp. 169-170.

O êxito de uma história fantástica estaria, assim, vinculada a uma comunhão de crenças estabelecida entre o contador de histórias e seu público; e, sobretudo, seria indispensável a fé daquele que conta os fatos "verídicos" para seduzir a quem deles participa; o que nos remete imediatamente à figura do anfitrião do Arsenal, que não admitia ser contestado, pois, ao semear a dúvida, o conto fantástico deixaria de provocar interesse em seus ouvintes ou leitores, conforme concluiu Nodier: "É que, para provocar interesse no conto fantástico, é preciso antes fazer-se acreditar, e uma condição indispensável para se fazer acreditar é acreditar. Uma vez atendida essa condição, pode-se seguir corajosamente e dizer aquilo o que se quer"[106].

Em sua composição, tendo em vista a verossimilhança – elemento imprescindível para a criação do fantástico[107] –, Nodier empregou o sonho como elemento desencadeador de acontecimentos fantásticos. "Os Quatro Talismãs", por exemplo, é uma narrativa em que Nodier utilizou esse recurso: em suas últimas linhas, é revelado que todo o conto foi escrito a partir das aventuras oníricas do narrador.

Para melhor compreender o significado do fenômeno do sonho para Nodier, é necessária a referência à suas composições anteriores. No segundo prefácio a *Smarra* (1821) – narrativa escrita sob o signo do sonho e, segundo o autor, uma obra fundada no estudo desse estado[108] –, publicado em 1832, Nodier observou:

> A vida de um homem organizado poeticamente se divide em duas séries de sensações mais ou menos iguais, de mesmo valor: uma que resulta das ilusões da vida desperta, a outra que se forma a partir das ilusões do sono. Não discutirei sobre a vantagem relativa de uma ou de outra dessas duas maneiras de perceber o mundo imaginário [...][109].

Para Nodier, o mundo imaginário não proviria somente do estado de vigília, mas também da vida noturna, pronunciando-se pelos sonhos; e essa

---

106. Nodier, 1961, p. 170.
107. *Idem, ibidem*.
108. *Idem*, p. 40.
109. *Idem*, pp. 38-39.

fonte imaginária do universo onírico poderia ser aproveitada pelo poeta: "O que me surpreende é o fato de que o poeta desperto tenha tão raramente aproveitado em suas obras as fantasias do poeta adormecido, ou, pelo menos, de que ele tenha tão raramente confessado seu empréstimo"[110]; mas Nodier não se incluía entre tais poetas, confessando sua disposição pelas fantasias da vida onírica: "Um acidente de organização bastante comum rendeu toda minha vida às fantasias do sono, cem vezes mais lúcidas para mim que meus amores, meus interesses e minhas ambições [...]"[111]. Como é possível observar, para Nodier, a vida onírica era uma fonte lúcida para sua imaginação; nesse sentido, em "Os Quatro Talismãs", poderíamos identificar a figura de Nodier no narrador onisciente, quando, somente nas últimas linhas do conto, apresenta ao leitor a riqueza do universo onírico, revelando que todas as histórias narradas até então provinham do sonho.

Ao nos atermos a "Os Quatro Talismãs", podemos identificar os demais elementos que perfazem sua narrativa fantástica. Nodier, sendo um admirador de Galland e de Perrault, também acresceu aspectos morais à narrativa, anunciando já no prefácio[112] a "Os Quatro Talismãs" a finalidade de seu conto:

"Os Quatro Talismãs" têm um objeto de utilidade mais sensível e mais geral. Eu os consagrei à classe da sociedade que, para mim, melhor compreendeu as obrigações da vida e que tiraria desse conto o proveito mais razoável, se conhecesse todas suas vantagens, isto é, consagrei aos artífices. Eu quis lhes mostrar, em um plano bastante estreito para um quadro dessa importância, mas cujos limites todo mundo pode ampliar de acordo com sua fantasia, que as condições sociais mais universalmente reconhecidas acrescentam muita pouca coisa, ou não acrescentam nada, à felicidade. [...] Essa lição é grande, consoladora, salutar, própria para desencantar os bons espíritos dessas ambições zelosas e impróprias que precipitam os velhos povos em direção a sua ruína [...][113].

"Os Quatro Talismãs", além de ser engendrado pelo universo maravilhoso que caracteriza *Les mille et une nuits*, mantêm, do mesmo modo, o

---

110. *Idem*, p. 39.
111. *Idem, ibidem*.
112. Este prefácio, intitulado "Prefácio Inútil", introduz também *Légende de soeur Béatrix*.
113. Nodier, 1961, p. 720.

caráter moralizante que encerra determinados contos de Galland. Desse modo, as narrativas que compõem "Os Quatro Talismãs" – todas permeadas de moralidade e, sobretudo, do universo mágico e fantasioso, pronunciado desde as primeiras palavras do conto com a fórmula "Era uma vez" – engendram um tom que é comum aos contos de *Les mille et une nuits*; porém a revelação de que os acontecimentos narrados provinham do sonho suspende essa atmosfera comum aos contos de Galland. Mas o conto não se encerra com a revelação; ao contrário disso, aparecem novas informações e questionamentos lançados pelo narrador onisciente ao leitor – como veremos no próximo capítulo –, criando uma ambiguidade e, por consequência, outro tipo de atmosfera fantástica, ou seja, a que repousa sobre a hesitação: foi realidade ou realmente um sonho?

Parece-nos, então, que Nodier, em "Os Quatro Talismãs", articulou com bom senso e arte mais de uma das possibilidades do que ele compreendia como gênero fantástico. A propósito, suas concepções acerca deste gênero foram registradas no início da "Histoire d'Hélène Gillet" (1832):

> Há a história fantástica falsa, cujo encanto resulta da dupla credulidade do contador de histórias e do auditório, como os *Contos de Fadas* de Perrault, obra-prima bastante desdenhada no século das obras-primas.
> Há a história fantástica vaga, que deixa a alma suspensa em uma dúvida sonhadora e melancólica, embala como uma melodia e adormece como um sonho.
> Há a história fantástica verdadeira, que é a primeira de todas, porque ela abala profundamente o coração sem custar sacrifícios à razão; e entendo por *história fantástica verdadeira* [...] um fato tido como materialmente impossível que, entretanto, é constatado por todo mundo[114].

Como sugeriu Camarani, Nodier, ao assinalar esses três tipos de fantástico, estaria propondo, de maneira sutil, "fundamentos teóricos dos quais a teoria de Todorov estaria bastante próxima"[115]. De fato, Todorov, tendo em vista o maravilhoso e o estranho como gêneros com os quais o fantástico imbricava-se, notou que havia, para cada um desses gêneros vizinhos ao

---

114. *Idem*, pp. 330-331.
115. Camarani, 1997, p. 29.

fantástico, um subgênero transitório: o fantástico maravilhoso – "classe das narrativas que se apresentam como fantásticas e terminam por uma aceitação do sobrenatural"[116], aproximando-se dos contos de fada e também dos contos de *Les mille et une nuits* –; e o fantástico estranho – "acontecimentos que parecem sobrenaturais ao longo de toda a história, no fim recebem uma explicação racional"[117] –; o fantástico puro, para Todorov, seria aquele no qual a hesitação se mantém – "*A hesitação do leitor* é pois a primeira condição do fantástico"[118] –, o que corresponderia à "história fantástica vaga", "que deixa a alma suspensa na dúvida", apresentada por Nodier.

Camarani observou que, para Nodier, a "história fantástica verdadeira" – concebida como a ocorrência de fenômenos estranhos ("um fato tido como materialmente impossível"), mas devidamente constatados – "diz respeito, sobretudo, a dons milagrosos que certas pessoas 'comprovadamente' possuem"[119] – como em "Histoire d'Hélène Gillet" –; o que não ocorre na concepção do fantástico estranho de Todorov, que pressupõe nesse subgênero os fatos sobrenaturais explicados racionalmente pelos acasos, fraudes, ilusões ou por uma "imaginação desregrada" – como o sonho, a loucura, as drogas[120].

Tendo em vista tais concepções acerca do gênero, poderíamos pensar que, em "Os Quatro Talismãs", Nodier diversificou o universo fantástico do conto; pois, ao mesmo tempo em que há, na narrativa, uma atmosfera maravilhosa – segundo a terminologia de Todorov –, em que nenhum elemento sobrenatural causa espanto – constituindo, portanto, o que Nodier denominou "história fantástica falsa" –, ocorre também a referência ao sonho – que, conforme Nodier, caracteriza a "história fantástica vaga" –, arrebatando, primeiramente, o leitor da esfera inquestionável do mundo maravilhoso para, a seguir, lançá-lo a uma questão ressonante, que o faz indagar se tudo o que se passou poderia ter sido, realmente, apenas um sonho.

---

116. *Idem*, p. 58.
117. T. Todorov, *Introdução à Literatura Fantástica,* São Paulo, Perspectiva, 1992, p. 51.
118. *Idem*, p. 37.
119. Camarani, 1997, p. 33.
120. Cf. Todorov, 1992, p. 52.

Capítulo 3
Em presença das *Noites*

1. O prólogo-moldura

Na esfera da composição de *Les mille et une nuits*, Galland manteve as histórias segmentadas ao longo de duzentas e trinta e seis noites; a seguir, o caráter dessa divisão foi substituído por histórias ininterruptas, sob a justificativa de que suas suspensões em noites pudessem ser maçantes ao leitor[1]; como consequência, a intervenção do tradutor comprometeu a estrutura da obra original árabe, enfraquecendo, de certa maneira, a importância de sua unidade, reiterada pela ligação entre as noites[2]. Todos os contos narrados ao longo do livro – interpostos ou não entre as noites – estão ligados por uma narrativa primeira, o nomeado prólogo-moldura, que assinala onde, por que e por quem tais contos são narrados; em outros termos, o prólogo-moldura engendra o fato que suscitou as narrativas

1. Cf. seção 3 do capítulo 1.
2. Os manuscritos utilizados por Galland, no entanto, não nos deixam esquecer a ligação entre os contos e o motivo pelos quais são contados, pois um narrador impessoal inicia e finaliza cada uma das noites com a primeira história do livro – o prólogo-moldura. Para maiores esclarecimentos, consultar Jarouche, 2005, vols. I e II.

noturnas da personagem Scheherazade[3] e, por isso, podemos dizer que se constitui a história das histórias.

Do ponto de vista da propriedade da composição, a estrutura de contos ligados por um quadro inicial ocorre pelo encadeamento de vários narradores que se sucedem, instalando diversos níveis narrativos, a partir desse primeiro quadro chamado prólogo-moldura. Tendo em vista que a diegese é o universo em que a história transcorre, ou seja, é o universo espaciotemporal designado pela narrativa, a edificação dos níveis narrativos na diegese, por sua vez, dá-se no momento em que o narrador cede sua palavra a uma de suas personagens, que, a seguir, pode fazer o mesmo, gerando a cada nova voz níveis narrativos superiores. Nesse sentido, em *Les mille et une nuits*, o primeiro nível narrativo é constituído pelo primeiro narrador do prólogo-moldura, nível este denominado extradiegético[4], segundo a terminologia de Genette, correspondendo, assim, à narração encaixante. Ademais, esse narrador do nível extradiegético não participa dos fatos que narra, configurando-se como um narrador heterodiegético[5], ou seja, ausente da história; desse modo, mantém sua voz, em terceira pessoa, anônima e, praticamente, neutra durante todo o desenrolar dos fatos, como podemos atestar desde as primeiras linhas do livro, quando inicia a história em tom de relato: "As crônicas dos sassânidas, antigos reis da Pérsia [...] contam que havia, outrora, um rei [...]"[6]. A história que começa a se realizar parece

---

3. Conforme já observamos em nota anterior, ao nos referirmos à versão de Galland, manteremos sempre a transliteração empregada pelo autor, com o intuito de demarcar a singularidade da obra em seus diversos aspectos; pois a transliteração do árabe modifica-se conforme a tradução, sendo, portanto, mais um elemento caracterizador da versão. Utilizaremos a convenção internacional para o nome das personagens ao aludirmos à própria obra árabe, e, também, ao nos referirmos à tradução de Jarouche, pois foi esta a mesma referência empregada em sua versão das *Noites*.
4. " [...] acte (littéraire) accompli à un premier niveau, que l'on dirá extradiegetique [...]" (Genette, 1972, p. 238).
5. Conforme Genette: "On distinguera donc ici deux types de récits: l'un à narrateur absent de l'histoire qu'il raconte [...] l'autre à narrateur présent comme personnage dans l'histoire qu'il raconte [...]. Je nomme le premier type, pour raisons évidentes, *hétérodiégétique*, et le seconde *homodiégétique*" (Genette, 1972, p. 252).
6. Galland, 1965, vol. I, p. 23.

pertencer ao domínio do já conhecido, gerando, desde seu princípio, a impressão de que a trama narra-se a si própria.

O narrador extra-heterodiegético[7] do prólogo-moldura observa e conhece os fatos, mas não invade o interior das personagens para comentar suas intenções ou pensamentos; essa preponderante perspectiva externa a respeito dos acontecimentos narrados cria um efeito de sentido de objetividade, ou neutralidade, gerando certo distanciamento nas relações entre o narrador, as personagens e o leitor. Poderíamos, também, pensar que a própria composição da narrativa no pretérito perfeito, que fixa e enquadra a ação dentro de um espaço de tempo determinado[8], auxilia nesse efeito de objetividade ao conferir maior impressão de distância entre o narrador e os fatos narrados. Além disso, a presença do narrador também é atenuada por sua ampla utilização do discurso direto que, ao reproduzir a fala das personagens por meio das próprias palavras delas, provoca no leitor a sensação de estar diretamente em contato com as mesmas[9]. A neutralidade do narrador é, porém, suspensa nos momentos em que a ação se encaminha para situações mais libidinosas, conforme o trecho a seguir, observado comparativamente nas traduções de Galland [1] e Jarouche[2]:

[1]
A sultana, por sua vez, não ficou muito tempo sem amante; batendo palmas, gritou: "Masoud, Masoud!" E, imediatamente, outro negro desceu do alto de uma árvore e precipitou-se para ela com bastante ardor. O pudor não me permite contar tudo o que se passou entre essas mulheres e esses negros, trata-se de um detalhe dispensável. Basta dizer que Schahzenan viu o suficiente para julgar que a situação de seu irmão não era menos lastimável do que a dele. Os prazeres daquela trupe amorosa duraram até a meia-noite. Banharam-se todos juntos, então, num grande tanque de água [...][10].

---

7. "[...] narrateur au premier degré qui raconte une histoire d'où il est absent [...]" (Genette, 1972, p. 255).
8. E. Bechara, *Moderna Gramática Portuguesa,* São Paulo, Nacional, 1982, p. 274.
9. Genette, 1972, p. 192.
10. Galland, 1965, vol. 1, p. 27.

[2]
[...] enquanto a cunhada gritava: "Mas'ûd! ó Mas'ûd!"; então um escravo negro pulou de cima de uma árvore ao chão e imediatamente achegou-se a ela; abriu-lhe as pernas, penetrou entre suas coxas e caiu por cima dela. Assim ficaram até o meio do dia: os dez sobre as dez e Mas'sûd montado na senhora. Quando se satisfizeram e terminaram o serviço, foram todos se lavar [...][11].

No prólogo-moldura, os trechos acima destacados envolvem a prática de relações sexuais entre as personagens que o narrador – lançando mão de uma função extranarrativa, denominada ideólogica[12] – opta por não explicitar, inserindo seus valores – "O pudor não me permite contar tudo o que se passou entre essas mulheres e esses negros"– e preferências – "trata-se de um detalhe dispensável" – na narrativa, transparecendo-nos, na verdade, que as concepções de Galland, o tradutor do livro árabe, contamina as do produtor ficcional do enunciado, mesmo quando se pensa na aparente imparcialidade mantida durante toda a narrativa, salvo nos momentos específicos em que se descrevem práticas sexuais, quando então a censura é mais explícita.

O narrador extra-heterodiegético do prólogo-moldura cria o universo do qual emergirá Scheherazade, a exímia e principal narradora do livro, constituindo a história das histórias: Schahriar, um poderoso rei da dinastia sassânida[13], descobre a traição de sua esposa com um escravo e, em seguida, sai pelo mundo decidido a voltar apenas se encontrasse alguém mais infeliz do que ele. Durante a viagem, sua constatação é positiva: ele

---

11. Jarouche, 2005, vol.1, p. 42.
12. Segundo Genette, o narrador, além da função propriamente narrativa, também desempenha outras funções, que apenas indicaremos sinteticamente: *fonction de communication* – estabelecimento de um contato do narrador com o leitor, real ou virtual, comentando sobre questões como organização e teor do texto; *fonction testimoniale* ou *d'attestation* – quando o narrador indica as fontes de onde tirou suas informações; *fonction idéologique* – julgamentos ou comentários da ação pelo narrador, mas que não necessariamente pertencem a ele ("On sait combien de grands romanciers idéologues, comme Dostoïevski, Tolstoi [...] ont pris soin de transférer à certains de leurs personnages la tâche du commentaire et du discours didactique [...]"). Para maiores esclarecimentos, ver Genette, 1972, pp. 261-265.
13. Dinastia cujo domínio se estendia sobre a área onde hoje corresponde ao Irã, Iraque e adentrava territórios da Ásia Central. Desfrutou de poder e glória, permanecendo no governo da Pérsia (Irã) entre 226 e 641 d.C., quando foi destronada pela conquista muçulmana.

se depara com uma bela jovem que consegue enganar um poderoso gênio, deitando-se com outros homens diante de suas próprias barbas; persuade-se, assim, de que não existe mulher fiel, pois não há nada "igual à malícia das mulheres". De volta ao reino, Schahriar inicia a drástica medida de desposar uma mulher por noite e, no dia seguinte, mandar matá-la, a fim de evitar infidelidades futuras. Depois de muitas mortes e consternação geral na cidade, há a intervenção da personagem Scheherazade, a filha do vizir mais importante do reino, que decide, para imensa tristeza do pai, casar-se com Schahriar. Na noite de núpcias, a heroína inicia o plano que irá livrar o reino da tirania de seu rei; Scheherazade, com o auxílio de sua irmã Dinarzade – que a partir de então, noite após noite, pede-lhe um de seus contos –, inicia sua primeira história e a suspende ao amanhecer. Schahriar, movido pela curiosidade, poupa sua esposa da morte para ouvir, na próxima noite, o desfecho da narrativa interrompida.

No momento em que é dada a palavra à personagem Scheherazade, silencia-se a voz do narrador extra-heterodiegético e o prólogo-moldura é suspenso para ceder lugar às noites de histórias plenas de suspense e ricas em elementos maravilhosos. A voz de Scheherazade engendra, então, um segundo nível narrativo denominado intradiegético, sem, entretanto, colocar-se como participante de suas histórias, constituindo-se como uma narradora heterodiegética[14]. Ademais, Scheherazade conta as várias histórias sem qualquer interferência; a sua narração, em terceira pessoa, não é marcada por comentários, análises ou incursões na mente de suas personagens, mantendo a preponderante focalização externa[15], como o primeiro narrador extra-heterodiegético do prólogo-moldura. Ocorre, no entanto, mudança de nível narrativo no interior de seus contos, quando a heroína cede sua voz às personagens, para que contem, em primeira ou terceira pessoa, suas próprias histórias: no momento em que Scheherazade concede sua palavra a uma de suas personagens, os acontecimentos por ela narrados estabelecem

---

14. "[...] Schéhérazade, narratrice au seconde degré qui raconte des histoires d'où elle est généralement absente [...]" (Genette, 1972, p. 256).
15. Cf. Genette, 1972, p. 210. Genette sugeriu a diferenciação entre foco narrativo – pertencente à categoria do "modo" – e "voz", outra categoria da narrativa.

um novo grau narrativo, denominado agora metadiegético[16], por constituir-se a partir de um segundo nível narrativo; este narrador, por sua vez, também pode dar sua palavra a uma de suas personagens, gerando mais um grau narrativo, e assim sucessivamente. Nesse sentido, a célebre narradora mantém-se como um eixo condutor, do qual partem e ao qual retornam as sucessivas histórias, e, desse modo, *Les mille et une nuits,* tal como as originais *Noites* árabes, em termos estruturais, compõem-se de uma série de narrativas inseridas umas dentro das outras. Por esse aspecto, vale lembrar que as narrativas metadiegéticas das *Noites*, como as de suas respectivas traduções, muitas vezes, mantêm uma relação de analogia com aquela de que parte, ou seja, com a própria história de Šahrâzâd, ocorrendo um espelhamento da situação da heroína relativamente às histórias que suas personagens narram: fatos que deixam a vida suspensa por um fio. Essa relação de analogia entre a narrativa metadiegética e a narrativa na qual ela se insere reflete a chamada estrutura *en abyme*[17].

A modificação do narrador pode também alterar a pessoa gramatical, ou seja, enquanto Scheherazade narra, mantém-se a terceira pessoa, mas, muitas vezes, quando ela cede sua voz, o novo narrador passa a empregar a primeira, o que altera também a visão do leitor: a narração em primeira pessoa cria um efeito de subjetividade maior do que em terceira, pois a primeira pessoa que conta, como sugeriu Todorov, "é a que permite mais facilmente a identificação do leitor com a personagem, já que, como se sabe, o pronome 'eu' pertence a todos"[18]. De todo modo, a enunciação em *Les mille et une nuits*, tal qual nas *Noites*, constitui-se de um entremear de vozes, ora criando a impressão de que a narrativa narra-se a si mesma – como pela palavra do narrador extra-heterodiegético do prólogo-moldura – ora o narrador, mesmo ausente das aventuras que conta (heterodiegético), imprime sua presença, não nos deixando esquecer sua voz, a ponto de entrevê-lo nas vozes de ou-

---

16. Segundo Genette: "les événements racontés dans le récit [...] au second degré, seront dits *métadiégétiques*" (Genette, 1972, pp. 238-239).
17. *Idem*, p. 242.
18. Todorov, 1992, p. 92.

tros narradores – muitos dos quais têm suas vidas suspensas por um fio – como é o caso, primeiramente, da própria narradora Scheherazade, cuja permanência pode ser sentida por todo o livro.

Enquanto é mantida a divisão em noites na tradução de Galland[19], os contos de Scheherazade são intermediados pela primeira história do livro, o prólogo-moldura. O narrador extra-heterodiegético inicia as primeiras 69 noites registrando os reiterados pedidos de Dinarzade a sua irmã pela continuação da história da noite anterior, quando, então, Scheherazade toma a palavra, e desfia suas histórias noite adentro; porém, a partir da 70ª noite, os pedidos de Dinarzade desaparecem, deixando que Scheherazade tome diretamente a palavra, sem ser antecedida pela demanda de sua irmã[20]. Na versão de Galland, a heroína narra suas histórias noturnas e as interrompe no despontar do dia por 236 noites, durante as quais a voz do narrador extra-heterodiegético retorna, anunciando o amanhecer, a viva curiosidade do rei Schahriar e o consequente adiamento da execução de sua esposa; a sequência das histórias de Scheherazade, a partir da noite 236, passa a ocorrer sem a intermediação do prólogo-moldura, retomado somente no encerramento no livro. É importante lembrar que, no manuscrito em que Galland se baseou, a intermediação das histórias de Šahrâzâd pelos recorrentes fatos relacionados com o prólogo-moldura, ou seja, primeiramente, a solicitação da história por Dînârzâd e, a seguir, o anúncio do amanhecer e o adiamento da execução, é registrada pelo narrador extra-heterodiegético na totalidade das 282 noites que compõem o manuscrito: assim, o narrador registra 282 vezes o que ocorreu 282 vezes. Diferentemente, o narrador extra-heterodiegético de *Les mille et une nuits* não registra simetricamente em sua narrativa o número de ocorrências relacionadas com a primeira história do livro: a simetria ocorre somente nas primeiras 69 noites; a se-

---

19. Como já discutimos no primeiro capítulo deste trabalho, é possível discernir no cânone de Galland histórias que têm como fonte os manuscritos árabes das *Noites* (46%, segundo Mahdi) e as demais fontes que não pertencem a tais manuscritos (54%). No que tange à análise que faremos a partir de agora, empregaremos os termos "tradução de Galland" ou "tradução das *Noites*" com o objetivo de demarcarmos passagens de *Les mille et une nuits* que se reportam diretamente aos manuscritos árabes das *Noites* (o *Arabe 3609-3611* da BNP).
20. Cf. seção 3 do capítulo 1.

guir, suas emissões narrativas assumem apenas parcialmente os fatos que se repetem na história do prólogo-moldura durante as subsequentes 168 noites que ainda compõem a versão de Galland; quando, a partir de então, Scheherazade "narra sem ser interrompida"[21], embora, permaneçam, de modo intrínseco, os fatos da solicitação por Dinarzade, o anúncio do amanhecer e o adiamento da execução.

Os aspectos pertencentes ao domínio da composição da tradução das *Noites* acima destacados, ou seja, o prólogo-moldura, as narrativas ordenadas em intervalos de tempo e a mudança de vozes e níveis narrativos podem ser paralelamente identificados no conto de Nodier, "Os Quatro Talismãs". O texto é estruturado por diferentes histórias dispostas ao longo de três jornadas que se estendem ao período noturno, mais precisamente entre o jantar e o repouso, nas quais quatro homens contam o que lhes aconteceu nos últimos cinquenta anos. Na primeira jornada é narrada a "História de Douban, o Rico"; na segunda, a "História de Mahoud, o Sedutor"; por fim, a "História de Pirouz, o Sábio" e a "História de Ebid, o Benfeitor" compõem a terceira jornada. Porém, diferentemente da primeira noite de *Les mille et une nuits*, que se inicia após o prólogo-moldura, a primeira jornada reúne, sequencialmente, um quadro inicial – que também será definido por prólogo-moldura ao longo de nosso texto – e a primeira história do conto.

No quadro inicial de "Os Quatro Talismãs", um narrador extra-heterodiegético conta todos os fatos sem empregar, em nenhum momento – diferentemente do narrador extra-heterodiegético de *Les mille et une nuits* – o discurso direto, produzindo um "discurso narrativizado" ("discours narrativisé", ou "raconté")[22], ou seja, as ações ou as palavras das personagens são integradas à narração e tratadas como um fato entre outros; desse modo, o narrador diminui o efeito de sua distância em relação à história, mas, por outro lado, a amplia em relação às personagens, abrindo caminho para análises e comentários, como veremos adiante. Assim,

---

21. Galland, 1965, vol. II, p. 257.
22. Cf. Genette, 1972, p. 191.

no nível narrativo extradiegético, esse narrador apresenta a personagem conhecida como Benfeitor – um senhor bastante caridoso, da cidade de Damasco, habituado a receber todos os dias à sua mesa pessoas desfavorecidas pela vida – e narra o advento de três velhos mendicantes que se encontram, ao mesmo tempo, à sua porta. A seguir, o narrador conta todos os desdobramentos da reunião desses quatro senhores: o anfitrião manda seus escravos substituírem os pobres andrajos e os turbantes esfarrapados dos viajantes por vestimentas decentes, distribui uma bolsa repleta de ouro para cada um e os conduz à mesa do jantar, rodeada por seus belos, saudáveis e jovens filhos. Depois de terminada a refeição, o personagem Benfeitor pede aos três velhos que contem sua história; em seguida, como procede a tradução das *Noites*, há a suspensão do prólogo-moldura, e o narrador extra-heterodiegético cede sua voz às personagens, ocasionando a mudança de voz da terceira para a primeira pessoa e a constituição de um novo nível narrativo. Os senhores ali reunidos, inclusive o Benfeitor, tomam a palavra e, como narradores-protagonistas (intra-autodiegéticos[23]), contam aos seus respectivos ouvintes quem eram e o que lhes sucedera em sua vida para que se encontrassem naquela situação.

Nas últimas linhas do prólogo-moldura, o narrador, que até então havia mantido certa objetividade diante dos acontecimentos, conservando uma preponderante focalização externa – como Scheherazade e também o narrador extra-heterodiegético da tradução de Galland –, insere, brevemente, sua primeira análise acerca do comportamento de uma das personagens, iniciando a mudança da focalização externa para a focalização zero[24], ou seja, quando sabe mais que as personagens: "[...] o *Benfeitor* demandou-lhes sua história, não para satisfazer uma vã curiosidade, como o fazem a maioria dos homens, mas para se informar de um meio de ajudá-los em seus desígnios e de socorrê-los em suas tribulações"[25]. Nesse trecho, o narrador de-

---

23. O termo "autodiegético" refere-se à presença do narrador enquanto protagonista da história que conta (cf. Genette, 1972, p. 253).
24. "[...] où le narrateur en sait plus que le personnage, ou plus précisément en dit plus que n'en sait aucun des personnages" (Genette, 1972, p. 206).
25. Nodier, 1961, p. 723 (o grifo é do autor).

monstra seu conhecimento dos mais íntimos pensamentos e sentimentos do Benfeitor, conferindo à narração os primeiros sinais de sua onisciência.

Ao final da primeira jornada, após a narrativa da personagem Douban, há a retomada do prólogo-moldura; nesse momento, ocorre outra interferência do narrador, mas agora muito mais marcante, pois emprega os pronomes pessoais "eu" e "me" ao tecer comentários acerca da história que acabara de ser proferida por Douban: "Ainda que ela [a história] não *me* pareça muito divertida, o ancião Benfeitor de Damasco a havia escutado com tal atenção que *eu* mesmo não seria capaz de prestá-la, se *eu* fosse obrigado a relê-la"[26]. Como podemos perceber, a presença do narrador vai impondo-se num crescente, a ponto de fixar nesse fragmento do prólogo-moldura uma existência até então encoberta pela exclusiva utilização da terceira pessoa gramatical. Ao mesmo tempo em que sua presença se efetiva pelo emprego da primeira pessoa, ele também confere maior extensão aos seus comentários, de modo a não mais restringi-los à esfera de suas personagens, inserindo uma breve análise acerca de si mesmo: "*eu* mesmo não seria capaz de prestá-la"; além de registrar sua própria impressão sobre a história que, para ele, não lhe parece "muito divertida". Em linhas gerais, a partir do final da primeira jornada, nos momentos em que retoma a sua voz, o narrador do prólogo-moldura manifesta-se como algo que paira acima dos acontecimentos e tudo vê, comenta, analisa e critica, sem nenhuma neutralidade, mantendo a focalização zero ou a tradicionalmente conhecida onisciência – ou seja, o saber absoluto –, adotando um ponto de vista divino, capaz de adentrar no mais recôndito pensamento das personagens, a ponto de, na passagem acima citada, comentar sobre o teor da atenção que o ancião prestara na história de Douban: "o ancião Benfeitor de Damasco a havia escutado com tal atenção que eu mesmo não seria capaz de prestá-la". Além disso, o narrador, nas últimas linhas da primeira jornada, em um único e breve momento, sugere que a história de Douban, contada oralmente no contexto da narrativa, faz parte da esfera escrita, ao atentar para a casualidade de ser ele obrigado a reler a história dessa personagem: "o ancião Benfeitor de Damasco a

---

26. *Idem*, p. 742 (grifos nossos).

havia escutado com tal atenção que eu mesmo não seria capaz de prestá--la, se *eu* fosse obrigado a relê-la". A narração de Douban, criada inicialmente na esfera da oralidade, é agora esboçada como um texto literário, mas que o narrador, nesse momento, não fornece informações suficientes para ser, de fato, compreendida como tal.

Podemos, então, notar uma diferença substancial entre o narrador do prólogo-moldura de *Les mille et une nuits* e de "Os Quatro Talismãs": embora conservem uma preponderante narração em terceira pessoa, distinguem-se no aspecto da neutralidade. O narrador do conto de Nodier, bastante comum na primeira metade do século XIX e diferente daquele de Galland caracteriza-se pela intrusão, realizando comentários sobre as histórias individuais de cada personagem e interferências críticas em relação ao próprio texto.

Entretanto, a ordem de aparição na narrativa do narrador de "Os Quatro Talismãs" efetua-se semelhantemente àquela do narrador do prólogo--moldura – enquanto é mantida a divisão em noites – de *Les mille et une nuits*: ele inicia e finaliza cada uma das três jornadas, fazendo com que o texto seja estruturado por histórias entremeadas pelo quadro inicial. Desse modo, no nível extradiegético da primeira jornada, conforme já fora dito, o narrador procede como o narrador extra-heterodiegétco da tradução das *Noites*, estabelecendo onde (Damasco[27]), em que momento (após o jantar) e por quem (os viajantes) as histórias serão contadas. No início das duas jornadas seguintes, o narrador extra-heterodiegético de "Os Quatro Talismãs" menciona repetidamente os fatos, registrando-os simetricamente em sua narração – como o narrador extra-heterodiegético de *Les mille et une nuits*, durante as primeiras sessenta e nove noites –, tais como ocorreram na história: o narrador conta que os três mendicantes, nos dois dias seguintes,

---

27. Todo o texto indica que os três mendicantes chegam a Damasco e procuram a morada do personagem Benfeitor, estabelecida nessa mesma cidade. Há, no entanto, a indicação de Bagdá no que se refere à chegada de Douban e sua busca por ajuda na casa do Benfeitor, tal fato nos parece comprometer a coerência textual: "[...] et c'est dans cet état d'opprobre que je suis arrivé ce matin à Bagdad, attiré, seigneur, par la renommée de votre inépuisable compassion pour les misérables [...]" (Nodier 1961, p. 742). Para maiores esclarecimentos será necessário o cotejo com outras edições do conto que, até o momento, ainda não estão disponíveis.

reúnem-se novamente na casa do Benfeitor e, após o jantar, narram suas histórias. Ao final de todas as jornadas a voz do narrador retorna: nas duas primeiras ele, primeiramente, faz uma síntese da história que acabara de ser narrada para, em seguida, finalizar, mencionando o teor da atenção do velho Benfeitor e o encontro do dia seguinte; ademais, esse é também o momento em que introduz suas próprias palavras, pensamentos e percepções.

Nesse sentido, a sua presença na narrativa intensifica-se ao final da segunda jornada, quando não apenas comenta a atenção do Benfeitor diante da história de Mahoud, como também se dirige diretamente ao leitor, inferindo sobre sua atitude: "Ainda que ela não me pareça muito mais divertida que a primeira, o ancião benfeitor de Damasco a havia escutado com tanta atenção que *vós* mesmos, provavelmente, não a teríeis prestado, e eu *vos* rogo a não considerar essa observação uma reprimenda"[28]. Conforme Genette, tal implicação do narrador relaciona-se com uma função extranarrativa: a "função de comunicação"[29], quando o narrador se dirige diretamente ao narratário[30], ou seja, ao leitor virtual, nesse caso. Desse modo, cria-se um efeito de intimidade, fazendo parecer menor a distância entre o leitor, os fatos narrados e o próprio narrador, que, de modo irônico, demanda a atenção do narratário para o que está sendo contado. Ademais, poderíamos também pensar que o efeito de proximidade criado pelo narrador é auxiliado pela narração no pretérito imperfeito, o tempo da ação prolongada, ou repetida[31], cujos limites são imprecisos e, por isso, agiria também na narrativa influenciando no pretenso clima de intimidade entre o leitor e o texto.

O narrador do prólogo-moldura de "Os Quatro Talismãs", tal qual o da tradução das *Noites,* ao final da jornada comunica o encontro seguinte; desse modo, ele prepara as personagens, e consequentemente o leitor, para a próxima noite de histórias, anunciando, repetidamente, nas últimas

---

28. Nodier, 1961, p. 757 (grifos nossos).
29. Cf. Genette, 1972, p. 262.
30. Para Genette, o narratário, *grosso modo*, é uma figura textual do auditor ou do leitor (cf. Genette, 1972, pp. 265-267).
31. Cf. Bechara, 1982, p. 274.

linhas das duas primeiras jornadas: "Mas como a hora avançava, ele se levantou abençoando seus hóspedes, e adiando para o dia seguinte a continuação de seus relatos"[32]. Ao final da terceira, e última, jornada o narrador não mais anuncia um encontro entre as personagens, pois todos que estavam lá reunidos deixaram os seus relatos, de modo que as histórias do Benfeitor e dos três anciãos chegam ao fim; mas, feito esse desfecho, a voz do narrador do prólogo-moldura retorna, dirigindo sua narrativa para um fato novo e surpreendente. Esse narrador conta, muito rapidamente, que as quatro histórias lá presentes foram-lhe narradas, em sonho, por um gênio; porém, ao escrevê-las, não conseguira reproduzir o encanto com que ele as proferira:

> Aqui termina o discurso do ancião, e não se achará ruim que eu termine com ele. Eu lhe asseguro que há muito tempo tenho a necessidade disso, e sinto muito por tê-lo arrastado na demora de uma narração elanguescente, na qual eu me esforcei para deixar livre minha imaginação e minha pluma; mas o amável gênio que me conta essas histórias em meu sono havia emprestado a esta uma graciosidade que não encontrei ao escrever[33].

Primeiramente, esse trecho nos remete ao que Genette qualificou como metalepse, uma transgressão da fronteira entre dois níveis narrativos, em princípio estanques: "[...] toda intrusão do narrador ou do narratário extradiegético no universo diegético (ou de personagens diegéticas no universo metadiegético etc.) [...]"[34]. De fato, o narrador extra-heterodiegético de "Os Quatro Talismãs", embora tivesse realizado esporádicas incursões na narrativa – com a utilização da primeira pessoa para fins de comentários –, não havia, até esse momento, efetivado uma absoluta intrusão no nível intradiegético, ou seja, no nível do qual participam todas as personagens do conto. Mas, ao ser finalizada a última jornada, ele toma a palavra para contar *sua própria história* e revelar-se o senhor da

---

32. Nodier, 1961, pp. 742, 757.
33. *Idem*, pp. 771-772.
34. Genette, 1972, p. 244.

escritura e, portanto, um narrador-autor de todas as narrativas do conto, transgredindo os limites do nível extradiegético para tomar parte na narrativa, participando do nível intradiegético e tornando-se um narrador homodiegético. Suas brevíssimas incursões anteriores anunciavam, de certo modo, essa revelação final, quando, desde as últimas linhas da primeira jornada, fazia críticas ao texto e referia-se à narração de Douban como um texto literário ("se *eu* fosse obrigado a relê-la").

Outro aspecto que nos chama atenção nesse mesmo trecho é a ordem temporal. Nesse sentido, segundo Genette, a metalepse estrutura-se na narrativa junto aos demais elementos, como a desordem cronológica[35], uma "anacronia" [*anachronie*[36]] presente no trecho supracitado. Lembrando que a narrativa é uma sequência duas vezes temporal[37] – ou seja, há o tempo da história e o tempo da narrativa –, a "anacronia" corresponde, assim, às diferentes formas de discordância entre a sucessão dos fatos da história e a disposição dos mesmos na narrativa. Adquirindo, geralmente, um valor explicativo, a analepse, um dos tipos de "anacronia", apresenta-se como uma evocação posterior de um acontecimento anterior ao ponto em que a história se encontra[38]; algo que podemos identificar na passagem supracitada de "Os Quatro Talismãs": as narrativas contadas pelo gênio é um fato anterior ao ponto em que a história se encontra, ou seja, é anterior ao momento em que o narrador as finaliza por escrito. Desse modo, tal extrato adquire um sentido explicativo para todo o conto, pois, além de informar a origem das histórias, também revela que todas as narrativas ali presentes são uma elaboração literária, uma obra cujo autor é o próprio narrador.

Tais revelações do narrador do prólogo-moldura de "Os Quatro Talismãs" mostram que a sucessão dos fatos da história não aparece igualmente disposta na narrativa. A ordem do enunciado (ou da narrativa), por sua vez, pode ser dada, nesse caso, pelo aparecimento dos conta-

---

35. Cf. Genette, 1972, p. 244, nota 4.
36. *Idem*, pp. 78-89.
37. *Idem*, p. 77.
38. *Idem*, p. 82.

dores (que correspondem às vozes narrativas ou à enunciação); desse modo, chamaremos A o narrador do prólogo-moldura; B, C, D e E, respectivamente, os narradores Douban, Mahoud, Pirouz e o Benfeitor; F, o gênio, cuja narração, embora não se manifeste diretamente no conto, é também um constituinte da narrativa. Até o momento anterior à revelação, a ordem de aparição dos narradores na narrativa processa-se do seguinte modo: o narrador A conta que as personagens B, C, D e E contam; e tal sequência parece acompanhar a ordem cronológica da história – indicada pelos algarismos arábicos –, sendo assim, colocando-os lado a lado, temos: A1 – B2 – C3 – D4 – E5. Porém, após a revelação, aparece, na narrativa mais um narrador, o gênio, mas que, na ordem temporal da história, é situado como o primeiro contador. Nessa nova situação, colocando par a par o aparecimento dos contadores na narrativa e a sequência cronológica da história, temos: A2 – B3 – C4 – D5 – E6 – F1; vejamos que a ordem de aparecimento dos narradores na narrativa não corresponde àquela da história, que, então, apresenta-se na seguinte ordem cronológica: F conta a A que conta que as personagens B, C, D e E contam.

Além dos aspectos da técnica narrativa do trecho supracitado, há também outro elemento que o constitui e, ao mesmo tempo, caracteriza a composição narrativa de Nodier: o sonho ("mas o amável gênio que me conta essas histórias em meu sono"). Nesse sentido, todas as narrativas do conto, ou seja, as histórias de Douban, Mahoud, Pirouz e Ebid, engendradas pelo maravilhoso, pertencem ao mundo onírico do narrador. Conforme assinalamos anteriormente, o sonho era, para Nodier, uma fonte essencial e enriquecedora para a imaginação do poeta, conforme registrou no ensaio "Alguns Fenômenos do Sono" ["De quelques phénomènes du sommeil"] (1831):

> É lá [no sono] que nasce a concepção imortal do artista e do poeta; é lá que Hesíodo desperta, lábios perfumados do mel das musas; Homero, olhos abertos pelas ninfas do Meles; e Milton, coração arrebatado pelo último olhar de uma beleza que ele jamais reencontrou. Ah! onde reencontrariam os amores e as belezas do sono! – Tire do gênio as visões do mundo maravilhoso, e tirar-lhe-á suas asas. O mapa do

universo imaginário somente é traçado nos sonhos. O universo sensível é infinitamente pequeno[39].

O sonho, desse modo, é uma forma de relato feito pela consciência, um verdadeiro "eu" do poeta pelo qual nasce sua concepção artística e sua obra de arte; semelhante ideia parece-nos estar presente na figura do narrador-autor de "Os Quatro Talismãs", pois, em uníssono com a concepção de Nodier, ele aproveita em sua obra o poder, a riqueza e a lucidez desse estado da mente para compô-la. Também é significativo notar que, de acordo com o narrador, as histórias lhe são *contadas* oralmente em seu sonho – para, a seguir, ele vertê-las para a forma escrita –, erigindo-se, nesse momento, a imagem de um exímio contador de histórias, que – na mesma tônica das narrativas maravilhosas dos narradores do nível intradiegético do conto – aparece-lhe na forma de um amável gênio. Notemos que, nesse breve fragmento, Nodier reuniu dois importantes elementos que estão na raiz de sua concepção literária: o sonho como desencadeador de acontecimentos fantásticos e fonte para imaginação criadora do poeta; e a singular figura do contador de histórias que, ao conferir graciosidade aos fatos narrados, arrebata a atenção de seu público, que, no contexto, é o próprio narrador ("o amável gênio que me conta essas histórias em meu sono havia emprestado a esta uma graciosidade [...]").

O prólogo-moldura de "Os Quatro Talismãs" apresenta ainda outro elemento de caráter singular. Após revelar-se senhor da escritura, o narrador faz referência a um talismã, diretamente ligado à propriedade de conceder-lhe a "indulgência" do leitor: "Vós julgareis se é chegada a época em que devo renunciar à suas promessas [do gênio], quando saberei de vós se também perdi o modesto talismã que, por vezes, obteve para mim fracos direitos à vossa indulgência"[40]. Em primeiro lugar, é significativo observar que esse trecho evoca a atmosfera maravilhosa presente nas narrativas proferidas por Douban, Mahoud e Pirouz; pois, conforme suas histórias, cada um deles recebeu do gênio da montanha do Caf um talis-

---

39. Nodier, 1970ª, p. 142. (A observação entre colchetes é nossa.)
40. *Idem*, 1961, p. 772. (A observação entre colchetes é nossa.)

mã mágico, sob a promessa de que adquiririam poderes especiais, porém, em certo momento, todos sofrem a perda dos poderes de seus respectivos objetos mágicos. O narrador, por sua vez, menciona as promessas do gênio, sugerindo que ele próprio teria em mãos um talismã, e questiona ao leitor se, como ocorrera com as personagens intradiegéticas, seu objeto também perdera o poder: "eu devo renunciar a suas promessas, quando saberei de vós se *também* perdi o modesto talismã que, por vezes, obteve para mim fracos direitos à vossa indulgência"[41]. Porém, o questionamento não deixa de ser ambíguo porque, anteriormente, o narrador já havia revelado que todas as narrativas e, portanto, todos os acontecimentos ali registrados provinham de seu sonho; do mesmo modo, a propriedade do talismã não fica muito clara, pois somente nos é dito que ele confere ao narrador "fracos direitos à vossa indulgência", ou melhor, a complacência do leitor. Nesse momento, sonho e realidade parecem confundir-se, pois os fatos do universo onírico são evocados no estado de vigília, remetendo-nos ao que Nodier descreveu como história fantástica vaga: "que deixa a alma suspensa em uma dúvida sonhadora e melancólica, embala como uma melodia e adormece como um sonho"[42].

Paralelamente à proposição de Nodier de "história fantástica vaga" – que "deixa a alma suspensa na dúvida" –, está o que Todorov considerou o fantástico puro, como já anunciamos no capítulo anterior, em que a dúvida ou a "*hesitação do leitor* é [...] a primeira condição do fantástico"[43]. Nesse sentido, o leitor hesita entre a explicação racional e a aceitação do sobrenatural; o fantástico ocorre nessa incerteza, de modo que, ao escolher uma ou outra resposta, o fantástico deixa de existir, para adentrar outro gênero vizinho, o estranho ou o maravilhoso[44]. Em "Os Quatro Talismãs", o narrador-autor explica que todas as narrativas do conto – todas imbuídas pelos elementos do gênero maravilhoso – foram escritas a partir de seu sonho, o que, segundo Todo-

---

41. Grifo nosso.
42. Nodier, 1961, p. 330.
43. Todorov, 1992, p. 37.
44. Cf. seção 4 do capítulo 2.

rov, corresponde a uma explicação racional que não provoca qualquer hesitação no leitor. Porém, as subsequentes alusões do narrador-autor a um gênio contador de histórias e ao talismã – pertencentes ao universo do sonho – durante o estado de vigília criam certa ambiguidade que, de fato, provoca a hesitação.

Desse modo, as palavras finais do narrador-autor não definem exatamente os limites entre o irreal e o real, o sonho e a vigília, o que impossibilita a opção do leitor entre os dois universos possíveis e o conduz ao âmago do fantástico, gerando uma ressonante incerteza, que, conforme Nodier, "deixa a alma suspensa em uma dúvida". O narrador-autor do prólogo-moldura engendra, então, níveis narrativos com gêneros vizinhos: o maravilhoso ou a "história fantástica falsa" – respectivamente, segundo os termos de Todorov e Nodier – que se desenvolve no nível metadiegético, em que desenrolam os fatos contados pelos narradores intra--autodiegéticos Douban, Mahoud, Pirouz e o Benfeitor; e o fantástico ou a "história fantástica vaga", que se processa durante a total intrusão do narrador no nível intradiegético, ao final do conto.

Ao lado da incerteza do leitor, permanece uma outra questão: o narrador-autor é um bom contador de histórias? Ele faz esse questionamento ao leitor e espera pelo dia de sua resposta, convergindo, nesse momento, o tempo da narrativa e o tempo da história: "É preciso mesmo que esse dia chegue e, talvez, ele tenha chegado"[45]. Com tais palavras, o conto chega ao final, mas a pergunta permanece, ressonante, sem deixar que o texto se feche formalmente. Desse modo, ele cria uma unidade de sentido a partir do que parece fragmentado, e mesmo inacabado, de forma que, embora o conto chegue ao final, o contato estabelecido entre o narrador e o leitor permaneça.

Ao lado desse caráter inacabado do conto romântico, não estaria descartada a hipótese de que, ao final, o texto realiza um confronto entre dois elementos em oposição: de um lado, o leitor, que, ironicamente, é o detentor da palavra final; de outro, o narrador-autor, que aguarda a palavra capaz de conceder-lhe, ou negar-lhe, a permanência como contador

---

45. Nodier, 1961, p. 772.

de histórias. Desse modo, uma palavra de sentido positivo por parte do leitor direcionaria o texto para os demais dias de histórias. Por essa perspectiva, o conto, em sua finalização dialética, parece deixar nas mãos do leitor a possibilidade de uma nova jornada, cabendo-lhe julgar e decidir se o que o narrador chama de talismã ainda se conserva intacto e, logo, apto a conceder ao narrador-autor a propriedade de manter-se escrevendo novas histórias.

Ao chegar ao final dessa primeira análise comparada, que se detêve tanto no âmbito da descrição de elementos da técnica narrativa do prólogo-moldura de "Os Quatro Talismãs" e de *Les mille et une nuits*, como em determinados aspectos da composição de Nodier, podemos observar que o conto do século XIX compartilha com a tradução das *Noites*, de Galland, determinadas semelhanças e diferenças. Primeiramente, na esfera das semelhanças, percebemos a existência de narrativas ordenadas no período noturno: o texto de Galland, enquanto permanece em consonância com as *Noites* árabes, divide-se em noites e, do mesmo modo, o conto de Nodier apropria-se desse caráter ao perfazer-se em jornadas, mantendo o tom de histórias narradas à noite. Outro ponto é a mudança da voz narrativa: as histórias noturnas de "Os Quatro Talismãs" são contadas pelas próprias personagens, e nesse sentido, como já fora dito, o narrador incorpora a estrutura narrativa da tradução das *Noites* – lembrando-nos, essencialmente, da principal narradora da obra, a Scheherazade de Galland, ou a própria Šahrâzâd das *Noites* –, ao ceder sua voz para que as personagens também desempenhem o papel de contadoras de histórias, atividade que, conforme já observamos, o próprio Nodier admirava e brilhantemente desempenhara no salão do Arsenal. Na verdade, o texto de Nodier parece privilegiar a arte de contar, pois, além dos narradores-protagonistas (intra-autodiegéticos) que constituem o conto – Douban, Mahoud, Pirouz e o Benfeitor –, no desfecho do texto são também revelados mais dois contadores: o próprio narrador, que conta as histórias através da forma escrita, e o gênio, um exímio contador oral, mas que apenas sabemos existir por intermédio do narrador. Desse modo, o encadeamento de narradores no conto francês aparece como mais uma apropriação de *Les mille et une nuits*; porém, adentrando o campo das diferenças, podemos perceber que o conto de Nodier dá um salto e transforma a estrutura encadeada do modelo vigente ao inverter a ordem da enunciação – o gênio que conta ao narrador que conta que tal personagem conta – somente no desfecho da narrativa, criando, de modo surpreendente, uma nova unidade de sentido no texto.

A intermediação do narrador do prólogo-moldura entre as noites de histórias e o modo repetido com que anuncia o encontro do dia seguinte referencia também uma estrutura semelhante do conto francês em relação ao texto de Galland, enquanto é mantida a divisão em noites. No entanto, podemos verificar que, nessa mesma estrutura, a presença do narrador de "Os Quatro Talismãs" vai-se tornando cada vez mais marcante, ao contrário do que ocorre em *Les mille et une nuits*, em que o narrador do nível extradiegético é, notadamente, impessoal. A onisciência do narrador do prólogo-moldura francês vai sendo construída num crescente, de modo que, como um demiurgo, capta os pensamentos e percepções das personagens; realiza comentários e críticas sobre o próprio texto; declara-se autor do conto; e, por fim, estabelece um contato direto com o leitor, suscitando, em todas essas situações, traços bastante comuns às funções do narrador no século XIX[46]. Esse mesmo narrador traz também uma outra singularidade do Romantismo: através dele podemos entrever a figura do próprio Nodier[47], que, como sabemos, deixa registros em contos e prefácios de suas reflexões sobre as possibilidades da narrativa, a atividade do escritor e, mesmo, do crítico. Nesse sentido, embora Nodier tenha-se apropriado da técnica das *Noites* – histórias intermediadas pelo narrador do prólogo-moldura –, ele não conservou o traço impessoal do narrador "mileumanoitesco"; ao contrário disso, Nodier engendrou a composição

---

46. L. C. M. Leite, *O Foco Narrativo,* São Paulo, Ática, 2005, p. 29 (Série Princípios).
47. No romantismo, a criação é um meio de seu próprio criador exprimir-se subjetivamente: a "criação, como tal, serve apenas de recurso, de via de comunicação para mensagem interior do criador. Quanto mais impregnada deste elemento, melhor será, não importando se é bem acabada, concluída, se constitui uma representação fiel e agradável de seu objeto. Contanto que o artista tenha conseguido exprimir-se,'confessar-se' por seu intermédio, ela está realizada. O que vale, portanto, é a subjetividade do autor [...]". J. Guinsburg & A. Rosenfeld, "Um Encerramento", em J. Guinsburg (org.), *O Romantismo,* São Paulo, Perspectiva, 2005, p. 276.

narrativa do prólogo-moldura de acordo com suas particularidades individuais e com a tendência literária do século XIX, o Romantismo. Afinal o conceito de "influência" – que aqui entendemos por apropriação – sempre acarreta uma transformação criadora do modelo emprestado: como assinalou Zhirmunsky, "cada influência ideológica (e, por conseguinte, literária) é um fato social historicamente condicionado e determinado pelo desenvolvimento interno da literatura nacional em questão"[48]; daí a apropriação adequar-se ao contexto literário, histórico, nacional e social da literatura receptora, e, ao mesmo tempo, num âmbito mais restrito, ajustar-se às particularidades individuais do autor. Assim, podemos concluir nossa análise dizendo que Nodier edificou "Os Quatro Talismãs" de maneira muito semelhante a *Les mille et une nuits* e, claro, às *Noites*, de modo que, ao ler o conto francês, imediatamente nos remetemos a este cânone da literatura; no entanto, no processo de apropriação, os elementos sofrem transformações que acabam por imprimir os traços individuais de Nodier e da tradição literária à qual ele pertence, ou seja, o Romantismo.

2. Os motivos

O universo maravilhoso do qual participam as personagens intra-autodiegéticas de "Os Quatro Talismãs" é bastante próprio daquele de *Les mille et une nuits*, e, do mesmo modo, elas vivenciam situações comumente experimentadas por diversas personagens que engendram as noites do cânone de Galland. Nesse sentido, nossa análise irá observar, comparativamente a determinadas histórias de *Les mille et une nuits*[49], os motivos e

---

48. V. M. Zhirmunsky, "Sobre o Estudo da Literatura Comparada", em E. F. Coutinho & T. F. Carvalhal (orgs.), *Literatura Comparada: Textos Fundadores,* Rio de Janeiro, Rocco, 1994, p. 207.
49. Conforme já anunciamos anteriormente, selecionamos para nossa análise os seguintes contos das *Nuits* de Galland: "Histoire du pêcheur" e sua narrativa encaixada "Histoire du roi grec et du médecin Douban"; "Histoire de trois calenders fils de rois et de cinq dames de Bagdad" com sua narrativa encaixada "Histoire du seconde calender"; "Histoire du petit bossu" e a história encaixada "Histoire que raconta le marchand chrétien" – todas vertidas do manuscrito "Arabe 3609-3611" –; "Histoire d'Aladdin" e "Histoire de l'aveugle Baba-Abdalla – traduzidas por Galland a partir dos escritos de H'annâ.

os contextos pelos quais eles emergem desse universo maravilhoso, constituindo a narrativa de "Os Quatro Talismãs". Tendo em vista que motivo "é um elemento que constitui um episódio completo [...] como os atos de magia, as metamorfoses, os naufrágios [...]"[50] – ou seja, é um elemento material pelo qual se constrói a narrativa[51] –, delimitaremos os motivos comuns, presentes no conto de Nodier e nos contos que selecionamos de *Les mille et une nuits*, com base no ensaio de classificação dos motivos, elaborado por Elisséeff, observando suas semelhanças e diferenças.

No prólogo-moldura de "Os Quatro Talismãs", o encontro dos três velhos mendigos e forasteiros Douban, Mahoud, Pirouz com o generoso ancião de Damasco, conhecido como Benfeitor – epíteto que mantém velada a identidade dessa personagem, cujo nome é Ebid, durante a quase totalidade do conto –, é promovido pela hospitalidade que este oferece em sua casa, diante da solicitação dos três pedintes: "Um dia, três viajantes em muito mau estado e esgotados pela idade, fadiga e miséria encontraram-se ao mesmo tempo em sua porta [do Benfeitor] para pedir hospitalidade [...]"[52]. Depois de eles compartilharem a refeição, o anfitrião solicita que os três velhos contem suas histórias, não para satisfazer uma simples curiosidade, mas para encontrar um meio de ajudá-los: "Quando terminaram a refeição [...] o *Benfeitor* demandou-lhes sua história, não para satisfazer uma vã curiosidade, como o fazem a maioria dos homens, mas para se informar de um meio de ajudá-los em seus desígnios e de socorrê-los em suas tribulações"[53]. Nesse primeiro nível narrativo, o prólogo-moldura, é possível identificarmos na ocasião da hospitalidade o motivo, presente na classificação de Elisséeff, "graça obtida contando uma ou mais histórias"[54], que pode ser paralelamente observado, em situação bastante semelhante, na "História dos

---

50. Nikita Elisséeff, *Thèmes et motifs des* Mille et une nuits: *Essai de classification*, Beyrouth, Librairie Orientale et Américaine Max Besson, 1949, p. 85.
51. Cf. Louis Vax, "Thèmes, motifs et schèmes", *La séduction de l'étrange,* Paris, Presses Universitaires de France, 1965.
52. Nodier, 1961, p. 722.
53. *Idem*, p. 723.
54. Elisséeff, 1949, p. 128.

Três Calândares Filhos de Rei e das Cinco Damas de Bagdá" ["Histoire de trois calenders fils de roi et de cinq dames de Bagdad"], de *Les mille et une nuits*.

Na 32ª noite, três calândares[55] estrangeiros que acabam de chegar a Bagdá, todos sem o olho direito, com cabeça, barba e sobrancelhas raspadas, solicitam hospitalidade em uma casa, onde três moradoras[56] desfrutam um banquete em companhia de um carregador de compras:

> Há, à nossa porta, três calândares [...] todos são cegos do olho direito e têm a cabeça, a barba e as sobrancelhas raspadas. Dizem que acabaram de chegar a Bagdá, onde nunca estiveram; e como já é noite, e não sabem onde hospedar-se, bateram por acaso em nossa porta, e rogam-nos, pelo amor de Deus, que tenhamos a caridade de recebê-los[57].

A dona da casa os hospeda, porém, com a condição de que não falem nada sobre o que não lhes diga respeito. Depois de participarem do banquete, os calândares, junto aos demais participantes do festim, presenciam estranhos e atrozes acontecimentos na casa, de modo a quebrarem o compromisso de nada questionar; como punição, a dona da casa impõe-lhes uma pena de morte da qual, entretanto, poderiam ser poupados desde que contassem sua história e o motivo que os havia trazido àquela casa: "Aos que nos contarem sua história e a razão que os trouxeram a esta casa não fareis mal, deixai-os ir para onde quiserem; mas não poupeis os que se recusarem a dar-nos tal satisfação..."[58].

---

55. Trata-se de indivíduos que pertencem a uma confraria de dervixes mendicantes fundada por um asceta andaluz chamado Qalandar Yûsuf (cf. Jarouche, 2005, p. 121, nota 87).
56. Galland, diferentemente do que ocorre nos manuscritos árabes, nomeou as três damas com o intento de escapar das confusões que o original apresenta. À responsável pela compra dos alimentos para o banquete ele atribuiu o nome Amine (pelo fato dela ser a esposa do príncipe Al-Âmin, filho do califa); à dona da casa, Zobéide (porque no conto ela se casa com a personagem do califa Hârûn Arrašîd, que na verdade é uma figura histórica, cuja esposa se chamava Zubayda); e à responsável por atender a porta, batizou Safie, nome cuja motivação certa não se conhece (cf. C. Bremond, "En deçà et au-delà d'un conte. Le devenir des thémes", em J. E. Bencheikh; C. Bremond & A. Miquel, *Mille et un contes de la nuit,* Paris, Gallimard, 1991, p. 83, nota 1).
57. Galland, 1965, vol. I, pp. 121-122.
58. *Idem*, p. 134.

Nas *Noites*, como em suas traduções, a necessidade de contar uma ou mais histórias, para salvar a vida de si mesmo ou de outrem, constitui um motivo que Elisséeff registrou em seu ensaio de classificação como "graça obtida contando uma ou mais histórias" – aliás, um motivo central da obra, reiterado em várias narrativas[59]. Este motivo, como podemos perceber, está em "Os Quatro Talismãs", e ele emerge de um contexto bastante próximo daquele da "História dos Três Calândares Filhos de Rei e das Cinco Damas de Bagdá", traduzida por Galland: três estrangeiros com características similares que solicitam acolhida simultaneamente; porém, enquanto no conto traduzido pelo orientalista a solicitação de uma história tem sua origem na necessidade de uma explicação, e mesmo de uma curiosidade de quem a solicita, em "Os Quatro Talismãs", ela não se faz pela mesma razão, pois o Benfeitor não quer "satisfazer uma vã curiosidade, como o fazem a maioria dos homens", ele solicita a narrativa de seus hóspedes tão somente para poder ajudá-los. De todo modo, tanto os três mendigos como os três calândares tomarão a palavra e, através dela, alcançarão uma graça, seja na forma assistencial – conforme sugere o narrador de "Os Quatro Talismãs" –, seja na forma da revogação de uma pena de morte, mas ambas associadas à preservação da vida. Tal motivo desencadeará a narração na voz das próprias personagens, que descortinarão aos seus ouvintes – e a nós leitores, é claro – a sua face, a sua origem e as razões que os conduziram àquele estado[60]. As condições peculiares dos três mendigos – miseravelmente vestidos, com roupas e turbantes esfarrapados –, bem como dos três calândares – todos sem o olho direito –, já dão indicações de que contarão seus infortúnios, como de fato ocorre; porém, comparativamente,

---

59. O prólogo-moldura, "Le marchand et le génie", "Histoire du pecheur", "Les trois pommes" e "Histoire du petit bossu" são outras narrativas das *Nuits* de Galland que detêm esse mesmo motivo (cf. Elisséeff, 1949, pp. 111 e 126).
60. Como já nos referimos na seção anterior, as personagens, ao tomarem a palavra para contar uma história, dela própria ou de outrem, geram um segundo grau narrativo: o nível metadiegético, cuja narrativa pode ter a função explicativa, como é o caso das narrativas que serão proferidas pelos mendigos e pelos calândares. Conforme sugeriu Genette, "tous ces récits répondent, explicitement ou non, à une question du type 'Quels événements ont conduit à la situation présente?'. Le plus souvent, la curiosité de l'auditoire intradiegétique n'est qu'un pretexte pour répondre à celle du lecteur [...]" (cf. Genette, 1972, p. 242).

os motivos que conduzem os três mendigos a essa situação presente não correspondem exatamente àqueles dos três calândares.

À medida que Douban[61], Mahoud e Pirouz narram suas respectivas histórias ao anfitrião, vai-se revelando, sucessivamente, a cada noite, que eles são, na verdade, irmãos, fato que desconheciam ao se encontrarem simultaneamente à porta do Benfeitor. Suas narrativas revelam, assim, sua origem, sua separação e o que lhes aconteceu depois de tomarem caminhos diferentes.

Os três velhos, nascidos na Pérsia[62] – curiosamente, um dos lugares mais citados nas *Noites*[63] e, portanto, em *Les mille et une nuits* –, quando jovens, foram deixados junto com o irmão Ebid, ainda criança, pela madrasta em uma grande e escura floresta, que Douban pensa ser mágica: "[...] e não duvido que essa floresta, a qual serve de cinturão à montanha do Caf e, também, de cinturão do mundo, fosse mágica"[64]. Ao se verem sozinhos nessa floresta, com exceção de Ebid, que estava mergulhado no sono, gritaram muito, o que fez surgir a sua frente um enorme gênio, de aspecto assustador, mas de modos graciosos: "Era um gênio de mais de vinte côvados de altura[65], cujo único olho brilhava como uma estrela de fogo, e os passos ressoavam sobre a terra como rochas caindo da montanha. Mas é preciso

---

61. Nome de origem persa. Em *Les mille et une nuits*, a referência a esse nome ocorre na "Histoire du pêcheur", mais precisamente em sua narrativa encaixada "Histoire du roi grec et du médicin Douban"; não há, entretanto, qualquer outro ponto comum entre as personagens a não ser sua nomenclatura.
62. Conforme a narrativa, eles nasceram em "Fardan", uma cidadezinha do "Fitzistan", pertencente ao reino da Pérsia (atual Irã). Não encontramos qualquer referência a tais localidades na antiga Pérsia, sendo, provavelmente, locais criados por Nodier.
63. Segundo Miquel, "incontestablement, donc, l'Iran est un des acteurs premiers des *Nuits* [...] Ctésiphon conquise est le symbole du rattachement du monde et du devenir iraniens à l'Islam, réalisé par les Arabes [...] le Khurâsân est le pays qui joue le rôle clé dans l'avènement, au milieu du IIe/VIIIe siècle, de la dynastie abbasside, sous laquelle s'engagent le concert, mais aussi le débat, voire l'affrontement des héritages arabe et iranien. Ainsi s'explique le chiffre, élevé celui-là, qui signe globalement la présence de la Perse ou plutôt – car ils constituent la majorité des citations – des Persans: cent cinquante occurrences environ" (cf. A. Miquel, "Les territoires du conte", em J. E. Bencheikh; C. Bremond & A. Miquel, *Mille et un contes de la nuit*, Paris, Gallimard, 1991, p. 60).
64. Nodier, 1961, pp. 723-724.
65. O côvado é uma antiga medida que valia, aproximadamente, 50 centímetros. O tamanho do gênio era, portanto, por volta de 10 metros de altura.

admitir que ele tinha uma voz doce e modos graciosos"[66]. O gênio, por sua vez, lhes agradeceu e contou-lhes o que acabara de ocorrer:

> "O grifo saiu sem que ninguém mandasse e sem se fazer rogar assim que vos ouviu; e, certamente, não ignorais [...] que meu mestre, o rei Salomão, enganado pelas falsas relações com esse animal, havia-lhe dado a autoridade soberana sobre meus estados até o dia em que uma voz humana viesse quebrar o silêncio dessa solidão."[67]

Nesses três fragmentos de texto, extraídos da narrativa de Douban, podemos identificar importantes apropriações feitas por Nodier, que, inclusive, parecem-nos ultrapassar os limites de *Les mille et une nuits*. Em primeiro lugar, Douban faz referência a uma região do imaginário árabe, a montanha Qâf, que rodeia a terra, estendendo-se além de todos os limites conhecidos, e onde abriga seres sobrenaturais[68]; este local maravilhoso está nas *Noites*[69], mas, na verdade, não é mencionado nas *Nuits* de Galland. Conforme Larzul, o orientalista teria traduzido a montanha imaginária somente pelo termo "Cáucaso"[70], o que nos levaria a pensar que talvez Nodier, sendo um erudito interessado pela literatura oriental, não tivesse somente como referência *Les mille et une nuits*. De todo modo, no conto de Nodier, é na montanha do Caf, tomada tal e qual do imaginário árabe, que surge um ser sobrenatural na história de Douban: o gênio, cuja autoridade soberana sobre seus próprios estados fora-lhe tirada por Salomão, e que, até então, aguardava uma intervenção humana para poder retomar o que perdera.

O motivo do gênio[71] é algo recorrente em *Les mille et une nuits*, mas a circunstância pela qual ele é inserido na narrativa de "Os Quatro Talismãs" nos remete imediatamente a determinado episódio da "História do

---

66. Nodier, 1961, p. 724.
67. *Idem, ibidem*.
68. Cf. Miquel, 1991, p. 67.
69. Cf. Elisséeff, 1949, p. 177.
70. Cf. Larzul, 1996, p. 60. Como exemplo, temos a seguinte passagem de "Histoire d'Aladdin": "Princesse, répondit la fausse Fatime, c'est un oiseau d'une grandeur prodigieuse, qui habite au plus haut du mont Caucase [...]" (cf. Galland, 1965, vol. III, p. 174).
71. Cf. Elisséeff, 1949, pp. 127 e 183.

Pescador" ["Histoire du pêcheur"], no momento em que o gênio do vaso de cobre é libertado pelo pescador e, a seguir, como é comum nas personagens "mileumanoitescas", conta sua história:

[...] disse o gênio [...]:
"Sou um dos espíritos rebeldes que se opuseram à vontade de Deus. Todos os outros gênios reconheceram o grande Salomão, profeta de Deus, e a ele se submeteram. Nós fomos os únicos, Sacar e eu, que não quisemos fazer essa baixeza. Para vingar-se, esse poderoso monarca encarregou Assaf, filho de Barakhia, seu primeiro--ministro, de ir prender-me. Isso foi executado [...] Salomão, filho de Davi, ordenou--me que abandonasse meu estilo de vida, reconhecesse seu poder e me submetesse às suas ordens. Eu recusei, abertamente, a obedecê-lo. [...] Para me punir, encerrou-me nesse vaso de cobre; e, a fim de me dominar e para eu não poder forçar a prisão, ele mesmo imprimiu sobre a tampa de chumbo seu sinete, onde está gravado o nome de Deus. Feito isso, ele colocou o vaso nas mãos de um dos gênios [...] com a ordem de me lançar ao mar, apesar da minha tristeza, isso foi feito. Durante o primeiro século do meu aprisionamento, eu jurei que, se alguém me libertasse antes de acabar os cem anos, eu o tornaria rico, mesmo após sua morte. Mas o século passou, e ninguém me prestou esse bom serviço. [...] No terceiro, eu prometi fazer do meu libertador poderoso monarca [...] conceder-lhe a cada dia três desejos, de qualquer natureza. [...] Enfim, desgostoso, ou melhor, enraivecido por me ver prisioneiro por tão longo tempo, jurei que, a partir de então, se alguém me libertasse, eu o mataria impiedosamente e não lhe concederia outra graça senão a de escolher o tipo de morte pelo qual morreria. Eis por que, visto que vieste aqui hoje e me libertaste, apenas te resta escolher como queres que eu te mate"[72].

Como podemos notar, na tradução das *Noites*, a pena de Salomão envolve a perda da liberdade física: o gênio é encerrado em um vaso de cobre lacrado com o próprio sinete do filho de Davi; diferentemente, em "Os Quatro Talismãs", a punição envolve a perda do controle do gênio sobre seus próprios domínios. Por outro lado, em ambos os casos, a pena de Salomão aponta para um significado comum, ou seja, a perda do poder de ação dos gênios; e a restituição desse poder, por sua vez, depende da intervenção humana, seja pela voz – o grito – ou pela ação – abrir o

---

72. Galland, 1965, pp. 67-68.

vaso lacrado. Outro fato a ser observado é a natureza desses seres sobrenaturais. Diferentemente do gênio da "História do Pescador", o gênio de "Os Quatro Talismãs" não é marcado pela rebeldia; ao contrário disso, ele reconhece Salomão como seu senhor ("meu senhor, o rei Salomão") e, mantendo a tradição de que o filho de Davi detém o poder sobre as criaturas sobre-humanas e animais, como ocorre na tradução das *Noites*, ele perde seu poder pelas mãos do rei Salomão, porém, através da interferência de um animal que *Les mille et une nuits* não conhece: o grifo[73], uma ave fabulosa, que está no universo mítico greco-latino como um símbolo da vigilância e da força, consagrada na Grécia aos deuses Apolo e Ártemis.

Não podemos deixar de lembrar que, paralelamente, em *Les mille et une nuits*, de Galland, há também a referência a uma relação de autoridade entre uma ave gigantesca da mitologia árabe – o pássaro roque, ou roca [*rukh*], que aparece em diversas histórias[74] do livro – e um gênio; tal fato está em um pequeno episódio da "História de Aladdin" ["Histoire d'Aladdin"], um conto que Galland inseriu em seu cânone. Nesse conto, o pássaro maravilhoso habita, tal como ocorre em "Os Quatro Talismãs", um local retirado, praticamente inatingível, o ponto mais alto do Cáucaso[75]: "[...] qual pássaro é o roque, e onde se poderá encontrar um ovo desse? – Princesa, respondeu a falsa Fátima, é um pássaro gigantesco, que habita o mais alto do monte Cáucaso [...]"[76]. Quanto à relação entre o gênio e a ave, ela pode ser identificada no momento em que Aladdin solicita ao gênio da lâmpada um ovo do pássaro roque, para dependurá-lo no meio da cúpula de um salão de seu palácio, e ele lhe responde:

---

73. A palavra provém do latim *gryphus* (ou *grypus*), derivada do grego, que significa "ave fabulosa" e, também, "ave de rapina". O animal fabuloso possui cabeça, bico e asas de águia e corpo de leão; na Grécia era consagrado a Apolo e a Ártemis, simbolizando a vigilância e a força (cf. A. G. da Cunha, *Dicionário Etimológico Nova Fronteira,* Rio de Janeiro, Nova Fronteira, 1996, p. 395. e H. Lexicon, *Dicionário de Símbolos,* São Paulo, Cultrix, 1997, p. 107).
74. Além da "Histoire de Aladdin", podemos citar: "Histoire du troisième calênder", "Seconde voyage de Sindbad" e "Cinquième voyage de Sindbad" (cf. Elisséeff, 1949, pp. 180-181).
75. Conforme já mencionamos anteriormente, tal espaço identificado por Larzul como a montanha Qâf.
76. Galland, 1965, vol. III, p. 174.

"Como? Miserável, disse-lhe o gênio com uma voz capaz de fazer tremer o mais valente dos homens, não te basta tudo o que meus companheiros e eu temos feito em tua consideração, para me pedir, com ingratidão sem tamanho, que eu te traga o meu senhor e o pendure no meio dessa cúpula?"[77]

O gênio da lâmpada demonstra respeito pelo ovo do roque, chamando-o "meu senhor", ao passo que o gênio de "Os Quatro Talismãs", ao referir-se ao grifo, chama-o de "detestável animal"; porém, como é possível notar, permanece no conto de Nodier a relação de soberania da ave sobre o gênio – pelo menos enquanto o silêncio daquelas paragens não fosse quebrado por uma voz humana –, que está na "História de Aladim"; além do próprio fato do pássaro maravilhoso habitar um local retirado, a floresta da montanha do Caf – local que, segundo Larzul, seria o próprio pico do Cáucaso, na versão de Galland, onde habita o pássaro roque.

O encerramento do episódio do gênio de "Os Quatro Talismãs" também nos remete àquele da "História do Pescador". Nesse conto, por uma série de ardis do pescador, o gênio do vaso de cobre deixa de matá-lo, oferecendo-lhe, por fim, uma recompensa – uns peixes especiais – que acabarão por tornar o pobre pescador um dos homens mais ricos de seu tempo.

Do mesmo modo, em "Os Quatro Talismãs", há uma recompensa oferecida pelo gênio aos jovens que o libertaram do jugo da ave. Douban conta que o gênio, assim que liberto do vigilante grifo, agradeceu dando-lhes uns objetos que poderiam suprir os maiores desejos do homem sobre a terra: a fortuna, o prazer e a ciência[78]. Assim, ele passou em torno do pescoço de Douban uma fita com uma caixinha nela suspensa, e lhe disse: "[...] esse amuleto terá a propriedade de te fazer possuir todos os tesouros escondidos que calcamos com os pés sem conhecê-los, e de te enriquecer com tudo o que está perdido"[79]. Em seguida, disse a Mahoud, realizando a mesma cerimônia: "Tu, que és um rapaz com medíocre beleza [...] terás a obrigação de ser amado, ao primeiro olhar, por todas as mulheres

---

77. *Idem*, p. 175.
78. Nodier, 1961, p. 725.
79. *Idem, ibidem*.

que encontrares em teu caminho"[80]. E, por último, disse a Pirouz: "[...] tu deverás a este talismã o império mais universalmente possível de exercer sobre o gênero humano, pois ele te fornecerá meios infalíveis de acalmar todas as dores do corpo e de curar todas as doenças..."[81]. No entanto, o gênio advertiu que eles deveriam guardar muito bem aqueles talismãs, pois eram as únicas que possuíam os talentos maravilhosos dos quais, a partir de então, eram senhores, e perderiam todo o seu poder no momento em que fossem tocados por qualquer outra pessoa. Feita a distribuição dos objetos mágicos, o gênio os deixou.

Tais talismãs mágicos, doados pelo gênio da montanha do Caf, desencadeiam novos episódios no conto, e, por isso, serão considerados em nossa análise como um motivo, pois, de acordo com a própria definição de Elisséeff, motivo "é um elemento que constitui um episódio completo". Comparativamente, os elementos mágicos contidos nos contos selecionados de *Les mille et une nuits* nem sempre desencadeiam novos episódios: os peixes especiais, apontados ao pescador pelo gênio do vaso de cobre, são, na verdade, homens metamorfoseados, constituindo o motivo da metamorfose. Propriedade muito semelhante ao talismã de Douban aparece na "História do Cego Baba-Abdalla" ["Histoire de l'aveugle Baba-Abdalla"], onde uma pomada mágica, quando passada em volta de um dos olhos, mostra tesouros subterrâneos; porém não desencadeia qualquer episódio, pois aparece apenas no desfecho da narrativa. Por outro lado, a lâmpada maravilhosa de Aladdin desempenha um papel capital no conto, constituindo-se como um motivo central, ocasionando, na narrativa, uma série de episódios, entre eles a melhora da condição material da família, o pedido da mão da princesa Badrulbudur em casamento, a construção do castelo, o embate com o irmão do mágico.

Elisséeff, ao realizar o ensaio de classificação dos motivos, agrupou os elementos mágicos, tais como a montanha Qâf, animais maravilhosos (peixes, pavões, pássaro roque) e objetos com propriedades extraordiná-

---

80. *Idem, ibidem.*
81. *Idem, ibidem.*

rias, em uma lista à parte daquela dos temas e motivos, à qual nomeou "acessórios épicos": "É um objeto, mais frequentemente de ordem sobrenatural, como a árvore com ramos estranhos ou a varinha mágica, que se acrescenta ao maravilhoso da narrativa"[82]. Nos contos de *Les mille et une nuits* selecionados, a maioria dos elementos mágicos que emergem da narrativa, com exceção da lâmpada mágica da "História de Aladdin", figuram como acessórios que auxiliam na atmosfera maravilhosa dos contos, sem se estabelecerem como motivos pelos quais as narrativas se desenvolvem, criando uma ideia fundamental – ou seja, o tema, ou um subtema – que engloba a totalidade, ou mesmo parte, da história.

Em "Os Quatro Talismãs", como em "História de Aladdin", os objetos mágicos são essenciais para desencadear as aventuras individuais de cada um de seus receptores, constituindo-se num motivo central, a partir do qual irá também engendrar os temas de cada uma das histórias narradas pelos três irmãos. Porém os talismãs, logo que dependurados sobre o peito de Douban, Mahoud e Pirouz, não agem imediatamente oferecendo-lhes seus respectivos poderes – tesouros, amores ou conhecimento para promover a cura de doentes –, como regularmente ocorre nos contos que selecionamos de *Les mille et une nuits*: o anel mágico de Aladdin logo lhe proporciona a liberdade, bem como a lâmpada mágica que, na narrativa, rapidamente provoca a mudança socioeconômica da personagem; do mesmo modo, a pomada mágica de Baba-Abdalla, assim que cai em seu poder, imediatamente mostra-lhe as riquezas subterrâneas.

Diferentemente, em "Os Quatro Talismãs", a presença dos objetos mágicos propicia, de início, uma primeira separação dos irmãos: após serem deixados pelo gênio, o que primeiro lhes ocorreu foi o temor de que seu irmão Ebid, ao acordar, exigisse uma nova divisão dos talismãs, o que lhes poderia causar um profundo desagrado; decidiram, assim, abandonar a criança, acreditando que o gênio cuidaria dela. Douban, relembrando este ato, ainda se lamentava por tê-lo cometido: "Essa atitude abominável, que devia ser o eterno tormento de meu coração, não

---

82. Elisséeff, 1949, p. 85.

foi ainda expiada por todos os males que sofri"[83]. Seguiram juntos por alguns dias, mas logo resolveram separar-se, pois se instalara em cada um deles a desconfiança de que tirariam uns dos outros seus respectivos talismãs. Estes são os primeiros efeitos de seus objetos mágicos que, mais uma vez, não operam no universo fantástico, ocasionando mudanças de situação material ou social das personagens; mas permitem um primeiro desvelamento das paixões humanas, apontando para uma temática moral que irá permear todas as narrativas do conto. O temor de que poderia perder todos os benefícios facilmente obtidos pelo talismã, devido à ação de seus irmãos, é narrado por Douban:

> Quanto a mim, que acreditava ser o mais favorecido, porque já conhecia o mundo o bastante para saber que todas as volúpias do amor e toda a celebridade do conhecimento se compra facilmente a peso de ouro, tremia de medo que meus irmãos, por sua vez, tivessem as mesmas reflexões. [...] Durante a noite, o menor barulho me despertava de sobressalto, eu experimentava inquietudes que se assemelhavam a angústias; aproximava-me furtivamente de meu talismã, desenterrava-o com horríveis palpitações no coração e não dormia mais. Essas preocupações, que eram sem dúvida comuns entre nós, tinham feito nascer uma desconfiança e um ódio recíprocos, a ponto de não podermos mais viver juntos. Resolvemos nos separar e caminhar em direções diferentes, prometendo uns aos outros, mais pela boca do que pelo coração, de nos reencontrarmos um dia. Neste momento, nós nos abraçamos friamente, e dissemos um adeus que devia ser eterno[84].

Notemos que a originalidade de Nodier figura-se principalmente no motivo dos talismãs. Em primeiro lugar, porque eles não provocam a imediata modificação da vida material ou social das personagens; a sua função inicial na narrativa é a de revelar as violentas reações humanas diante dos seus maiores desejos ao lado de suas consequências: a separação dos irmãos, realizada em dois momentos diferentes, mas em ambos os casos, pelo mesmo temor de perder os objetos que lhes poderiam trazer a maior felicidade de suas vidas. A seguir, nas narrativas de Douban,

---

83. Nodier, 1961, p. 726.
84. *Idem*, pp. 726-727.

Mahoud e Pirouz, os objetos ocasionarão uma mudança material e social das personagens, como ocorre em *Les mille et une nuits*; mas, ao mesmo tempo, a sua função narrativa de revelar as reações humanas perante a fortuna, a conquista amorosa e o conhecimento da cura permanecerá.

Há, além disso, uma diferença singular na propriedade dos talismãs: o talismã "de ouro" tem um poder material, de modo que ele não atua na imagem que Douban faz de si mesmo; assim, no momento em que se extingue o poder mágico do objeto, Douban não espera que continue a encontrar outros tesouros subterrâneos. Diferentemente, os outros dois talismãs não concedem às personagens objetos preciosos, ou seja, elementos materiais, mas sim atributos, de modo que sua presença altera, indiretamente, a maneira como Mahoud e Pirouz percebem suas próprias qualidades, embora seus talismãs não alterem em nada seus traços físicos ou psicológicos, deixando Mahoud mais belo ou Pirouz mais sábio. Assim, no momento em que seus talismãs perdem seus poderes, eles ainda acreditam que podem, respectivamente, atrair as mulheres e curar os doentes; tal confiança é conquistada desde o momento em que ganham os objetos mágicos, conforme a narrativa de Douban:

> Mahoud, que era o mais feio de nós três, e que via, antecipadamente, todas as belas submetidas à sua influência vencedora, tornava-se, a cada passo, mais insuportável pela sua impertinência e pretensão. Era em vão que o riacho onde íamos pegar nossa bebida anunciava-lhe, insolentemente, duas vezes por dia que ele não havia mudado de rosto. O insensato começava a tomar prazer pela reprodução de sua imagem, e se pavoneava diante de nós, com suas graças ridículas, de forma a nos despertar mais piedade que inveja. Pirouz, que nunca pôde aprender nada, tão limitado era seu espírito, não estava menos orgulhoso pela sua ciência que Mahoud pela sua beleza. Ele falava com segurança de todas as coisas que podiam estar relacionadas com a inteligência do homem, e impunha, com ousadia, nomes barrocos a todos os objetos desconhecidos que nos apareciam em nossa viagem[85].

Desse modo, mais uma vez, a originalidade de Nodier é pronunciada no conto, pois todos os objetos mágicos das histórias que seleciona-

---

85. *Idem*, p. 726.

mos de *Les mille et une nuits* – o anel mágico, a lâmpada maravilhosa, a pomada mágica – não conferem atributos especiais às personagens, mas uma modificação de situação; nesse sentido, o preso é libertado, o pobre enriquece, o olho sadio se torna cego.

Outro elemento que nos chama atenção para a originalidade de Nodier é o quarto talismã, que não é propriamente um objeto mágico, mas um velho saco de couro com ferramentas. Este é o talismã que Ebid, o Benfeitor, ganhara do mesmo gênio da montanha do Caf, depois de ter sido abandonado na floresta pelos três irmãos, pois era tudo o que o gênio lhe podia oferecer:

> "[...] Eu os dotei da ciência, da fortuna e do dom de agradar. Era tudo o que eu tinha de valioso: um pobre gênio pode dar apenas aquilo que tem. Quanto a ti, encontras-me de mãos vazias e, por isso, estou quase tão aborrecido quanto tu. Vê, entretanto, continuou ele chutando um velho saco de couro que, conforme aparentava, havia sido deixado por algum homem perdido como nós, naqueles tristes desertos, vê se tu podes tirar algum proveito dessa sucata; não me resta outra coisa."[86]

Assim, é na narrativa do Benfeitor que é revelado o último dos quatro talismãs apontado pelo título do conto, e, do mesmo modo, como ocorre nas narrativas anteriores, é este objeto doado pelo gênio que ocasiona o desenvolvimento da história de Ebid. O talismã sem poderes mágicos é um motivo singular da narrativa, não sendo possível localizá-lo em *Les mille et une nuits*, como o próprio tema que tal motivo engendrará.

O conto "Os Quatro Talismãs" inicia-se com motivos bastante próprios de *Les mille et une nuits*, como a "graça obtida contando uma ou mais histórias", o gênio, além dos objetos mágicos, que não são propriamente uma lâmpada maravilhosa, mas três talismãs com propriedades capazes de conferir aos seus possuidores o poder de mudança socioeconômica, como ocorre na "História de Aladdin". A primeira narrativa do conto figura o talismã com a propriedade de sinalizar as riquezas subterrâneas, engendrando na narrativa determinado tema que, paralelamente, pode ser comparado

---

86. *Idem*, p. 769.

ao da "História do Cego Baba-Abdalla"; nas narrativas de Mahoud e Pirouz, a temática que cada um dos talismãs desenvolve, ainda que possa ser observada em certos episódios das respectivas narrativas "História do Segundo Calândar" e "História do Rei e do Médico Douban", adquire maior originalidade, pelo próprio fato de os talismãs conferirem determinados atributos aos seus possuidores que, em *Les mille et une nuits*, não se dão pelo advento de um objeto mágico. Na última narrativa, a originalidade de Nodier é surpreendente, pois, como veremos, o tema engendrado pelo motivo das ferramentas engloba todo o conto, de modo que os temas evocados nas narrativas anteriores operem, na verdade, como subtemas no contexto da totalidade de "Os Quatro Talismãs". Desse modo, o talismã mais importante da história acaba sendo aquele que não possui poderes mágicos, um motivo, portanto, autêntico, cujo tema apontará para uma moralidade que não foi possível identificar em *Les mille et une nuits*.

Determinados motivos e as circunstâncias pelas quais eles emergem da narrativa de "Os Quatro Talismãs" nos remetem diretamente a certos contos de *Les mille et une nuits*, de Galland, quando a apropriação se faz mais claramente; no entanto, os objetos, mágicos ou não, são motivos das narrativas de Douban, Mahoud, Pirouz e Ebid, que apresentam diferenças essenciais, configurando, de modo progressivo na narrativa, a peculiaridade do conto e a própria originalidade de Nodier.

3. Os temas

Conforme observou Elisséeff, tema é "a ideia fundamental expressa por um motivo"[87], ou por um conjunto de motivos[88], portanto um elemento mais abstrato da narrativa que nasce a partir da materialidade de um ou mais motivos. Todas as histórias de "Os Quatro Talismãs" apresentam uma ideia fundamental, porém o tema que engloba a totalidade do conto é engendrado somente na última narrativa, de modo que os temas desen-

---

87. Elisséeff, 1949, p. 85.
88. Cf. Vax, 1965, p. 75.

volvidos nas histórias de Douban, Mahoud e Pirouz desempenhem um papel secundário, constituindo-se em subtemas que auxiliam na edificação do tema central.

Como já foi dito, a presença dos talismãs ocasiona, primeiramente, a separação dos irmãos, dando início a suas histórias individuais; a partir de então, os episódios engendrados pelo motivo do talismã mágico irão desenvolver em cada uma das narrativas um subtema moral.

O primeiro episódio vivenciado por Douban é seu encontro com uma caravana composta de vinte homens que viajavam com seus vinte camelos. Tendo sido avisado por seu talismã de que havia um imenso tesouro ali enterrado, fez a seguinte proposta aos viajantes:

"[...] Como eu suponho que vós apenas tendes por fim, em vossas perigosas viagens, enriquecer por ganhos lícitos, eu venho oferecer-vos uma fortuna imensa e fácil, sem outra condição senão a de dividi-la convosco. Vede se vos convém dar-me a metade de um tesouro que meus gloriosos ancestrais esconderam nessa solidão e que me são necessários camelos para transportá-lo até a cidade mais próxima [...] Escavai a terra desse campo [...] e dividi as cargas em porções iguais entre vossos camelos e os meus. Eu vos repito que a metade é minha parte, e que não quero nada mais [...]."[89]

Este primeiro episódio da narrativa de Douban, desencadeado pelo motivo do talismã, remete-nos à "História do Cego Baba-Abdalla", uma narrativa em que a personagem Baba-Abdalla conta sua própria história ao califa abássida Haroun-al-Raschid. Quando jovem, ao voltar de Basra com seus oitenta camelos, Baba-Abdalla conheceu no caminho um dervixe que lhe fez uma revelação:

[...] o dervixe disse-me que, em um lugar pouco distante daquele onde estávamos, existia um tesouro com tantas riquezas que, se eu carregasse meus oitenta camelos com todo o ouro e pedrarias que pudesse tirar, nem se perceberia a parte levada[90].

---

89. Nodier, 1961, p. 727.
90. Galland, 1965, vol. III, pp. 185-186.

Em contrapartida, Baba-Abdalla propôs ao dervixe:

"Bom dervixe, bem sei que pouco vos ocupais com as coisas do mundo; sendo assim, para que vos poderia servir o conhecimento desse tesouro? Sois sozinho e podeis somente levar bem pouca coisa convosco. Ensinai-me onde ele está, carregarei meus oitenta camelos e eu vos darei um, em reconhecimento ao bem e ao prazer que vós me tereis feito."[91]

O dervixe não aceitou a proposta, afirmando seu desejo de ter a metade dos camelos carregados; Baba-Aballa, não querendo deixar de aproveitar a excelente ocasião para enriquecer, concordou.

As duas narrativas, ainda que por motivos diferentes, envolvem a situação do descobrimento de um tesouro e, a seguir, desenvolvem as consequências advindas da riqueza: a ganância e a avareza. Tanto Douban como Baba-Abdalla almejam ficar, inicialmente, com a maior parte do tesouro em relação às demais personagens: enquanto cada viajante fica com a metade da carga de um camelo, Douban propõe que ele sozinho fique com dez animais carregados; do mesmo modo, Baba-Abdalla sugere que ele mesmo fique com setenta e nove dos oitenta camelos carregados, proposta que, para a personagem, era gigantesca se comparada à ganância que dele se apoderara:

Eu oferecia pouca coisa, é verdade, mas para mim era muito se comparado ao excesso de avareza que se apoderou de meu coração desde que ele havia feito essa confidência; considerava os setenta e nove camelos restantes quase nada diante daquele de que iria privar-me, ao cedê-lo ao dervixe[92].

Do mesmo modo, Douban, movido pela avareza, deixou de revelar aos viajantes as novas e ainda maiores riquezas subterrâneas que seu talismã anunciava, enquanto acampava entre as ruínas de uma cidade antiga; e tomado pela ganância, como ainda não lhe bastava a pesada carga de dez camelos somente para si, desejava ainda tomar posse dos novos tesouros, marcando os locais para, futuramente, apropriar-se deles sozinho:

---

91. *Idem*, p. 186.
92. *Idem, ibidem.*

Meu talismã revelava-me, quase que a cada passo, tesouros mil vezes mais preciosos do que o nosso, mas nossos animais dobravam-se já sob uma carga que diminuía consideravelmente sua marcha, e a avareza de que eu estava possuído fazia-me, aliás, temer novas divisões. Sob o pretexto de visitar monumentos [...] eu me afastei do resto da caravana para marcar [...] os lugares que encerravam um testemunho ainda maior de minha futura opulência[93].

Ao contrário do que ocorre na "História do Cego Baba-Abdalla", a ganância e a avareza, na narrativa de Douban, não se restringem ao próprio protagonista da história: tais sentimentos estão presentes em praticamente todas as personagens; nesse sentido, os viajantes, ao cabo de uma semana, encontravam-se todos insatisfeitos com sua porção porque "a cobiça insaciável pelas riquezas criou-lhes, em meio a sua prosperidade aparente, uma pobreza relativa mais difícil de suportar do que a pobreza absoluta dos miseráveis da terra"[94]. Primeiramente, os viajantes contestaram a divisão de modo ameaçador; a seguir, mesmo Douban concedendo-lhes toda a carga que desejassem levar, decidiram matá-lo enquanto dormia, aplicando-lhe um golpe de *yatagan*[95].

Nesse momento da narrativa de Douban, é inserida a única personagem que, de fato, recusa as riquezas materiais: o xeique Abou-Bedil[96], um ancião que Douban julgou ser o próprio profeta Muhammad, na ocasião em que fora gravemente ferido e o xeique o tomara em seus braços para limpar-lhe os ferimentos: "Divino profeta! Exclamei, sois vós que descestes do alto dos céus onde habitais, para levar o desafortunado Douban [...]?"[97] Esta personagem descrita com longas barbas brancas e confundida com o próprio profeta é a mais sábia da narrativa de Douban, a quem, de modo

---

93. Nodier, 1961, p. 728.
94. *Idem, ibidem.*
95. Trata-se de um tipo de sabre utilizado pelos antigos turcos. Esta foi uma das palavras que o orientalista Rémusat enumerou entre os novos vocábulos emprestados do Oriente e naturalizados no francês pelos autores românticos (cf. Schwab, 1950, p. 119).
96. Nome de origem árabe que, na forma como se apresenta no texto, significa "Pai do Substituto". Trata-se, entretanto, de uma corruptela de Boabdil, que, por sua vez, é corruptela do árabe Abû Abdullah, que quer dizer "o escravo de Deus".
97. Nodier, *op. cit.*, p. 730.

bastante coerente, Nodier atribuiu o título de xeique [*šaykh*], palavra que remonta ao período árabe pré-islâmico, quando essencialmente designava um homem envelhecido junto à sabedoria. Em sua narrativa, Douban faz uma digressão para contar quem era "esse sábio ancião" que havia sido "a luz do Oriente": um conselheiro de reis que, pelos inúmeros bens feitos à população de seu reino, acabou despertando a inveja de seus pares e, por essa razão, fora destituído do poder, despojado de todos os bens, sendo-lhe apenas permitido o refúgio na mais pobre mansão de seus ancestrais; e desde então lá habitava, desprovido de qualquer pesar e ambição, vivendo de seu próprio trabalho. Desse modo, Abou-Bedil é a personagem que experimentou, em seu passado, o poder e a riqueza, bem como os problemas que lhes são característicos, e, por isso, é uma voz crítica que, baseada em suas experiências, alerta Douban.

A figura de Abou-Bedil é a contraposição de todas as demais personagens da narrativa de Douban, movidas pelo egoísmo e pelo desmesurado desejo de uma vida opulenta, a qual o talismã proporciona de forma direta – no caso de Douban – ou indireta – no caso de todas as personagens que furtam as riquezas do protagonista. A forte presença de personagens gananciosas e avarentas, inclusive o próprio protagonista, expressa o subtema moral da narrativa de Douban: a paixão pela riqueza fácil e as consequências funestas que ela pode trazer, quando empregada unicamente para o prazer e benefício próprio. Abou-Bedil é a personagem que figura a felicidade conquistada pelo exercício do próprio trabalho, a valorização da simplicidade da vida e a generosidade humana; tais elementos, como veremos, compõem igualmente a personagem Ebid, cuja narrativa constituirá o tema central do conto de Nodier: o verdadeiro talismã capaz de promover a felicidade é o trabalho.

Na história de Douban, a maior narrativa de todo o conto, Nodier trabalhou a ganância, a avareza e o desejo de conquistar facilmente as riquezas; enfim, paixões humanas que, na narrativa, são desencadeadas a partir de um talismã; o objeto mágico, por sua vez, tem a capacidade de conferir fortuna ao seu possuidor de modo totalmente oposto aos esforços do trabalho: a riqueza vem de modo fácil, com a simples indicação do talismã, sem, entretanto, informar a quem exatamente pertencem, ou pertenceram, os tesouros subterrâneos. O xeique Abou-Bedil, no contexto dessa narrativa, é uma voz única que critica os sentimentos humanos despertados pelo anseio da riqueza fácil; além disso, o próprio modo de vida dessa personagem põe à mostra a valorização do trabalho, anunciando, de certo modo, o tema central de todo o conto:

> Ele [Abou-Bedil] lá habitava desde então, igualmente isento de ambição e pesar, alimentado pelo leite de seus rebanhos, vestido pela lã de seus animais, dividido entre o lazer da meditação e o trabalho da agricultura, mais feliz, talvez, como nunca tinha sido, porque havia aprendido, em seu recolhimento, que não existe situação, por pior que seja a sorte, em que uma vida laboriosa e uma alma benevolente não pudessem ser úteis aos homens[98].

Douban restabeleceu sua saúde na casa do xeique, e lá seu talismã sinalizou que debaixo de seus pés havia uma imensa riqueza; informou o xeique sobre o que descobrira, mas Abou-Bedil, que já conhecia tal fortuna, expressou seu desejo de continuar a não tocá-la, pois, para ele, a riqueza continha seu veneno:

> "O estudo e a experiência me ensinaram que não havia outros tesouros reais senão na moderação, que é a sabedoria. Os dons inocentes da natureza bastaram, até aqui, à minha felicidade, e não me disporei de nenhum modo a alterar a pureza de uma vida simples e fácil, vertendo na taça que Deus me deu o perigoso veneno das riquezas [...]."[99]

E não se opôs que Douban a levasse, fazendo a única ressalva de que deixasse apenas os tesouros enterrados embaixo de seu jardim, porque sua extração poderia destruir as plantações, das quais tirava seu sustento, e as flores, que cultivava para o prazer de seus olhos: "Deus me preserve de nunca sacrificar ao louco anseio de acumular em meus cofres o metal corruptor que engendra todos os nossos males o perfume de uma única rosa!"[100]. Douban, apesar das advertências do xeique, mais uma

---

98. *Idem*, p. 731.
99. *Idem*, p. 732.
100. *Idem, ibidem*.

vez foi tomado pelo desejo de enriquecer com o tesouro alheio; tirou do subterrâneo da casa tudo quanto pôde, contando com a ajuda de alguns homens, que também levaram a quantidade de ouro que conseguiram carregar. Douban, ansioso para desfrutar da imensa fortuna – que, para carregar, foram necessários todos os animais de carga da região –, decidiu ir embora no dia seguinte; na despedida, o velho xeique, que não desconhecia a paixão do jovem pela riqueza, aconselhou-o:

"[...] Tu és rico entre todos os homens, e a riqueza provoca, como consequência, mais desgraças do que podes prever. Conforta aqueles que sofrem e nutre aqueles que têm fome: esse é o único privilégio da fortuna que merece ser desejado. Evita o poder, que é uma armadilha estendida pelos maus espíritos às almas mais inocentes. Evita mesmo o favor daqueles que são poderosos, porque ele somente é obtido à custa da liberdade e da felicidade. [...] Eu tenho apenas mais três palavras a acrescentar aos meus conselhos: sê indulgente e misericordioso com todo mundo, não te envolvas com negócios públicos e trata de aprender um ofício."[101]

Paralelamente, na "História do Cego Baba-Abdalla", há também uma personagem que se opõe ao protagonista: o dervixe que, pela sua própria condição, é símbolo do desapego pelos bens materiais; e, do mesmo modo que o xeique Abou-Bedil – que em vários momentos da narrativa alerta Douban a propósito do veneno da riqueza, e o aconselha como proceder com ela – o dervixe também profere um conselho ao protagonista, quando a paixão pela riqueza, que Baba-Abdalla reiteradamente apresenta ao longo da história, pronuncia-se de forma demasiada. A avidez de Baba-Abdalla pela riqueza torna-se mais clara na narrativa a partir do momento em que o dervixe, por um ritual de magia, abre o rochedo, e toda uma fortuna se mostra; diante daquela visão suntuosa, Baba-Abdalla conta que se atirou ao primeiro monte de moedas que lhe apareceu aos olhos: "Não admirei mesmo as riquezas infinitas que via por todos os lados; e sem deter-me a observar a disposição dada a tantos tesouros, como uma águia se precipita sobre sua presa, atirei-

---

101. Nodier, *op. cit.*, p. 733.

-me ao primeiro monte de moedas de ouro que se apresentou diante de mim"[102]. Dividiram os camelos carregados com o que puderam retirar de dentro do rochedo e, logo que se separaram, os primeiros efeitos da riqueza se pronunciaram; a ganância, a ingratidão e a inveja se apoderaram de Baba-Abdalla, de modo que decidiu apoderar-se dos camelos do dervixe e a carga que neles estava:

> Mal eu dera alguns passos em direção aos meus camelos [...] o demônio da ingratidão e da inveja apoderou-se do meu coração. Deplorei a perda dos meus quarenta camelos e ainda mais as riquezas de que estavam carregados. "O dervixe não tem necessidade de todas essas riquezas [...] ele é o dono dos tesouros e dispõe deles quando quiser". Assim, entreguei-me à mais negra ingratidão e resolvi que lhe tiraria os camelos e a carga...[103]

A tomada dos camelos ocorre por meio de uma argumentação dissimulada. Baba-Abdalla conta que chamou atenção para o fato de que o dervixe possuía uma vida tranquila, "livre dos cuidados das coisas do mundo, e sem outra preocupação que a de servir a Deus"[104], e, por isso, não saberia cuidar de um número tão grande de camelos. O dervixe, por sua vez, não deixou de perceber a ganância do jovem, mas concordou, sem qualquer observação, em ceder-lhe dez animais. Percebendo o quanto era fácil tirar os camelos do religioso, sua ganância aumentou; decidiu roubar-lhe mais dez, e assim prosseguiu até tirar-lhe todos os camelos. Em nenhum momento o dervixe opôs-lhe resistência, fez apenas uma única advertência ao ceder os últimos animais:

> "Fazei um bom uso, meu irmão, acrescentou, e lembrai que Deus pode tirar-nos as riquezas como ele pode no-las dar, se nós não nos servirmos delas para socorrer os pobres por ele mesmo criados a fim de dar aos ricos a oportunidade de merecer, através de suas esmolas, uma recompensa maior no outro mundo."[105]

---

102. Galland, 1965, vol. III, p. 188.
103. *Idem*, p. 189.
104. *Idem, ibidem*.
105. *Idem*, p. 190.

Notemos que tanto o xeique como o dervixe, ambos desapegados da vida material, aconselham as gananciosas personagens Douban e Baba-Abdalla a praticarem a caridade; no caso do dervixe, fica claro que a esmola é vista por uma perspectiva religiosa ("aos ricos a oportunidade de merecer, através de suas esmolas, uma recompensa maior no outro mundo"), pois é uma prática do islamismo – que Galland, aliás, propagou em sua versão[106]. Quanto ao xeique, apesar de seu título indicar que é um conhecedor do Alcorão e das práticas islâmicas, a caridade que menciona não parece estar ligada diretamente à religiosidade ("Conforta aqueles que sofrem e nutre aqueles que têm fome: esse é o único privilégio da fortuna que merece ser desejado"), mas, no texto, ela parece estar mais associada a um exemplo moral; nesse sentido, a caridade é a única boa consequência advinda da fortuna material, pois no discurso de Abou-Bedil a riqueza é duramente criticada, sendo um sinônimo de infelicidade e mesmo de um veneno letal, o que não ocorre na fala do dervixe.

Apesar dos conselhos do dervixe e de Abou-Bedil, a paixão pela riqueza os deixa cegos e suas consequências são funestas: ambos se tornam mendigos, com a agravante de que, em *Les mille et une nuits*, a cegueira de Baba-Abdalla é tomada literalmente. De modo mais imediato, Baba-Abdalla, ávido por tirar tudo quanto o dervixe pegara do tesouro do rochedo, pediu também uma caixinha de pomada que o religioso tinha pendurado sobre seu peito, o último objeto retirado do rochedo que ainda trazia consigo:

> Minha cegueira era tão grande que eu não estava em condição de aproveitar um conselho tão salutar. Não me contentei em retomar a posse dos meus oitenta camelos, e saber que eles estavam carregados com um tesouro inestimável que deveria tornar-me o mais afortunado dos homens. Veio-me à cabeça que a caixinha de pomada que o dervixe pegou e me havia mostrado pudesse ser algo ainda mais precioso do que todas as riquezas que eu lhe devia[107].

---

106. Cf. seção 4 do capítulo 1.
107. Galland, 1965, vol. III, p. 191.

O dervixe tirou-a do peito e lhe deu. Baba-Abdalla, por sua vez, perguntou-lhe a utilidade daquela pomada, e seu doador explicou que se aplicasse um pouco daquele unguento em volta do olho esquerdo e sobre a pálpebra, veria todos os tesouros ocultos no fundo da terra; se aplicasse, entretanto, sobre o olho direito, ficaria cego. Baba-Abdalla, com o unguento no olho esquerdo, viu os inúmeros tesouros debaixo de seus pés; mas a desconfiança de que o dervixe mentia, associada ao desejo de contemplar com seus dois olhos todos os tesouros da terra, fê-lo querer passar a pomada no olho direito, apesar dos vários avisos do dervixe, acabando por tornar-se realmente cego, e, como consequência de tal dificuldade física, um mendigo.

Notemos, primeiramente, que há um elemento bastante similar nos dois contos: a caixinha que as personagens colocam sobre o peito. Embora tais objetos tenham a diferença de possuir um elemento em seu interior (a pomada), ambos apresentam a semelhança da forma – são caixinhas que seus possuidores penduram sobre o peito –, e, sobretudo, da propriedade mágica – são capazes de descobrir os tesouros subterrâneos. Outro ponto a ser observado é a semelhança do comportamento desmesurado dos protagonistas, que provoca o efeito perverso do objeto mágico, levando-os à própria ruína. No caso de Baba-Abdalla, o anseio pela riqueza é tal que ele passa a não mais acreditar no dervixe, de modo que, num primeiro momento, todo seu ser fica cego pela avidez e ganância material; como consequência, o próprio elemento que poderia garantir-lhe a felicidade em que acreditava acaba deixando-o, de fato, cego.

Diferentemente, em "Os Quatro Talismãs", a derrocada de Douban ocorre mais lentamente, fazendo com que novas personagens participem da narrativa, reafirmando a face egoísta e gananciosa do homem diante da riqueza; nesse sentido, o vizir e o califa serão responsáveis por mostrar tal face e, com o poder que detêm, tomarão posse das riquezas de Douban e o conduzirão à sua total ruína, como também a derrocada de si mesmos.

Douban seguiu para Bagdá e, às portas da cidade, avistou o bando que lhe roubara; em busca de vingança ele desdenhou o conselho de Abou--Bedil e aproximou-se do poder: em audiência com o primeiro califa do

Iraque, o Abou-Giafar-Almanzor[108], contou-lhe que os homens acampados às portas da cidade o roubaram e atentaram contra sua vida; solicitava, então, em troca de uma suntuosa homenagem – que seria capaz de dispensar o pagamento dos impostos de todo o povo de Bagdá e ainda satisfazer o sustento da magnificência real – o califa lhe autorizasse a fazer justiça aos seus assassinos. O califa aceitou prontamente a sua oferta e suas condições, convidando-o ainda para juntar-se a ele:

> "Nós recebemos o que tu nos ofereces e concordamos com o que nos demandas, disse o califa; mas não nos limitaremos a essa graça. Há três meses que nosso grão--vizir busca remediar as dificuldades do império sem ser bem-sucedido, ao passo que a vivacidade de tua inteligência vem nos livrar delas em um momento. Apressa--te para executar o que tu nos propões e toma teu lugar ao nosso lado, porque tal é a nossa vontade"[109].

Douban deixou de aceitar o cargo de vizir, não porque tivesse se lembrado do conselho de Abou-Bedil de não se envolver com negócios públicos, mas porque se sentia incapacitado. Esta é a primeira reflexão do jovem Douban sobre a riqueza, quando constata o fato de que ela não podia comprar tudo: "Essa linguagem me deixou confuso e temeroso, porque, pela primeira vez, eu compreendia que a fortuna não podia obter tudo. Eu fui apenas iniciado no conhecimento das letras vulgares, e, por consequência, era incapaz de exercer as funções de grão-vizir [...]"[110].

A seguir, Douban ignorou o outro conselho de Abou-Bedil: de aliviar com sua fortuna as necessidades dos pobres, entregando-se somente aos excessos do luxo e da luxúria: "No dia seguinte, eu comprei palácios, casas de campo, móveis suntuosos, inumeráveis escravos, mulheres de

---

108. A transliteração empregada aponta para uma provável fonte espanhola utilizada por Nodier, pois somente na Espanha o nome do califa foi grafado de tal maneira. Abu Jafar Almansûr (754--775 d.C.) foi realmente o primeiro califa abássida do Iraque e o fundador da cidade de Bagdá; mas, com exceção deste dado verídico do conto de Nodier, todo o episódio que envolve seu reinado é puramente fictício.
109. Nodier, 1961, p. 735.
110. *Idem, ibidem*.

todas as cores e países"[111]; tornou-se indolente, rodeado pelas suas mulheres e aduladores, sem jamais desconfiar de ninguém, acreditando-se protegido graças ao favor que prestara ao califa. Sua presença faustosa irritou todas as camadas da sociedade, mas, principalmente, o califa e o vizir. Este, ao contrário de mostrar-se grato, viu na recusa de Douban uma forma do aventureiro apossar-se de seu poder; e o califa, indignado por não conseguir alcançar a magnificência de Douban, esgotou em vão seus recursos e créditos com empréstimos ruinosos, mantendo-se, então, fechado em seu palácio, sob o pretexto de doença. Inicia-se, assim, a derrocada de Douban, com o confisco de seus bens pelo vizir:

> Era um homem de idade avançada [...] e cuja fisionomia anunciava a mais vergonhosa avareza [...] e ele falou-me assim: "Viajante do Fitzistan, eu terei o direito de vos abordar com palavras de cólera, pois vós esqueceis o respeito que é devido ao nosso augusto senhor, dando-lhe como indecorosa homenagem o que é tão somente uma pequeníssima parte do tributo legal que deveis a ele. [...] Assim, venho-vos notificar em seu nome [...] que a metade dos tesouros que vós notoriamente tomastes em grande número e em diversas partes de seus Estados, os quais se estendem aos limites do mundo, será restabelecida à sua propriedade soberana, e que vós não poderíeis retê-la traiçoeiramente sem incorrer na pena justamente infligida aos crimes de lesa-majestade, ou seja, a morte e o confisco"[112].

Para livrar-se da morte, Douban cedeu toda sua fortuna. A seguir, é figurada na narrativa a desmesura da personagem: desejando ainda se cercar pela riqueza, Douban encheu seus subterrâneos com novos comboios de ouro, e lá os manteve, pois não podia gastá-los, temendo uma represália maior. Entretanto, sua nova fortuna foi descoberta, e, dessa vez, o vizir levou a Douban uma nova ordem de sequestro de seus bens e sua definitiva pena de morte. O vizir, como o próprio Baba-Abdalla, almejou tirar tudo de Douban, até mesmo suas suntuosas vestes: foi quando pôde ver a caixinha que Douban trazia sobre o peito e a tomou, acreditando ser uma joia preciosa.

---

111. *Idem*, p. 736.
112. *Idem*, p. 737.

Acabou ali o poder do talismã, cuja propriedade era tornar rico seu possuidor, carregando consigo a promessa de felicidade. Porém, toda a riqueza que trouxe despertou somente os piores sentimentos em Douban e naqueles que o rodeavam, com exceção de Abou-Bedil, uma personagem marcadamente generosa e sábia. Os resultados foram funestos para todos. O vizir, ao ser informado por Douban dos poderes que trazia aquela caixinha, até antes de tocá-la, morreu algum tempo depois em meio a seus sacos de ouro, de desgosto por não ter aumentado ainda mais a sua riqueza. O califa apoderou-se da herança e dos tesouros do vizir, inclusive das riquezas escondidas por Douban, e "devorou tudo com volúpias passageiras", esquecendo-se da defesa de seu reino e deixando que seu inimigo dele se apoderasse:

[...] ele devorou em volúpias passageiras os restos de minha fortuna, que serviram apenas para o enfraquecimento e a corrupção de sua corte. [...] O inimigo aproveitou esses dias de euforia e delírio para fixar suas tendas no meio do velho reino de Abou-Giafar; e antes do aniversário de coroamento, quando eu deveria ser enforcado, o império inteiro foi aniquilado, tudo porque o rei havia-se tornado um homem rico demais[113].

Enquanto o reino de Abou-Giafar passava por tais mudanças, Douban foi preso e esquecido na prisão durante trinta anos. Nesse momento da narrativa, o velho Douban faz uma conclusão sobre os efeitos do talismã, nefasto para todos com quem mantivera contato, direta ou indiretamente: "Tais foram os efeitos reais do talismã que me havia dado o gênio da montanha do Caf para a ruína de uma nação e, talvez, para a desgraça do mundo"[114].

Quando os portões do cárcere foram abertos, em razão de uma insurreição popular, o primeiro pensamento de Douban mostra a ausência de reflexão da personagem sobre suas ações passadas: "Meu primeiro pensamento foi o de me dirigir à modesta mansão de Abou-Bedil, não que esperasse encontrá-lo vivo, mas porque eu tinha certeza de que ele não

---

113. *Idem*, p. 741.
114. *Idem, ibidem*.

havia revelado aos seus herdeiros o tesouro de seus jardins"[115]. Porém, o modo nefasto como utilizara seu talismã no passado trouxera outra consequência terrível, da qual ficara sabendo somente naquele momento: os homens que contratara para retirar os lingotes de ouro haviam degolado o xeique e toda sua família para tomar as riquezas enterradas, não deixando sobre a terra uma única planta nutriz, cultivada pelo ancião, que pudesse aliviar a fome. E, por fim, como Douban também ignorara o conselho de Abou-Bedil de aprender um ofício, tornou-se um mendigo, e há vinte anos vivia de esmolas.

A partir do motivo do talismã, o primeiro subtema moral de "Os Quatro Talismãs", como já nos referimos anteriormente, é a paixão pela riqueza fácil e as várias consequências funestas que ela pode trazer, quando empregada unicamente para o prazer e benefício próprios. Primeiramente, a fortuna desperta os piores sentimentos e atitudes como a ganância, a avareza, o egoísmo, a inveja e a ingratidão; todos esses elementos estão em Douban, nos homens da caravana, no vizir e no califa; portanto, desde a mais jovem e desprovida personagem até a mais poderosa. Como todas as personagens da história de Douban, com exceção de Abou-Bedil, sentem e agem movidas por tais elementos, reforça-se o lado negativo da riqueza, em especial, a riqueza que não é conquistada pelos próprios esforços – ela advém de um talismã – e que é utilizada somente para o próprio prazer.

As semelhanças da narrativa de Douban com a "História do Cego Baba-Abdalla" abrangem o espaço – os tesouros estão em terras do Iraque e em suas proximidades –, o tempo – época do califado abássida, com Harun Arrašid, na história de Baba-Abdalla, e Almansûr, na história de Douban – e o próprio tema moral que traz o comportamento desmesurado do ser humano diante da riqueza. Não podemos deixar de ter em mente que tal conto de *Les mille et une nuits* é uma inserção de Galland realizada a partir dos escritos de H'annâ, e está entre os contos mais moralizantes da obra, em que o orientalista pôde trabalhar, de modo mais enfático, o conceito moral da responsabilidade humana, conforme podemos notar na

---

115. *Idem, ibidem.*

conclusão de Baba-Abdalla, diante de sua imediata cegueira: "Ah, maldito dervixe, gritei naquele momento, o que me predissestes era apenas a verdade! Fatal curiosidade, desejo insaciável de riqueza, em qual abismo de desgraças me lançastes! Bem sei que fui eu que me atirei [...]"[116].

Desse modo, na "História do Cego Baba-Abdalla", o tema da paixão pela riqueza fácil não enfoca o modo como tal fortuna material é obtida, mas a responsabilidade humana diante do fato, pondo à mostra as piores consequências advindas das más ações, que, por sua vez, são o reflexo dos sentimentos da avareza, egoísmo, ganância e ingratidão.

Apesar de Nodier também ter enfocado a responsabilidade humana na narrativa de Douban – percebida claramente nos momentos em que a personagem ignora os conselhos de Abou-Bedil, fazendo o pior uso de sua fortuna –, o tema não parece recair somente sobre as consequências da má ação do homem diante da riqueza. Nodier, ao desenvolver a narrativa a partir de um objeto mágico, gerou uma sutil diferença nessa temática moral, acrescentado à esfera da riqueza o modo como ela provém, conforme a própria conclusão de Douban: "[...] essas horríveis calamidades, que me seguiam em todos os lugares onde eu pisava, eram produzidas pelo talismã de ouro!"[117].

Desse modo, ao final da narrativa de Douban, diferentemente da forma como o conto de Baba-Abdalla finaliza, com a ênfase na culpabilidade humana, é feita a referência ao talismã e às calamidades que acompanhavam a riqueza por ele promovida; ou seja, toda a riqueza oriunda do objeto mágico não foi capaz de gerar a felicidade; ao contrário disso, a fortuna veio apenas acompanhada de calamidades, causando desastres até mesmo a quem a rejeitara, como ocorre ao xeique Abou-Bedil. Por isso, o subtema da narrativa de Douban não trata somente da riqueza, mas da riqueza fácil, advinda sem os esforços do trabalho, e das consequências nefastas por ela geradas.

Nas subsequentes narrativas de Mahoud e Pirouz é mantida a tônica de que a felicidade prometida pelo talismã não poderá ser alcançada, pois

---

116. Galland, vol. III, p. 193.
117. Nodier, 1961, p. 742.

não advém efetivamente da conquista humana; desse modo, se a riqueza de Douban não se manteve porque sua origem não era de seus próprios esforços, os dons de agradar e de curar também não se sustentarão. Ademais, como na narrativa de Douban, em que o protagonista e a maioria das personagens colocavam à mostra a face negativa da riqueza, as histórias de Mahoud e Pirouz também evidenciarão a perniciosidade dos dons de conquistar todas as mulheres e de curar grandes massas de doentes.

Na narrativa de Mahoud, a personagem inicia sua história observando o lado positivo do dom de agradar: "Não é preciso vos dizer a qual gênero de vantagens pessoais eu devi, em todos os lugares, a mais graciosa hospitalidade"[118]; desse modo, as paixões das mulheres lhe rendiam hospitalidade, vestes, escravos e joias, enfim, presentes proporcionais a quem seduzia, pois sua presença, com o talismã, era capaz de atrair desde as camponesas às grandes rainhas. Mas, em seguida, também assinala o aspecto negativo que seu dom lhe causava:

> Não posso, entretanto, deixar de dizer que ela [a hospitalidade] provocava, muitas vezes, desagradáveis compensações. Os homens são, geralmente, ciumentos, e os ciumentos geralmente são brutais, sobretudo quando não receberam educação. Todos os países que atravessei eram países de conquista; mas, ao contrário dos outros conquistadores, eu quase nunca os atravessei sem ter apanhado[119].

Logo no princípio de sua narrativa, Mahoud já evidencia a pior consequência de seu dom sedutor: o ciúme, que não somente se restringe aos homens, mas se estende também às mulheres, ocasionando ao protagonista ameaças de morte e, como veremos, uma prisão dentro de sua própria morada.

O primeiro episódio vivenciado pelo protagonista ocorre no reino de Imérette[120], quando a violência das inúmeras paixões que despertava provocou uma audiência com seu governante. Mahoud conta que nessa reu-

---

118. *Idem*, p. 743.
119. *Idem, ibidem.* (A observação entre os colchetes é nossa.)
120. Não foi possível encontrar referências precisas sobre tal local geográfico, de acordo com a descrição do conto; trata-se, provavelmente, de uma região do Cáucaso.

nião foi, primeiramente, humilhado pelo rei e, a seguir, expulso do reino, sob pena de perder a vida:

"O quê! [...] és tu quem veio perturbar com tua funesta presença a tranquilidade dos meus estados, lançando no coração das mulheres a sedução do amor! Esse prodigioso triunfo estava reservado a esses olhinhos redondos e estúpidos, de onde tombam [...] dois olhares turvos e desagradáveis; ou a esse nariz largo e chato acima de uma boca torta e malfeita [...] odiosa escória da natureza [...] eu te ordeno a deixar neste instante nosso reino de Imérette, e se te acontecer de te fazer amar pela última das escravas, antes de tua partida, estás avisado de que serás pendurado amanhã na árvore mais alta da região, para lá servir de espantalho às aves de rapina."[121]

Desse modo, o talismã, apesar de conceder a Mahoud a paixão de todas as mulheres por onde passava – além das benesses da hospitalidade e dos presentes – também lhe trazia grandes dificuldades, sofrendo agressões físicas, humilhações e, mesmo, a ameaça de ser morto por ordem do rei. Mahoud fugiu de Imérette com o rosto coberto, decidido a conquistar somente a mulher pela qual estava apaixonado: a mais bela princesa da Geórgia, a chamada Zénaïb[122], "pérola única do mundo". A princesa encontrava-se na China como escrava do imperador do país, comprada por ele depois da queda do mais poderoso soberano do Cáucaso; foi para lá que Mahoud se dirigiu, estabelecendo-se na cidade de Xuntien, onde ficava o palácio do rei.

Em *Les mille et une nuits*, a China, conforme observou Miquel[123], é um lugar de histórias maravilhosas; um exemplo é a "História de Aladdin", que, além de ser uma narrativa engendrada por objetos com poderes extraordinários e seres sobrenaturais, também encerra o tema da paixão efetivamente realizada, de modo que as personagens Aladdin e a princesa Badroulboudour participam de um desfecho feliz. Diferentemente, a China da narrativa de Mahoud não é um espaço onde a paixão tem um desfecho

---

121. Nodier, 1961, pp. 746-747.
122. Corruptela de Zaynab, nome de uma rainha árabe.
123. Cf. Miquel, 1991, p. 62.

feliz. Ao contrário disso, as dificuldades amorosas do protagonista ampliam-se nesse espaço, de modo que se desenvolve mais claramente o subtema da narrativa: a infelicidade amorosa. Paralelamente, em *Les mille et une nuits*, este é um tema que se apresenta em várias histórias, e em nossos contos selecionados, a infelicidade amorosa está presente na "História do Segundo Calândar", uma narrativa encaixada na "História dos Três Calândares Filhos de Rei e das Cinco Damas de Bagdá".

Há, entretanto, diferenças fundamentais entre as duas narrativas. Primeiramente, a paixão entre Mahoud e Zénaïb não ocorre verdadeiramente, pois ela se apaixona graças à ação do talismã; ademais, o contato entre eles ocorre em um momento mínimo; enquanto que, na "História do Segundo Calândar", a paixão entre o filho do rei (o calândar)[124] e a princesa da Ilha de Ébano acontece realmente, de modo que chegam a estabelecer um contato mais íntimo.

Em sua narrativa, Mahoud conta que Zénaïb apaixonou-se quando ele passava pelo palácio, como ocorria com todas as mulheres que viam seu rosto: "Tranquilo com a solidão que reina nos arredores dessa morada, deixei flutuar meu manto, quando um grito partiu dos balcões, avisando-me que tinha sido visto [...]"[125]. A seguir ela mandou sua velha escrava moura, chamada Boudroubougoul, marcar um encontro; porém, ao vê-lo, a escrava também se apaixonou por Mahoud, criando uma armadilha para que ele e Zénaïb fossem surpreendidos pelo imperador. Desse modo, no encontro do protagonista com a princesa, o maior contato estabelecido entre eles ocorreu durante o breve momento em que se entreolharam, mais proximamente:

> Entretanto, nossos olhos se reencontraram, e uma admiração recíproca tomou lugar de qualquer outro sentimento, ficamos pasmados um diante do outro, mais como estátuas do que amantes ávidos pela felicidade. No mesmo instante as portas do aposento se abriram, e o imperador da China, acompanhado de seus cortesãos e

---

124. Nesse momento da narrativa ele ainda não havia-se tornado um calândar, exercia o trabalho de lenhador desde que fora assaltado, junto com a comitiva de seu pai, no caminho para o reino da Índia.
125. Nodier, 1961, p. 750.

soldados, lançou-se entre nós agitando ameaçadoramente um sabre por cima de nossas cabeças; enquanto Zénaïb desmaiava sobre as almofadas, eu me curvava, perdido de pavor, como um meio de me esconder dos assassinos. [...] Eu não sabia ainda o quanto iria maldizê-los[126].

Notemos que a satisfação amorosa de Mahoud acontece de modo muito breve, e é este o único momento em que o talismã lhe possibilitou, de fato, alguma felicidade, da qual ainda se lembra vivamente: "Eu a vi, senhor, e a lembrança desse momento, impossível de descrever, ainda faz a felicidade e o desespero de minha vida! Perdoai a emoção involuntária que embaraça e suspende minhas palavras"[127].

A felicidade amorosa na "História do Segundo Calândar" é mais efetiva, ocorrendo com um maior tempo de contato entre os amantes. O calândar conta que encontrou a princesa da Ilha de Ébano em um lugar subterrâneo, onde ela morava; ao se apresentarem, a princesa disse ser cativa de um gênio, que a roubara havia vinte e cinco anos, no dia de seu casamento. Depois de cada um contar sua própria história, ela o fez entrar no banho e, depois, serviu-lhe alimentos[128]:

---

126. *Idem*, p. 752.
127. *Idem, ibidem.*
128. Nesse momento da narrativa, Galland, orientado pela *bienséance* e *délicatesse*, atenuou e suprimiu as passagens mais libidinosas. Conforme a tradução de Jarouche, temos a mesma passagem acima citada: "Muito contente, ela ficou de pé, pegou minha mão e [...] nos levou até uma sala de banhos; ali, ela me fez arrancar a minha roupa, arrancou a sua roupa e entramos no banho, onde ela me lavou e me banhou; saímos e ela [...] fez-me sentar num colchão e me serviu uma grande taça de bebida [...] ofereceu-me um pouco de alimento, do qual comi o suficiente. Depois, estendeu-me um travesseiro e disse: "Durma, descanse, pois você está cansado". Dormi, já esquecido de todas as preocupações que se tinham abatido sobre mim, acordando depois de algumas horas com ela me massageando. Levantei-me, agradeci-lhe e roguei a Deus por ela. Eu estava mais ativo, e ela perguntou: "Você quer bebida, meu jovem?". Respondi: "Traga", e ela se dirigiu à despensa, da qual retirou bebida envelhecida e selada e, montando uma opulenta mesa, pôs-se a recitar: "Se soubéssemos de vossa vinda, vos estenderíamos / a essência da alma / ou o negrume dos olhos, / e espalharíamos rostos sobre a terra, a fim / de que vossa caminhada fosse sobre pálpebras".
[Prosseguiu o dervixe:] Eu lhe agradeci, e o amor por ela tomou conta de todos os meus membros. Minha tristeza se dissipou; acomodamo-nos e ficamos servindo-nos de bebida até o anoitecer. Passei com ela uma agradabilíssima noite, como nunca na vida eu houvera passado. Quando amanheceu, ligamos a felicidade com a felicidade até o meio-dia. Embriaguei-me de tal modo que o torpor me fazia balançar à esquerda e à direita [...]". Jarouche, 2005, vol. I, p. 144.

A princesa me fez entrar em um banho, o mais apropriado, o mais cômodo e o mais suntuoso que se pudesse imaginar, e, logo que saímos [...] sentamo-nos em um banco, guarnecido de um magnífico tapete e almofadas de apoio do mais belo brocado das Índias [...] e colocou sobre a mesa iguarias delicadíssimas. Comemos juntos; passamos o resto do dia agradavelmente e, à noite, ela me recebeu em seu leito. No dia seguinte, como ela buscava todos os meios de me agradar, serviu-me, no jantar, uma garrafa do mais excelente vinho e, para mostrar sua complacência, bebeu algumas taças comigo. Quando me subiu à cabeça essa bebida agradável [...][129].

A felicidade amorosa é, entretanto, interrompida pela imprudência do protagonista: no encontro, o filho do rei excedeu na bebida, ganhando coragem para enfrentar o gênio e tirar a princesa da Ilha de Ébano de sua morada subterrânea; assim, em seu torpor, apesar das súplicas da princesa, ele chutou propositalmente um talismã[130] da casa que, ao simples toque, fazia o gênio aparecer no mesmo instante. Assim que quebrou o objeto mágico, o gênio surgiu imediatamente, fazendo um grande estrondo; o filho do rei foi tomado de um grande pavor e, seguindo o conselho da princesa, fugiu. No caminho, ouvindo as pancadas e os impropérios do gênio dirigidos à princesa, sentiu, então, uma grande culpa por tudo o que acabara de ocorrer:

Terminei de subir, tomado ainda mais de dor e compaixão por ser eu a causa de tão grande desgraça, e porque, sacrificando a mais formosa princesa da Terra à barbaridade de um gênio implacável, eu havia-me tornado criminoso e o mais ingrato dos homens. "É verdade, pensei, que ela é prisioneira há 25 anos; mas, a não ser a liberdade, nada lhe faltava para ser feliz. Meu arrebatamento pôs fim à sua ventura, e submete-a à crueldade de um demônio impiedoso." Abaixei o alçapão, recobri-o de terra, e retornei à cidade [...][131].

Conforme já assinalamos no primeiro capítulo deste trabalho[132], nessa passagem Galland apagou a importância conceitual da fatalidade do destino

---

129. Galland, 1965, vol. I, pp. 151-152.
130. Conforme a tradução de Jarouche, o objeto tocado pelo filho do rei não é precisamente um talismã, mas duas linhas desenhadas na soleira (cf. Jarouche, 2005, vol. I, p. 143).
131. Galland, 1965, vol. I, 44ª noite, pp. 153-154.
132. Cf. seção 4 do capítulo 1.

para valorizar a concepção moral da responsabilidade humana. Nesse sentido, a infelicidade amorosa do filho do rei (calândar) é desencadeada devido à sua própria ação de se deixar perder o controle de seus sentidos, e, a seguir, de quebrar o talismã por força de seu impulso, comprometendo, primeiramente, a vida da princesa ("sacrificando a mais formosa princesa da Terra à barbaridade de um gênio implacável"), e, como veremos, também a sua própria vida. Desse modo, ao lado do tema da infelicidade amorosa, a culpabilidade humana também permeia o episódio da narrativa do calândar, sendo a razão do comprometimento de sua felicidade junto à princesa: "Retirei-me para o meu quarto, onde mil vezes me censurei pelo meu excesso de imprudência. 'Nada, eu pensava, teria igualado a felicidade da princesa e a minha se eu, contendo-me, não houvesse quebrado o talismã'"[133].

Enquanto a infelicidade amorosa do filho do rei, na "História do Segundo Calândar", é uma consequência de sua própria imprudência, na narrativa de Mahoud, em "Os Quatro Talismãs", ela está relacionada com o seu talismã mágico, visto que, se por um lado o objeto provocou a rápida felicidade pela conquista de Zénaïb, por outro desencadeou a violenta paixão e, sobretudo, o ciúme da vingativa Boudroubougoul, cuja presença ocasiona todos os infortúnios de Mahoud. A face negativa do talismã, nesse momento da narrativa, é plenamente evidenciada, pois, ao mesmo tempo em que traz uma fugaz felicidade, ele também desencadeia uma profunda infelicidade.

Apesar de a narrativa conter elementos severos como o ciúme, a traição e a paixão infeliz, a descoberta do encontro amoroso na história de Mahoud possui certo caráter cômico, diferenciando-se do tom trágico da tradução das *Noites*. A paixão de Boudroubougoul por Mahoud confere singular comicidade ao conto, pois a figura da velha escrava moura é o oposto da imagem bela e fresca de Zénaïb, foco de desejo do protagonista; ademais, o nome da velha moura tem uma sonoridade disforme, algo como o avesso de Badroulboudour, nome da bela princesa da "História de Aladdin", cujo significado é "Plenilúnio dos Plenilúnios", ou seja, uma imagem cósmica que

---

133. Galland, 1965, vol. I, p. 154.

denota a imensa beleza da personagem[134]. Badroulboudour, além de desejada por Aladdin, é motivo de grande felicidade para o protagonista; diferentemente, Boudroubougoul tem um aspecto repugnante para Mahoud: "[...] mas, vendo seu aspecto, eu recuei com um horror irresistível, tanto essa negra era execrável de ver, e desmaiei novamente [...]"[135]; e, sobretudo, é ela a desencadeadora da total frustração amorosa do protagonista:

> A infame escrava, que eu já via como a autora secreta de minha perda, avançou aos pés do imperador, prosternou-se, e falou: "– Augusto soberano da China. [...] Quando te revelei a traição de Zénaïb e de seu pérfido cúmplice, lembra-te, sem dúvida, de que eu me reservei o direito de, pelo preço de um segredo tão importante à honra de tua coroa, ter a garantia de obter a primeira graça que te implorasse. [...] Sabe, poderoso rei de todos os reis, que foi somente o ciúme que me estimulou a trair o mistério que cobria esse criminoso amor. O encantador príncipe de Fardan tornou-se senhor de meu coração, até aqui inflexível, e estava pronta para fazer-lhe o sacrifício de minha inocência, quando ele ousou formular o audacioso projeto de roubar-te tua favorita. [...] Devolve-me, devolve-me o esposo que me abandonou e eu me empenharei, de hoje em diante, a prender o volúvel de maneira a não mais perdê-lo! Essa é a graça que te demando"[136].

O talismã fez Boudroubougoul apaixonar-se intensamente por Mahoud, e o efeito desse sentimento é seu veemente ciúme que, conforme a personagem, a excitou a trair o segredo do encontro entre a favorita do rei e Mahoud; como consequência da paixão de Boudroubougoul, provocada pelo talismã, o protagonista perdeu Zénaïb, sua grande paixão, e também sua própria liberdade, pois seu casamento com a ciumenta escrava foi um sinônimo de trinta anos de prisão:

> Que me baste dizer-vos que minha vida cativa nessa morada infernal não durou menos de trinta anos, cujos minutos não se podem medir em nenhuma espécie de tempo conhecido, pois a velhice de Boudroubougoul parecia desafiar os anos. Quanto mais a idade lhe pesava mais receava, em seu implacável ciúme, que eu escapasse ao funesto amor que tive a horrível desgraça de lhe inspirar. Mesmo a precaução de ter-me afastado de todas as mulheres não a assegurava inteiramente. Ela descia,

---

134. Cf. seção 4 do capítulo 1.
135. Nodier, 1961, p. 751.
136. *Idem*, p. 753.

sem piedade, até os mistérios de meu coração, para lá surpreender um pensamento que não teria sido para ela e, diante da menor descoberta, expunha-me aos tratamentos mais odiosos[137].

O talismã que prometia a plena felicidade amorosa gerou, desse modo, tão somente o contrário; seu êxito afetivo foi fugaz, e as extravagâncias intensas desde o primeiro momento em que seu objeto mágico agira; seu poder sedutor desencadeou, sobretudo, o ciúme violento de homens e mulheres, sofrendo ele próprio as consequências funestas de agressões físicas, ameaças de morte e a perda de sua liberdade em um casamento infeliz, orientado pelo ciúme doentio da velha Boudroubougoul ("Ela descia, sem piedade, até os mistérios de meu coração, para lá surpreender um pensamento que não teria sido para ela e, diante da menor descoberta, expunha-me aos tratamentos mais odiosos").

Ademais, como ocorre na narrativa de Douban, as consequências funestas da presença do talismã não se restringem ao protagonista; desse modo, Zénaïb, por ordem do ciumento imperador, foi entregue aos mais vis de seus servidores: "Entrega essa escrava indigna aos mais vis de meus serviçais, disse o tirano, e que ela não apareça nunca mais em minha frente"[138].

Paralelamente, na "História do Segundo Calândar", a princesa da Ilha de Ébano – que vivia em condição semelhante à de Zénaïb, como cativa de um ser poderoso e também ciumento – teve, em razão da imprudência do filho do rei, um destino pior, pelo próprio caráter trágico da narrativa: foi espancada e mutilada pelo gênio até a sua morte[139]. Quanto ao filho

---

137. *Idem*, p. 755.
138. *Idem*, p. 752.
139. Nesse momento da narrativa, Galland atenuou a violência da cena, mas manteve o processo de seu espancamento, mutilação e morte, conforme podemos perceber, comparativamente, à tradução de Jarouche:
    Cette princesse était nue et tout en sang, étendue sur la terre [...]
    " – Je vois bien, dit le génie, que vous me bravez l'un et l'autre, et que vous insultez à ma jalousie; mais par le traitement que je vous ferai, vous connaîtrez tous deux de quoi je suis capable." A ces mots, le monstre reprit le sabre et coupa une des mains de la princesse, qui n'eut que le temps de me faire un signe de l'autre pour me dire un éternel adieu [...]" (Galland, 1965, vol. I, 45ª e 46ª noite, pp. 155-156).
    Olhei para a jovem, que estava nua, amarrada e com sangue escorrendo pelos flancos. [...] O *ifrit* disse: "Vocês estão mancomunados contra mim. Eu vou lhes mostrar qual é a punição

do rei, conseguiu salvar-se da morte utilizando o recurso que é comum às personagens "mileumanoitescas": contar histórias; porém, do mesmo modo que Mahoud, ele foi aprisionado, não por uma mulher feia e ciumenta, mas sim num corpo de um animal simiesco, em decorrência da metamorfose que o gênio lhe impôs.

Como é possível observar, a similaridade temática entre as narrativas de Mahoud e do segundo calândar perpassa pelo mesmo tipo de relação entre um forasteiro (Mahoud e o calândar filho do rei) e uma bela princesa cativa (Zénaïb e a princesa da Ilha de Ébano), pelo ciúme violento de seu senhor (o imperador chinês e o gênio) e o castigo que este impõe ao casal (abandono de Zénaïb aos serviçais mais vis do imperador e a prisão de Mahoud junto a Boudroubougoul; morte da princesa da Ilha de Ébano e metamorfose do calândar filho do rei), efetivando a infelicidade amorosa das personagens. Notemos que, apesar da semelhança temática da infelicidade amorosa, há uma diferença fundamental quanto ao motivo gerador dos infortúnios sofridos pelas personagens: enquanto a narrativa de Galland enfatiza, mais uma vez, a imprudência, portanto, o conceito da culpabilidade humana, a narrativa de Nodier evidencia a ação do talismã; ou seja, o poder de sedução originário de um objeto mágico não é capaz de gerar a felicidade amorosa, pois não advém efetivamente de uma conquista pessoal, baseada nos atributos, valores, capacidades, enfim, nos méritos individuais.

Mahoud, enquanto possuía o talismã, era capaz de atrair toda e qualquer mulher, porém, juntamente com a atração ilusória, o protagonista também sofria os efeitos do ciúme violento dos amores desdenhados e dos homens traídos, o que o impedia de alcançar a plenitude de sua satisfação amorosa. O ciúme é a face negativa da paixão intensa provocada pelo talismã e o desencadeador da ruína de Zénaïb, da prisão e, de certa forma, da mendicidade de Mahoud. Isto porque Boudroubougoul, movi-

para o que fizeram". E, pegando a espada, golpeou a mulher, fazendo sua mão sair voando do braço; depois, golpeou e fez voar a outra mão, e ela, debatendo-se nos estertores da morte, fez-me ainda um sinal com os olhos como que se despedindo [...]" (Jarouche, 2005, vol. I, 45ª e 46ª noite, pp. 147-149).

da por um ciúme extremo, roubou o talismã de Mahoud pensando ser aquele objeto uma lembrança de amor de sua juventude; imediatamente cessado o poder do talismã, Boudroubougoul expulsou o protagonista do palácio, onde vivia aprisionado e isolado de qualquer outra presença feminina senão a de sua esposa, há trinta anos:

> "[...] És tu, então, ignóbil e disforme criatura, és tu, mágico maldito, que a viva e graciosa Boudroubougoul prodigalizou, durante trinta anos de ilusões, os tesouros de sua juventude e beleza! [...] Retira-te, continuou, em um acesso de cólera impossível de exprimir [...] Desaparece para sempre, vai buscar novas conquistas entre os monstros que te assemelhem."[140]

O ciúme violento de Boudroubougoul desencadeia a derrocada final da personagem que, após ser expulso do palácio onde com ela morava, passa a viver de esmolas e do desprezo feminino: "Eu procurava seus olhares; observava suas emoções, aguardava seu entusiasmo e avanço, mas só obtive o desprezo"[141]. O talismã de Mahoud não tinha a capacidade de fornecer-lhe benefícios materiais, porém, graças à irresistível atração que exercia sobre as mulheres, conseguia recursos para garantir sua sobrevivência; depois de sua expulsão por Boudroubougoul e sem os poderes mágicos de atrair qualquer outra mulher que pudesse sustentá-lo, a personagem sofre a derrocada final, passando a viver sem amores e sem meios materiais, resignando-se à vida de mendigo. Desse modo, de forma bastante original, Nodier não deixou de discorrer sobre a questão da sobrevivência material, fazendo com que a personagem Mahoud encontrasse a mesma situação de Douban, apesar de abordar o subtema da infelicidade amorosa. Mais uma vez, no desfecho da narrativa, permanece a ideia de que a realização, enfim, a felicidade, não pode ser alcançada senão pelo próprio empenho.

Os talismãs de Pirouz e de Mahoud, como já mencionamos anteriormente, tinham a singular capacidade de conferir atributos especiais às per-

---

140. Nodier, 1961, p. 756.
141. *Idem, ibidem.*

sonagens. Enquanto Mahoud adquiriu o poder de atrair toda e qualquer mulher, Pirouz foi contemplado com o poder do conhecimento das doenças e dos remédios encontrados na natureza para sua cura. Semelhante competência, para o jovem Pirouz, era "a primeira riqueza do homem, se soubesse conhecê-la"[142], porém tal riqueza não era por ele efetivamente conhecida, pois era fruto de um objeto mágico, e não fundada num conhecimento adquirido com a leitura e o estudo. De todo modo, ele esperava com a ajuda de seu talismã encontrar a fortuna e a glória: "Eu recebi esse favor com alegria, porque me dava a esperança de um rico e glorioso porvir"[143]; e, em busca dessa sorte, ele se dirigiu ao Egito. Lá encontrou uma doença contagiosa desoladora que assolava o país todos os anos, porém não encontrou dificuldades em curar muitos doentes; como consequência, acabou despertando a inveja no colégio de doutores, que o convocou para prestar contas do direito que tinha de curar:

> Entretanto, em minha prática, não havia o que me justificar por um único resultado sinistro ou duvidoso, e, assim, a medicina me trouxe a inveja. O colégio de doutores resolveu levar-me diante do tribunal soberano para prestar contas do direito que eu tinha de curar, pois não é permitido, naquele país, salvar um homem da morte se não estiver autorizado por um alvará que rende grossos denários[144] ao fisco[145].

O colégio de doutores, movido pela inveja, convocou Pirouz com a finalidade de impedi-lo de curar os doentes e, especialmente, de destacar-se de seus pares, e a justificativa para detê-lo era a necessidade de um título que o licenciasse para a prática da medicina. É também significativo atentarmos na explicação de Pirouz acerca da importância desse título no país, pois é um pequeno fragmento que denota um tom característico do texto. Enquanto a narrativa de Mahoud caracteriza-se pela comicidade, a de Pirouz é imbuída de uma singular ironia, fazendo com que sua narrativa ganhe, em vários

---

142. *Idem*, p. 758.
143. *Idem, ibidem*.
144. Do latim *denarius*, moeda romana da Antiguidade que também deu origem ao dinar, utilizado ainda hoje em países do Magrebe e do Oriente Médio, entre outros.
145. *Idem*, pp. 759-760.

momentos, um tom satírico, como se pronuncia no extrato: "pois não é permitido, naquele país, salvar um homem da morte se não estiver autorizado por um alvará que rende grossos denários ao fisco", ou seja, a passagem ironiza os valores do país, que confere maior importância ao documento que concede o direito de exercer a medicina e que, sobretudo, angaria generosos fundos para o rei, do que à preservação da vida de um homem.

Observemos que, na primeira ocasião, quando Pirouz colocou à mostra sua capacidade extraordinária de identificar e de curar as doenças, pronunciou-se a notável consequência negativa de seu talismã: a inveja. Nesta narrativa, porém, ela não é somente a consequência nefasta do objeto mágico, mas é também o centro do próprio subtema da história de Pirouz: a inveja que provoca dano ao invejado. Nesse sentido, o protagonista (invejado) sofrerá a ação perniciosa do colégio de doutores (invejoso). Paralelamente, em *Les mille et une nuits*, o tema da inveja que causa dano ao invejado está presente em várias histórias[146], porém a que mais se aproxima pela similaridade dos fatos é a "História do Rei Grego e do Médico Douban" ["Histoire du roi grec et du médicin Douban"], uma das narrativas encaixadas na "História do Pescador". Nessa história, o protagonista Douban, como Pirouz, exerce a atividade da medicina e, igualmente, é vítima da inveja, não, porém, de seus pares, mas do vizir do reino.

Há, entretanto, uma diferença fundamental entre os protagonistas. Douban, ao contrário de Pirouz, é uma personagem efetivamente ligada ao conhecimento e à ciência médica: "esse médico aprendera sua ciência em livros gregos, persas, turcos, árabes, latinos, siríacos e hebraicos; e, além da filosofia, ele conhecia perfeitamente as boas e as más qualidades de todos os tipos de plantas e drogas"[147]. Pela descrição da personagem,

---

146. Entre elas podemos citar "Histoire de l'envieux et de l'envié", "Histoire de Zobéide", "Histoire du seconde vieillard", "Histoire des deux soeurs jalouses de leur cadette".
147. Galland, 1965, vol. I, p. 72. Conforme a tradução de Jarouche, o teor da sabedoria de Douban é descrito de modo mais pormenorizado: "[...] um sábio chamado Dûbân, que lera os livros gregos, persas, turcos, árabes, bizantinos, siríacos e hebraicos e dominara os saberes neles contidos, qual era o fundamento da sabedoria neles contida, as bases em que radicavam suas questões e os benefícios que deles advinham; tinha conhecimento de todas as plantas e ervas, nocivas e benéficas; detinha o conhecimento dos filósofos, e passara por todos os ramos do saber" (Jarouche, 2005, vol. I, p. 78).

podemos, então, perceber que Douban se caracteriza, sobretudo, pela sabedoria, pois não somente tem um profundo conhecimento da medicina, adquirido pela leitura de livros científicos de vários povos, mas também da filosofia, ciência que, no período de formação das *Noites*, era sinônimo de um conjunto de saberes. Pirouz, por sua vez, podia tão somente identificar a doença e o remédio para a cura através de um objeto mágico, pois tinha um espírito limitado, conforme a descrição de seu irmão Douban: "Pirouz, que nunca pôde aprender nada, tão limitado era seu espírito".

Por outro lado, Douban, como Pirouz, é igualmente um forasteiro que chama a atenção de todos pela sua habilidade médica. Desse modo, na qualidade de excelente conhecedor das ciências, logo que chegou à corte, no país de Zouman, na Pérsia[148], ofereceu-se para curar o rei de origem grega[149] da lepra, que apesar dos esforços nenhum de seus médicos teve êxito ao tentar fazê-lo. De modo surpreendente, Douban conseguiu curar o rei da doença que cobria todo seu corpo, e, como agradecimento, o soberano cumulou-o de presentes, muitas riquezas e achegou-o à sua companhia.

O sucesso de Douban, diferentemente do que ocorre na narrativa de Pirouz, não feriu o colégio de doutores do reino, mas sim o vizir: "Ora, esse rei tinha um grão-vizir avarento, invejoso e naturalmente capaz de todas as espécies de crimes. Somente a muito custo pudera ver os presentes feitos ao médico, cujo mérito, aliás, começava a lhe provocar ciúme; e resolveu colocar o rei contra ele"[150]. Como podemos perceber, a reação do vizir, motivada pela inveja, é eliminar Douban, pois acreditava que sua presença ofuscava a dele diante do rei; este mesmo comportamento

---

148. Com base no geógrafo árabe medieval Yâqût, Jarouche observou que a terra de Zûmân ficava próxima da Armênia, e seu povo pertencia à etnia curda (cf. Jarouche, 2005, vol. I, p. 77, nota 42); a passagem, entretanto, situa Zûmân na Pérsia. Uma possível justificativa para tal alusão persa no texto seria o fato de que, conforme assinalou Miquel, depois da penetração dos mongóis em Bagdá, a Pérsia passou a ser um local cada vez mais distante e lendário, tornando-se uma referência para os contos dotados do maravilhoso, nas *Noites* (cf. Miquel, 1991, p. 61).
149. Conforme a tradução de Jarouche, o nome do rei é Yûnân, palavra que, acompanhada de artigo definido, significa "Grécia", ou, mais propriamente, "Jônia" (cf. Jarouche, 2005, vol. I, p. 77, nota 42). Na tradução de Galland, o rei não é identficado pelo nome, mas por sua origem, sendo empregado somente "rei grego".
150. Galland, 1965, vol. I, p. 75.

está similarmente presente na narrativa de Pirouz, reproduzido pelo colégio de doutores.

Notemos que, semelhantemente, Douban e Pirouz são forasteiros que se destacam pela sua brilhante aptidão médica, ainda que adquirida de modo diverso, e, por essa razão, atraem olhares invejosos; porém tal sentimento não se encerra, resignadamente, em seus possuidores: ao contrário disso, eles buscam um meio de eliminar a presença do invejado. O processo de eliminação, ou dano, marca, entretanto, uma diferença essencial entre as duas narrativas. Enquanto na "História do Rei Grego e do Médico Douban", a atitude do vizir conduz a narrativa para um caráter trágico, na história de Pirouz, o tribunal soberano e a assembleia administrada pelo colégio de doutores mantêm o caráter satírico da narrativa, envidenciando a ignorância e a superficialidade daqueles que lidam com a vida humana.

Na "História do Rei Grego e do Médico Douban", o vizir, primeiramente, semeou a dúvida no rei:

> "Senhor, disse-lhe, é bem perigoso para um monarca ter confiança em um homem cuja fidelidade não foi devidamente experimentada. Cumulando de benefícios o médico Douban e fazendo-lhe todas essas lisonjas, não sabeis que é um traidor, que penetrou nessa corte somente para vos assassinar"[151].

Inicia-se o delineamento da moralidade na história, pondo à mostra a face negativa do ser humano, que, movido pela inveja, é capaz de manipular e, subsequentemente, ceifar a vida daquele que acredita ofuscar o seu brilho. Desse modo, o vizir incriminou o inocente Douban, chamando-o de traidor e acusando-o de ser alguém que queria assassinar o rei ("é um traidor, que penetrou nessa corte somente para vos assassinar").

O soberano, primeiramente, resistiu, argumentando que o vizir sentia, na verdade, inveja de Douban: "Eu vejo o que está acontecendo, sua virtude excita vossa inveja; mas não creais que me deixo prevenir injustamente contra ele [...]"[152]. O vizir, entretanto, foi persuadindo o rei, fazendo uso

---

151. *Idem*, p. 75.
152. *Idem*, p. 76.

de uma história exemplar[153] ("História do Vizir Punido" ["Histoire du vizir puni"]) – como o fazem as várias personagens "mileumanoitescas" – e de reiteradas falsas observações, suscitando dúvidas se o tratamento aplicado ao rei não poderia, posteriormente, tirar-lhe a vida: "Ele vos curou, dizeis; eh! Quem vos pode assegurar? Talvez só vos tenha curado aparentemente, e não totalmente. Quem sabe se esse remédio, com o tempo, não produzirá um efeito pernicioso?"[154] As insistentes falsas evidências mostram a face pérfida e ladina do vizir e, ao mesmo tempo, provocam as reações do rei, evidenciando sua inépcia; desse modo, apesar do rei contestar, inicialmente, a opinião do vizir, ele acaba acreditando em seu ministro, pois não era dotado de bom senso e nem de firmeza de opinião:

> O rei grego, que possuía naturalmente muito pouco bom senso, não teve perspicácia suficiente para perceber a má intenção de seu vizir, nem firmeza bastante para persistir no seu primeiro sentimento. Essas palavras o fizeram tremer. "Vizir, disse ele, tu tens razão; talvez ele tenha vindo exatamente para me tirar a vida; o que muito bem pode executar apenas pelo odor de alguma de suas drogas. É preciso ver o que se pode fazer nesta conjuntura"[155].

Observemos que esse fragmento destaca, sobretudo, a fraqueza do rei, que é elucidada primeiramente pelo narrador[156], que o caracteriza por ter "muito pouco bom senso" e, a seguir, pela própria fala da personagem, que denota seu caráter pouco determinado, diferente, aliás, daquele do vizir: "É preciso ver o que se pode fazer nesta conjuntura"; como é possível notar, o rei não sabe o que fazer com o médico que acreditava ser um traidor. Dian-

---

153. Como assinalou Jarouche, as histórias exemplares baseiam-se num "sistema de metáforas e analogias que mantêm uma relação de espelho com seu contexto de enunciação, têm a função de mover alguém a praticar determinada ação ou então demovê-lo de praticá-la" (cf. Jarouche, 2005, p. 22).
154. Galland, 1965, vol. I, p. 82.
155. *Idem, ibidem.*
156. Conforme a tradução de Jarouche, o narrador não intervém na narrativa, traçando o caráter do rei: "O rei Yûnan então respondeu furioso: 'De fato, você fala a verdade vizir; talvez, como está dizendo, ele tenha vindo para matar-me. Quem me curou com algo qualquer que me fez tocar pode matar-me fazendo-me sentir um odor qualquer'. E continuou: 'O vizir, ó bom conselheiro, o que fazer com o sábio?'" (Jarouche, 2005, vol. I, p. 86).

te de sua incerteza, o vizir sugeriu que mandasse decepar a cabeça de Douban, e o rei, por sua vez, acatou imediatamente: "Verdadeiramente, disse o rei, creio que seja assim que devo combater o seu plano"[157]. Douban, ao saber de sua sentença, rogou e argumentou que estava sofrendo uma terrível injustiça, questionando a paga que recebia em troca de ter salvo o rei da morte; o soberano, entretanto, inflexível, não mudou sua sentença: "É assim, disse-lhe ele, que me recompensais pelo bem que vos fiz? O rei não o ouviu, e ordenou pela segunda vez ao carrasco que desse o golpe mortal"[158]. Douban, enfim, teve sua cabeça decepada por ordem do rei.

É importante notar que, na "História do Rei Grego e do Médico Douban", o tema da inveja que provoca dano ao invejado, além de situar um sentimento negativo do homem e os efeitos funestos que ele pode suscitar, também localiza as consequências nefastas que um soberano fraco e destituído de bom senso provoca, como a injustiça, a crueldade e a tirania; estes são, aliás, apenas para lembrar, aspectos opressos do poder que *Les mille et une nuits* encerram com profusão, reiterando a imagem do próprio Schahriar nas várias narrativas. No processo de dano que o vizir executa junto ao rei, ao contar-lhe uma história exemplar e levantar falsas evidências, vão-se delineando na narrativa os valores e os caracteres das personagens – um vizir invejoso e ladino; um rei inepto e fraco –, de modo que é engendrada na história sua concepção moral, pois põe à mostra as consequências funestas da inveja e, paralelamente, da fraqueza de um governante. Ao mesmo tempo, as falsas acusações do vizir que caracterizam o processo de dano vão conferindo à narrativa um tom trágico que tem seu ápice na morte do inocente Douban.

Diferentemente, na narrativa de Pirouz, o desenvolvimento do dano perpassa pela necessidade de que o protagonista prove seu preparo para o exercício da medicina, por meio do que, ironicamente, o velho Pirouz chama "estudos preliminares de um gênero bastante singular"[159];

---

157. Galland, 1965, vol. I, p. 82.
158. *Idem*, p. 83.
159. Nodier, 1961, p. 760.

e são exatamente tais estudos que são reclamados pelo tribunal soberano e, a seguir, pela assembleia do colégio de doutores que evidenciam o caráter superficial dos médicos egípcios e conferem um tom satírico à narrativa.

Primeiramente, o jovem Pirouz foi submetido ao tribunal soberano, quando, para confirmar o exercício de sua profissão, solicitaram o conhecimento aprofundado da língua copta: "era preciso provar, pelo menos, que eu havia sido preparado por estudos de um gênero bastante singular, entre os quais estava, em primeira linha, o conhecimento aprofundado da língua copta"[160]. No entanto, nem o tribunal soberano e nem o colégio de doutores conheciam a língua copta: "O tribunal soberano [...] que não conhecia a língua copta, enviou-me novamente ao colégio de doutores, que também não a conhecia"[161]. Notemos que o primeiro requisito solicitado a Pirouz para que provasse estar apto a praticar a medicina não é um conhecimento indispensável, nem diretamente ligado à ciência médica, demonstrando a inabilidade do tribunal soberano; sua inépcia ainda é acentuada pelo fato de solicitarem algo de que nem ele e nem o colégio de doutores tinha conhecimento. Como é possível perceber, o processo de dano é iniciado em tom satírico, pondo à mostra a debilidade daqueles que detêm o poder de julgar (tribunal soberano).

Quando Pirouz volta para diante do colégio de doutores, acentua-se, por sua vez, a debilidade daqueles que detêm o poder de curar as moléstias humanas. Duas das três perguntas dos doutores dirigidas a Pirouz não apresentam qualquer relevância para o ofício de curar e aliviar a dor da humanidade, tampouco para certificar o conhecimento de Pirouz para licenciá-lo na prática médica. O primeiro dos doutores perguntou-lhe "se Sesóstris havia ficado cego dos dois olhos ao mesmo tempo, e, caso eu tivesse opinião contrária [...], qual dos olhos ele havia perdido primeiro, o direito ou o esquerdo"[162]; o segundo doutor quis saber a opinião de Pirouz a respeito da cor do escaravelho sagrado "que sempre

---

160. *Idem, ibidem.*
161. *Idem, ibidem.*
162. *Idem, ibidem.*

se passou por negro, até a chegada de um viajante vindo da Núbia, de onde trouxe um escaravelho verde"[163].

A terceira pergunta satiriza, definitivamente, o colégio de doutores, pois faz referência a uma palavra cabalística que teria o poder de cura: "O terceiro doutor [...] exigiu que eu explicasse à douta assembleia as virtudes secretas pelas quais o *abracadabra* havia curado a febre terçã"[164]. E, ironicamente, é esta a pergunta que ocasiona, de fato, a prisão de Pirouz, pois respondeu que o *abracadabra* não curava a febre terçã, causando uma indignação geral entre os doutores:

> Como os médicos do Egito somente curavam a febre terçã por meio do *abracadabra*, quando tinham a felicidade de curá-la, essa última resposta provocou uma indignação geral. O colégio rechaçou-me como um impostor temerário e ignaro que até a língua copta não sabia, e, assim, o tribunal soberano enviou-me para a prisão, para lá findar os meus dias, com a proibição expressa de curar quem quer que fosse, sob pena de suplício[165].

Os médicos egípcios não utilizavam o conhecimento científico para curar a febre terçã, mas uma palavra cabalística; Pirouz, ao discordar dessa crença, provocou ainda mais os doutores, que o proibiram definitivamente de exercer a medicina, fato que, mais uma vez, denota o tom satírico da narrativa de Pirouz. Desse modo, todo o processo de dano põe à mostra a debilidade de um colégio de doutores que, apesar de seu alvará, não parece ter profundos conhecimentos da ciência médica. Porém, como possui sua licença, tem o direito de exercer livremente seu ofício sem sofrer maiores penalidades, podendo ainda embargar quem praticasse a medicina com sucesso, caso não possuísse o devido documento que assegurasse o direito legal de exercer a arte de curar.

Comparativamente, a narrativa de Pirouz nos remete à "História do Rei Grego e do Médico Douban" pela semelhança temática, pois ambas tratam da inveja e das consequências que ela pode desencadear quando

---

163. *Idem, ibidem.*
164. *Idem, ibidem.*
165. *Idem, ibidem.*

o invejoso trama contra o invejado: a prisão de trinta anos de Pirouz e a morte de Douban. Porém a narrativa de Pirouz não traz somente uma similaridade temática com relação à história de Douban, mas também de determinados elementos que compõem esta narrativa traduzida das *Noites*, como o ofício e a condição da personagem (médico e forasteiro), o processo de dano e a sentença final para o invejado. No entanto, a narrativa de Pirouz contém diferenças fundamentais pelas quais percebemos a originalidade de Nodier.

Primeiramente, ao contrário do sábio Douban, que construíra seu conhecimento debruçando-se sobre os livros de vários povos, Pirouz tem um espírito limitado e sua aptidão médica foi adquirida por meio de um objeto mágico, não sendo, portanto, uma habilidade conquistada pela sua própria aplicação e esforço. Além disso, enquanto o processo de dano da narrativa de Douban possui um traço moralizante que, gradativamente, vai adquirindo um tom trágico, efetivado com o desfecho da morte, o processo de dano da narrativa de Pirouz configura-se pela sátira, evidenciando a superficialidade de um ignaro colégio de doutores. Ademais, o fato de Nodier ter desenvolvido a história a partir de um talismã mágico confere à narrativa ainda outros danos que se estendem aos demais personagens, não tendo como única consequência da inveja a prisão do invejado, como veremos a seguir.

As curas extraordinárias que Pirouz fizera, graças ao poder do talismã, despertaram uma consequência funesta do objeto mágico: a inveja. Paralelamente, podemos notar que a presença dos talismãs de Douban e Mahoud também desencadeou as respectivas consequências negativas da ganância e do ciúme; há, porém, uma diferença na narrativa de Pirouz: enquanto os efeitos negativos desencadeados pela ação dos talismãs de Douban e Mahoud (a ganância e o ciúme) eram sentidos pelos protagonistas e pelas demais personagens quando ainda os objetos conservavam seu poder, na narrativa de Pirouz, o efeito nefasto do objeto mágico sofrido pelas demais personagens da história ocorre, sobretudo, depois de extinto seu poder. Existem, portanto, na narrativa de Pirouz dois efeitos negativos, um, enquanto o talismã conserva o seu poder, e outro quando o perde.

Primeiramente, a inveja foi a consequência negativa do extraordinário poder de identificar as doenças e os remédios para sua cura; porém, tal sentimento trouxe um resultado nefasto somente ao protagonista: sua prisão ao longo de trinta anos. A seguir, o efeito funesto da presença do talismã ocorre pela própria perda de seu poder, gerando a morte de vários doentes. A perda da propriedade extraordinária do talismã de Pirouz ocorreu quando, ao sair do cárcere por ordem do rei – tão fraco, injusto e cruel quanto o rei grego da história de Douban –, o médico do soberano, movido pela inveja, ameaçou matá-lo se não contasse o segredo de seu sucesso que, para ele, parecia ser mais um fruto do acaso do que do estudo:

"[...] vós [Pirouz] percebeis, com uma única olhada, a causa de todas as doenças, e sabeis em um instante o remédio que lhes é apropriado: esse é um ponto com o qual estamos de acordo [...] o que eu não poderia crer é que tenha existido uma escola de medicina, no Egito ou em qualquer outro lugar, que tenha ensinado essa ciência, e tomo a liberdade de imaginar que vós a tendes mais pelo acaso do que pelo estudo [...] eu aprendi que os médicos sabem apenas pouca coisa ou não sabem nada. Nós raciocinamos sobre as doenças por aproximação [...] se vós conheceis outra medicina que não esta, sois ainda mais sábio do que eu havia pensado, mas tenho alguma razão para crer que não adquiristes este segredo nos bancos da escola."[166]

A inveja do médico o levou a questionar e a ameaçar Pirouz, pois desejava para ele o sucesso extraordinário da arte de curar detido pelo protagonista, suspeitando de que aquele surpreendente conhecimento não era fruto do estudo. Pirouz, para se salvar da morte, deu-lhe o talismã, explicando que era daquele objeto que provinha seu poder; porém não lhe disse que, quando o tocasse, ele perderia inteiramente sua propriedade. O médico egípcio e seus pares, orgulhosos e confiantes no talismã, continuaram a matar, como antes, seus doentes. Como consequência da perda de seu talismã, Pirouz matou, fora do Egito, muitas pessoas, acreditando que havia conservado em sua memória os hábitos da prática médica; devido às várias mortes que causara, foi proibido de exercer a medicina, sob pena de ser desfigurado e, assim, tornou-se um mendigo.

---

166. *Idem*, pp. 765-766. (A observação entre os colchetes é nossa.)

O talismã doado pelo gênio da montanha do Caf, que tinha o poder de fazer seu possuidor conhecer as doenças e os remédios para curá-las, significava para Pirouz um rico e glorioso porvir; porém, mal o protagonista iniciou a prática da medicina, sofreu com a inveja dos doutores egípcios, tendo como resultado trinta anos de prisão. Assim, a inveja despertada pela surpreendente capacidade de curar causou ao protagonista seu primeiro dano. A seguir, a mesma inveja fez com que o talismã de Pirouz perdesse o poder, e, com isso, demais danos se manifestaram, atingindo não somente o invejado Pirouz: muitos doentes morreram, médicos egípcios passaram a exercer seu ofício com uma confiança cega e o protagonista tornou-se um mendigo.

Desse modo, a felicidade prometida pelo talismã não pôde ser alcançada; ao contrário disso, a presença do objeto mágico trouxe apenas infelicidade ao protagonista e às demais personagens porque o conhecimento que ele encerrava não era fruto dos próprios esforços, enfim, não era parte de um trabalho efetivamente conquistado.

A história de Ebid[167], ao contrário de todas as outras do conto, não possui um talismã mágico, mas um conjunto de objetos corriqueiros, comuns na vida de qualquer homem, ou seja, o motivo pelo qual se desenvolve a narrativa é um saco de couro velho com várias ferramentas. Conforme nos referimos anteriormente, este é um motivo singular que engendra um tema igualmente singular: o verdadeiro talismã capaz de promover a felicidade é o trabalho.

Este é um tema[168] que não foi possível localizar em *Les mille et une nuits*; no entanto, há uma breve passagem da "História do Segundo Calândar" que faz referência à importância de aprender um ofício, ou uma arte, entre os príncipes:

> Alguns dias após minha chegada, notando que eu já me havia refeito da fadiga da longa e penosa viagem, e não ignorando que a maioria dos príncipes de nossa

---

167. Corruptela de 'Âbid, cujo significado é "Devoto".
168. De acordo com o ensaio de classificação de Elisséeff, há o motivo "aprender um ofício", mas, nos contos onde ele se verifica, os temas desenvolvidos se distinguem daquele presente no conto de Nodier (cf. Elisséeff, 1949, p. 93).

religião por precaução contra os reveses da fortuna aprende alguma arte ou ofício para se servir em caso de necessidade, perguntou-me se eu conhecia algum pelo qual eu pudesse viver independentemente[169].

Como é possível notar, o narrador situa que os príncipes muçulmanos aprendem um ofício ou uma arte por precaução, para que possam, em caso de necessidade, viver independentemente; mas, como dissemos, é uma breve passagem, e não um tema que se desenvolve ao longo do conto, como ocorre na narrativa de Douban, quando, entre os conselhos de Abou-Bedil, figura a importância de aprender um ofício.

Diferentemente, em "Os Quatro Talismãs", o tema já começa a ser desenvolvido logo no início da história de Ebid, quando o ancião chama atenção para a importância do trabalho em sua vida: "Minha história não será longa. Há poucas vicissitudes na vida dos homens simples, que obedecem credulamente à sua natureza, e que suportam as leis inevitáveis da necessidade sem recursos nem segredos, mas com a paciência e o trabalho"[170]. Desse modo, conforme o ancião revela, toda sua vida é caracterizada pela simplicidade, sem outro segredo senão a paciência e o trabalho; o contrário, portanto, das vidas de Douban, Mahoud, Pirouz, que foram marcadas pelo segredo do talismã e pela mendicância, pois não sabiam qualquer ofício.

As ferramentas que Ebid ganhara do gênio da montanha do Caf auxiliaram-no a sobreviver na floresta ao longo de três anos, fazendo com que pudesse produzir o que necessitava, aprendendo a lidar com as dificuldades que lhe eram impostas em um lugar hostil:

> Foi então que aprendi o valor dos objetos contidos em meu saco de couro. Imaginei destacar alguns fortes galhos de árvores com um dos meus instrumentos chamado serra, enterrá-los na terra com um malhete, uni-los com filamentos robustos tirados dos caniços [...] e fazer uma muralha impenetrável, onde encontrei, a cada

---

169. Galland, 1965, vol. I, p. 148. Nesta passagem, a versão de Galland apresenta uma explicação do narrador que, comparativamente, está ausente na tradução de Jarouche: "Mantive-me às suas expensas por três dias, findos os quais ele me perguntou: 'Você conhece alguma atividade para exercer e se sustentar?'" (Jarouche, 2005, vol. I, 42ª noite, p. 142).
170. Nodier, 1961, p. 769.

noite, o repouso. Entretanto [...] minhas vestes esfarrapadas começavam a acabar-se. Descobri que poderia fazer outras com algumas cascas flexíveis [...] que eu cortava com a tesoura e unia com agulhas. [...] Iniciei-me, assim, em uma aprendizagem de três anos, nos vários tipos de ofício [...][171].

Graças às ferramentas, Ebid tornou-se, sobretudo, inventivo, criando e produzindo tudo o que era necessário para sobreviver na floresta, de forma que, quando chegou a Damasco, não era nem rico, nem belo, nem sábio, mas sim um artífice: "[...] e quando o destino incerto das viagens conduziu-me a Damasco, eu não era nem rico, nem belo, nem sábio, meus pobres irmãos; eu era ignorante, indigente e desdenhado, mas eu era um artífice"[172]. Notemos que Ebid, como seus irmãos, era um forasteiro, mas que, ao chegar a Damasco, não possuía nenhuma das benesses que eles detinham ao se encontrarem em uma nova cidade, ou seja, não possuía nenhuma das "condições de superioridade social mais universalmente reconhecidas", como assinalou Nodier, em seu prefácio a "Os Quatro Talismãs", de modo que, no lugar de talismãs mágicos que conferiam riqueza, poder de seduzir e conhecimento para curar, ele tinha somente a habilidade de um artífice. Como vemos, sua verdadeira capacidade, adquirida pela própria aplicação e trabalho, contrasta com as faculdades obtidas por seus irmãos, as quais não eram frutos efetivos de uma conquista pessoal, administrando-as de tal modo que aflorava apenas uma possibilidade negativa dos poderes dos talismãs.

Ebid, ao contrário, aprendera com a necessidade, de modo que soube fazer de seu ofício um meio de sobreviver e acumular sabiamente:

[...] a própria necessidade, que é uma boa mestra, tornou-me inventivo e habilidoso [...] eu sabia que, em qualquer lugar, os homens reunidos em sociedade têm necessidade de pagar por alguns alimentos, inteligência, indústria e força. Ao final de um dia, eu havia ganhado minha jornada; ao final de uma semana, tinha economizado para as necessidades de um dia; ao final de alguns meses, eu havia assegurado os custos de um mês, pois é preciso contar com as doenças e até mesmo com a pre-

---

171. *Idem*, p. 770.
172. *Idem, ibidem*.

guiça. Um ano depois, eu tive abastança: dez anos depois, eu estava rico, de acordo com a acepção razoável do termo[173].

Ebid, tendo-se tornado um artífice, soube não somente conquistar sua sobrevivência em Damasco, mas também adquiriu prudência, acumulando para garantir sua vida diante de possíveis adversidades, e enriqueceu. Notemos que, através de seu trabalho de artífice, Ebid conquistou o poder do primeiro talismã, ou seja, a riqueza, porém, não deixou que ela o cegasse, pois, enquanto jovem, tinha a mesma convicção que o acompanha na velhice: "A riqueza consiste em viver honradamente, sem ser uma carga para os outros, e ter uma condição de abastança modesta e moderada que permite, algumas vezes, ser útil aos pobres. Todo o resto é luxo e vaidade"[174]. Ebid, como Abou-Bedil, sabe que o valor da riqueza não está no exclusivo benefício e no prazer próprio, tendo, para ele, sobretudo, a utilidade de lhe garantir uma condição modesta e moderada, de modo que "todo o resto é luxo e vaidade".

Como é possível observar, o primeiro subtema da narrativa de Douban (paixão pela riqueza fácil e as consequências funestas que ela pode trazer, quando empregada unicamente para o prazer e benefício próprios) opera em sentido oposto na história de Ebid, pois a riqueza do Benfeitor, conquistada pelo seu próprio trabalho, não somente é utilizada com parcimônia como também é empregada para aliviar as necessidades dos pobres, de modo que sua prosperidade não lhe traz qualquer consequência negativa, conforme conta o narrador do prólogo-moldura: "viram-no subir ao mais alto degrau da prosperidade, sem lugar para a menor censura, de modo que ninguém invejava sua fortuna, da qual ele parecia apenas gozar dividindo-a com todo mundo"[175]. Assim, a riqueza de Ebid, que provém do trabalho e não é despendida com os excessos do luxo, mas sim com o auxílio aos carentes, não desperta os olhares de ganância e de inveja, dos quais Douban fora vítima.

---

173. *Idem*, pp. 770-771.
174. *Idem*, p. 771.
175. *Idem*, p. 722.

E foi justamente sua dedicação ao trabalho que lhe trouxe um casamento feliz, aos trinta anos, com a mulher que amava: "Aos trinta anos, o cuidado que eu tinha com o meu trabalho atraiu a atenção dos manufatureiros de Damasco. O mais opulento de todos deu-me sua única filha, que eu amava sem ousar dizer"[176]. Desse modo, outro fruto de seu trabalho foi a conquista da mulher amada, uma consequência positiva proveniente de seu ofício de artífice que se opõe ao subtema da infelicidade amorosa, da qual Mahoud foi acometido, sofrendo com o ciúme das violentas paixões que falsamente provocava.

Ademais, tendo sua fortuna ampliada com a herança do pai de sua esposa, decidiu destinar esse montante a um fim benéfico: "Eu tinha centuplicado sua fortuna quando ele a deixou em minhas mãos. Chegando eu mesmo à idade do repouso, pois meu benfeitor havia morrido há muito tempo, eu contentei minha última ambição sacrificando sua memória com um bom uso dos bens por ele deixados [...]"[177]. Durante sua vida, Ebid não despendeu sua riqueza com o luxo, dividindo-a com aqueles que necessitavam, e na velhice ampliou sua ajuda aos carentes, vivendo com a mesma simplicidade e sabedoria que caracterizara sua juventude.

Desse modo, apesar de ter chegado a Damasco como um indigente, desprezado e ignorante, ele conquistou, graças ao seu trabalho de artífice, a riqueza, o amor e, por fim, o respeito de todos da cidade por atenuar os males do povo, confortar os doentes, os prisioneiros e por abrigar os viajantes, como, logo no início do conto, o narrador do prólogo-moldura conta: "Era uma vez, em Damasco, um ancião muito, muito rico, que se chamava *Benfeitor*, pois somente usava seus tesouros para abrandar os males do povo, confortar os doentes e os prisioneiros, ou hospedar os viajantes"[178]. Em razão de Ebid aliviar o sofrimento não apenas dos doentes, mas de todos que dele necessitavam, tornou-se conhecido pelo epíteto de Benfeitor, o que denota um reconhecimento público, livre da perniciosa inveja; esta é, portanto, mais uma consequência feliz conquis-

---

176. *Idem*, p. 771.
177. *Idem, ibidem.*
178. *Idem*, p. 722 (grifos do autor).

tada através de sua dedicação ao trabalho de artífice e de sua sabedoria ao lidar com a riqueza dela originada, configurando, assim, a oposição ao subtema da narrativa de Pirouz, ou seja, a inveja que provoca dano ao invejado, da qual Pirouz sofrera ao curar muitos doentes com um falso conhecimento, esperando, com isso, a glória e a fortuna.

Notemos que Ebid, a partir de um saco de couro com várias ferramentas, sem qualquer outro poder senão o de viabilizar o trabalho, alcançou todas as promessas de felicidade que Douban, Mahoud e Pirouz acreditavam conter em seus talismãs mágicos; engendra-se, assim, o tema de "Os Quatro Talismãs" nesta última narrativa que, na verdade, relaciona-se com todos os demais subtemas do conto, porém, na sua face inversa: a riqueza, o amor e a sabedoria, na história de Ebid não se configuram, repectivamente, pela facilidade e luxo, pela infelicidade e pela inveja que causa dano, ao contrário disso, pois foram efetivamente conquistados a partir de seus próprios esforços, ou seja, através de seu trabalho de artífice. O tema da narrativa de Ebid, que perfaz a totalidade do conto, pode ser depreendido nas últimas palavras que encerram sua história, e, portanto, a jornada final de "Os Quatro Talismãs": "[...] e entraremos facilmente em acordo para reconhecer que de todos os talismãs que prometem a felicidade às vãs ambições do homem, entre eles, não há nada mais certo do que o trabalho"[179]; o trabalho é, portanto, o verdadeiro talismã que pode engendrar consequências benéficas ao homem; desse modo, tal atividade adquire uma importância capital para o significado do conto. Ao lado da valorização do trabalho, há também outro elemento que perfaz a narrativa de Ebid e atua junto à ideia central de "Os Quatro Talismãs": a simplicidade; pois, Ebid, além de um artífice, é, sobretudo, uma personagem simples que administra sua riqueza com prudência, sem deixar-se conduzir pela vaidade e pelo luxo.

Como é possível notar, Nodier valorizou neste conto, sobretudo, o trabalho do artífice, classe à qual dedicou "Os Quatro Talismãs", conforme registrou no prefácio: "'Os Quatro Talismãs' têm um objeto de utilidade mais sensível e mais geral. Eu os consagrei à classe da sociedade que,

---

179. *Idem*, p. 771.

para mim, melhor compreendeu as obrigações da vida e que tiraria desse conto o proveito mais razoável, se conhecesse todas suas vantagens, isto é, consagrei aos artífices"[180]. É, portanto, valorizado o trabalho do artesão, do artífice, que pelas suas mãos tece, forja, molda, lapida e cinzela a matéria, e, é nesse trabalho primoroso que se encerra o verdadeiro talismã capaz de conferir a felicidade.

Num conto de caráter moral, cujo tema se relaciona com a valorização do trabalho, essencialmente, o trabalho do artífice, Nodier tratou de subtemas que nos remetem diretamente a *Les mille et une nuits*. Entretanto, apesar das semelhanças a propósito da temática no cânone de Galland e dos contextos nos quais ela se desenvolve, a originalidade de Nodier é marcante em todas as narrativas; pois há elementos singulares nas histórias de Douban, Mahoud e Pirouz, como o destaque dado às consequências negativas dos objetos mágicos e a configuração dos tons cômico e satírico que caracterizam as histórias de Mahoud e Pirouz. A narrativa de Ebid é especialmente original, primeiro pelo fato de chamar atenção para a figura do artífice e, segundo, por conceber seu trabalho como um talismã que pode promover a satisfação e a felicidade. "Os Quatro Talimãs" são, portanto, um conto moral que, como o próprio autor observou, tem uma utilidade:

> Eu quis lhes mostrar, em um plano bastante estreito para um quadro dessa importância, mas cujos limites todo mundo pode ampliar de acordo com sua fantasia, que as condições sociais mais universalmente reconhecidas acrescentam muita pouca coisa, ou não acrescentam nada, à felicidade. [...] Essa lição é grande, consoladora, salutar, própria para desencantar os bons espíritos dessas ambições zelosas e impróprias que precipitam os velhos povos em direção a sua ruína [...][181].

A lição salutar – ou conselho – proposta por Nodier está relacionada com a simplicidade, como é a própria figura de Ebid que, no decorrer de sua narrativa, faz de sua vida um exemplo a ser seguido. A utilidade

---

180. *Idem*, p. 720.
181. *Idem, ibidem*.

moral que está em "Os Quatro Talismãs" e que, paralelamente, também perfaz *Les mille et une nuits*, nos remete à concepção de Benjamin, a propósito dos narradores natos:

> O senso prático é uma das características de muitos narradores natos [...] essa utilidade pode consistir seja num ensinamento moral, seja numa sugestão prática, seja num provérbio ou numa norma de vida – de qualquer maneira, o narrador é um homem que sabe dar conselhos[182].

Este senso prático do narrador está presente em "Os Quatro Talismãs" e *Les mille et une nuits*. Nesse sentido, a diferença faz-se somente quanto ao teor da lição abordada, ou conselho: de modo original, Nodier concebeu um conto dedicado aos artífices, mostrou a importância de seu trabalho – um talismã – e a beleza de sua simplicidade. Ademais, como também observou Benjamin, o narrador que sabe dar conselhos é um narrador nato, que, portanto, atravessa as muralhas do tempo; será na próxima seção que abordaremos tal questão, sob a perpectiva de narrar e permanecer.

4. Narrativa e permanência

Ao findar a narrativa de Ebid e, portanto, a última jornada do conto, volta a voz do narrador do prólogo-moldura, que, como já observamos anteriormente, revela-se o escritor de todas as histórias ali proferidas, as quais lhe foram contadas em sonho por um gênio. Em suas palavras finais, o narrador lança uma questão ao seu leitor, a quem ele se refere por *vós*: "Vós julgareis se é chegada a época em que eu devo renunciar à suas promessas [do gênio], quando saberei de vós se também perdi o modesto talismã que, por vezes, obteve para mim fracos direitos à vossa indulgência. É preciso mesmo que esse dia chegue e, talvez, ele tenha chegado"[183].

---

182. W. Benjamin, "O Narrador: Observações sobre a Obra de Nikolai Leskov", *Obras Escolhidas: Magia e Técnica, Arte e Política: Ensaios sobre Literatura e História da Cultura*, São Paulo, Brasiliense, 1986, vol. I, p. 200.
183. Nodier, 1961, p. 772. (A observação entre os colchetes é nossa.)

Essencialmente, o narrador, por meio de tais palavras, almeja tomar conhecimento ("saberei de vós") do veredicto do leitor ("vós julgareis") a propósito das narrativas que se encerraram, ou seja, ao chegar ao final, ele deseja saber se as histórias por ele narradas detiveram ou não a atenção de quem as leu, se foram ou não bem contadas; e, a partir dessa resposta, ele renunciará ou permanecerá a contar, ou melhor, a escrever outras histórias ("Vós julgareis se é chegada a época em que eu devo renunciar").

Ressoa, desse modo, ao final do conto, a questão de sua permanência como contador de histórias; ora, e não é esta a pergunta que igualmente ressoa nos contos das *Noites*, ao início de cada aurora? Šahrâzâd continuará a contar – e, portanto, a viver – sua história na noite seguinte se o rei Šahriyâr julgar que essa narrativa lhe é suficientemente interessante, a ponto de desejar ouvir sua continuação. A tradução das *Noites*, de Galland, traz claramente essa situação durante as 236 noites do livro, quando, a seguir, a divisão é suprimida, mas permanece implícita a ideia de que a heroína continuará a contar mediante o consentimento do rei. Como exemplo, na 14ª noite, a Scheherazade de *Les mille et une nuits* deixa marcada a dúvida de sua permanência:

> Ali parou Scheherazade, pois percebeu que já era dia. "Tudo o que me contais, minha irmã, disse Dinarzade, é tão variado que nada me parece mais agradável". – "Eu gostaria de continuar a divertir-vos, respondeu Scheherazade; mas não sei se o sultão, meu senhor, me dará tempo para isso." Schahriar, que não se divertia menos que Dinarzade, ouvindo a sultana, levantou-se e passou o dia sem ordenar ao vizir a morte dela[184].

Na aurora, no momento em que Scheherazade para de falar, como ocorre na passagem acima, ela não sabe se continuará a contar: "Eu gostaria de continuar a divertir-vos, respondeu Scheherazade; mas não sei se o sultão, meu senhor, me dará tempo para isso"; porém, como a narrativa em questão agrada o rei, desperta-lhe o desejo de ouvir na noite seguinte a continuação da história; e, assim, entre a dúvida da narradora

---

184. Galland, 1965, vol. I, 14ª noite, p. 78.

e o veredicto de Schahriar, a cada aurora, Scheherazade vai tecendo suas narrativas noite após noite, e, ao mesmo tempo, vai garantindo sua própria existência. Uma negação de seu soberano ouvinte significa a ausência de história, que, por sua vez, implica a morte.

Comparativamente, o narrador do prólogo-moldura de "Os Quatro Talismãs" e Scheherazade, tal qual a Šahrâzâd das *Noites*, demandam a possibilidade de continuar a contar, e, em ambos casos, tal atividade só será possível mediante a aprovação de seu leitor ou ouvinte, de modo que a negação significa a ausência de histórias e, portanto, o fim de uma existência, seja ela relacionada com a atividade de escritor, seja com a própria vida.

Na tradução das *Noites*, de Galland, esta ideia de associação entre o contar e o permanecer, presente ao final de "Os Quatro Talismãs", não se verifica somente na trama vivida por Scheherazade, mas também em outros episódios e personagens da exímia contadora, de modo que tenham, como ela, suas vidas suspensas pelo fio das histórias que tecem, e necessitem destas narrativas para assegurar suas vidas. Notemos, então, que em *Les mille et une nuits* – e, claro, nas *Noites* – contar é igual a viver, de modo que se consagra no livro o ato de narrar; nesse sentido, o príncipe, o mercador, o gênio, o vizir, o pescador, o rei, o médico, o dervixe, enfim, as mais variadas personagens "mileumanoitescas" entregam-se ao ato de narrar para obter a graça da vida de alguém ou de si mesmo. Como exemplo, temos ao menos três episódios presentes nos contos selecionados para nossa análise, todos traduzidos por Galland, a partir de seu manuscrito árabe (*Arabe 3609-3611* da BNP), que trazem esta tônica do contar como um meio de permanecer vivo. Primeiramente, lembremos do episódio de "História dos Três Calândares Filhos de Rei e das Cinco Damas de Bagdá" em que os calândares caolhos, com barba e sobrancelhas raspadas, devem contar suas histórias para que a dona da casa na qual se hospedaram lhes poupe a vida.

A "História do Rei Grego e do Médico Douban" é outro exemplo de que a narrativa é igual à vida, e a ausência, à morte: quando Douban percebe que terá definitivamente sua cabeça cortada, ele decide vingar--se do rei, oferecendo-lhe um livro que teria uma infinidade de coisas curiosas, sendo a principal delas a de que, ao ler algumas linhas de uma certa página, sua cabeça poderia responder-lhe todas as perguntas. Tendo a cabeça cortada, Douban disse: "Senhor, disse a cabeça, que Vossa Majestade abra o livro"[185]. O rei abriu o livro mas encontrou as páginas coladas umas às outras; para virá-las foi umedecendo seus dedos com a saliva, mas, ao chegar à página indicada, em que estariam as palavras para a cabeça responder às perguntas, não viu nada escrito, a página estava em branco: "Médico, disse à cabeça, não há nada escrito"[186]. E, sob as ordens do médico continuou a virar as páginas, não encontrando nada escrito nelas. Passou um curto momento e o rei sentiu um extraordinário mal-estar: o livro estava impregnado de veneno, e o soberano, tomado por ele, tombou morto. Essa é uma das mais belas imagens do livro: a página sem palavras é envenenada, ou o livro que nada conta, mata; portanto, a ausência de narrativa significa a não-permanência, ou seja, a morte.

A narrativa imperfeita é também igual à morte. Assim, na "História do Pequeno Corcunda", o mercador cristão pretendeu contar uma história melhor que a do corcunda, porém, ao final de sua narrativa, o rei de Casgar ficou encolerizado com o mercador, negando-lhe um veredicto favorável:

"És bem ousado, disse-lhe, em me contar uma história tão pouco digna de minha atenção e em compará-la à do corcunda. Como podes querer persuadir-me de que as insossas aventuras de um jovem debochado são mais admiráveis que as do meu bufão? Ordeno que todos os quatro sejam enforcados, para vingar a sua morte"[187].

A história do mercador cristão não convence, não persuade, enfim não seduz seu ouvinte, o rei de Casgar; e, por isso, o mercador cristão não pode permanecer vivo, ele deve morrer.

Notemos que em *Les mille e une nuits*, tal como nas *Noites* árabes, a experiência do contar atinge o grau máximo do permanecer, pois uma

---

185. *Idem*, 16ª noite, p. 84.
186. *Idem, ibidem*.
187. *Idem*, 140ª noite, p. 383.

boa história vale uma vida; diferentemente, "Os Quatro Talismãs" não experimentam semelhante tônica, mas apresentam a questão do permanecer; nesse sentido, uma boa história vale muitas outras histórias, portanto vale uma determinada parte da vida de quem narra, ou seja, vale o ofício de escrever. Nesse sentido, para Scheherazade, o veredicto favorável de Schahriar significa mais noites de histórias, e, portanto, a garantia de sua vida; para o inominado narrador do prólogo-moldura de "Os Quatro Talismãs", um veredicto favorável do leitor significa outras jornadas de narrativas, e, assim, sua permanência como contador de histórias escritas.

Em "Os Quatro Talismãs", para criar a questão relativa à permanência do narrador como contador de histórias, Nodier empregou, de modo bastante original, a imagem do talismã, presente em todo o conto, mas agora associado à habilidade de escrever: "se também perdi o modesto talismã que, por vezes, obteve para mim fracos direitos à vossa indulgência"[188]. Desse modo, apesar de podermos identificar na tradução das *Noites* a ideia de permanência presente em "Os Quatro Talismãs", Nodier dá um salto e marca sua originalidade com a imagem do talismã para figurar a arte de contar, de narrar através da escrita e de, consequentemente, manter viva a atenção do leitor ("o modesto talismã que, por vezes, obteve para mim fracos direitos à vossa indulgência").

Esse talismã, por sua vez, por figurar a arte do bem-contar pela forma escrita, nos remete a outras interpretações, a começar pela sua associação àquele talismã de Ebid, o artífice do conto, que tem como verdadeiro talismã o trabalho. Nesse sentido, o narrador, como um artesão, tece cuidadosamente os fios, as tramas e constitui, como produto final de seu trabalho de narrar, um texto, um conto, um livro.

Benjamin chamou atenção para a narrativa como forma de trabalho artesanal, no qual o narrador deixa suas marcas:

> A narrativa, que durante tanto tempo floresceu num meio artesão – no campo, no mar e na cidade –, é ela própria, num certo sentido, uma forma artesanal de comunicação. Ela não está interessada em transmitir o "puro em si" da coisa narrada como

---

188. Nodier, 1961, p. 772.

informação ou um relatório. Ela mergulha a coisa na vida do narrador para em seguida retirá-la dele. Assim se imprime na narrativa a marca do narrador, como a mão do oleiro na argila do vaso[189].

Notemos que, para Benjamin, na narrativa ("uma forma artesanal de comunicação") o narrador deixa suas marcas, suas experiências "como a mão do oleiro na argila"; em "Os Quatro Talismãs", poderíamos pensar que a marca de Nodier está no próprio narrador do prólogo-moldura.

Primeiramente porque, de acordo com a própria concepção de Nodier, o narrador do prólogo-moldura aproveita a riqueza do universo onírico em sua produção literária; desse modo, poderíamos interpretar a figura do gênio que promete ao narrador o sucesso de seu ofício de escritor ("eu devo renunciar às suas promessas [do gênio]") uma forma de relato feito pela mente do narrador-autor adormecido, ou seja, um "eu" do poeta que revela suas fantasias e imaginações durante o estado do sono, que, na vigília, ele aproveita para compor sua obra.

Ademais, podemos notar no conto a marca da caríssima figura, para Nodier, do contador de histórias; nesse sentido, todas as personagens de "Os Quatro Talismãs" são contadoras, sobretudo, o narrador, o que, mais uma vez, marca no conto a admiração de Nodier por *Les mille et une nuits*. E do mesmo modo, como um admirador do cânone de Galland, registrou em seu conto um conselho, uma moral útil, porém baseada em sua própria experiência, conforme notou no prefácio a "Os Quatro Talismãs": "as condições sociais mais universalmente reconhecidas acrescentam muita pouca coisa, ou não acrescentam nada, à felicidade"[190].

Assim, Nodier, na qualidade de um autor-artífice, deixou marcadas, em "Os Quatro Talismãs", suas experiências poéticas, registrando a importância do universo imaginário dos sonhos e do bom contador de histórias, sendo este um contador que se utiliza da forma oral (Douban, Mahoud, Pirouz e Ebid) ou escrita (o narrador do prólogo-moldura). E, com a moral útil que encerra seu conto, Nodier deixou marcada uma ex-

---

189. Benjamin, 1986, p. 205.
190. Nodier, 1961, p. 720.

periência, uma concepção de vida, aconselhando, sobretudo, a simplicidade e o trabalho para um bom viver.

O talismã do narrador, e, portanto, de Nodier, é a habilidade de escrever, de produzir bons textos, em que a marca de sua experiência fica gravada; enfim, é o trabalho de aperfeiçoar a matéria escrita para continuar a ser lida, encantar seus leitores e permanecer como um contador ao longo do tempo. Se observarmos outras produções de Nodier, poderemos encontrar essa metalinguagem sobre o fazer literário, abrangendo a busca pela narrativa perfeita, pelo livro ideal, conforme observou Camarani, a propósito do conto "Franciscus Columna" (1844): "De qualquer modo, o mais importante é que o último conto de Nodier é precisamente a história do livro, impossível de ser decifrado, enfim, o livro ideal, impossível talvez de ser escrito". Notemos que o talismã do narrador de "Os Quatro Talismãs" relaciona-se com tal concepção, pois é o símbolo da elaboração e da busca pelo contar, pelo narrar, pelo escrever de modo a encantar e a permanecer.

Nodier, um narrador nato, como observou Benjamin[191], tal qual a fictícia Šahrâzâd das *Noites* e a Scheherazade das *Nuits* de Galland – esta, a exímia narradora que, além de configurada pela pena de autores árabes anônimos, traz também a marca do próprio Galland – comungam da imagem do artífice, que tece, lapida, molda a matéria do texto, ela própria composta de palavras que tratam da vida humana; e, ao mesmo tempo, trabalham com a matéria-prima da experiência, conforme observou Benjamin:

> A antiga coordenação da alma, do olhar e da mão [...] é típica do artesão, e é ela que encontramos sempre, onde quer que a arte de narrar seja praticada. Podemos ir mais longe e perguntar se a relação entre o narrador e sua matéria – a vida humana – não seria ela própria uma relação artesanal. Não seria sua tarefa trabalhar a matéria-prima da experiência – sua e dos outros – tranformando-a num produto sólido, útil e único?[192]

Nodier e as fictícias Šahrâzâd e Scheherazade, todos narradores natos, trazem, em sua obra, conselhos e a arte de bem-contar, frutos de um

---

191. Benjamin, 1986, p. 200.
192. *Idem*, p. 221.

trabalho que se engendra na experiência de outros contadores natos. *Les mille et une nuits*, juntamente com sua principal narradora Scheherazade, é fruto da experiência de autores árabes anônimos das *Noites* e do tradutor Antoine Galland; e configura, tal qual as *Noites* árabes, um produto único, ou seja, uma obra singular, útil e perene, de modo que as vozes de Scheherazade e da primeva Šahrâzâd atravessam os séculos contando suas histórias surpreendentes.

Em "Os Quatro Talismãs", é possível notar que Nodier teve como matéria-prima *Les mille et une nuits*, por meio da qual pôde trabalhar com a experiência de muitos outros contadores natos; porém, as diversas peculiaridades da narrativa, ou marcas, deixadas por Nodier, fazem do conto uma criação tão singular quanto *Les mille et une nuits* e as *Noites* árabes.

Ademais, a questão lançada pelo narrador de "Os Quatro Talismãs" remete ao âmbito da solidez e permanência da própria história, cuja resposta positiva tem sido dada perenemente por aqueles que sobre ela se debruçam. Desse modo, "Os Quatro Talismãs" atravessam o tempo despertando a atenção do leitor que – tal como Schahriar ou Šahriyâr – vem pedindo ao anônimo narrador que continue a contar.

Nota final

Ao chegarmos ao final deste trabalho, destacaremos aqui algumas considerações. Primeiramente, devemos ressaltar que, dentre os manuscritos das *Noites* até hoje conhecidos, o melhor e o mais antigo pertenceu a Antoine Galland e foi primeiramente traduzido por ele. O pioneiro trabalho do orientalista, apesar de trazer uma série de infidelidades em relação ao original, que denotam a particularidade de sua versão, propagou as histórias das *Noites*, bem como sua estrutura de múltiplas vozes narrativas, presente mesmo nas histórias que inseriu – como é o caso da "História de Baba-Abdalla" –, não desnaturalizando o que Larzul chamou de "espírito dos contos árabes". A partir de sua versão, Galland apresentou ao Ocidente uma obra da literatura árabe que se tornou uma referência para outras produções literárias, de modo que surgiram, depois de suas *Les mille et une nuits*, textos que as imitaram, as "continuaram" ou nelas se inspiraram. Assim, as *Noites*, por meio de *Les mille et une nuits*, foram divulgadas e prestigiadas desde o século XVIII, quando foi publicada esta versão de Galland.

Charles Nodier, como demonstramos em nosso trabalho, foi um dos autores que utilizaram a fonte das *Noites* através da tradução de Galland, a qual desfrutava de uma grande circulação no século XIX. Nesse sentido, no âmbito das apropriações, o que primeiro nos chamou atenção, em nosso trabalho de comparação, foi a estrutura de "Os Quatro Talismãs", que, como na tradução nas *Noites*, possui um prólogo-moldura, pelo qual todas as histórias do conto estão ligadas e no qual, também, um narrador inicialmente impessoal assinala onde, por que e por quem as histórias são narradas. Outro ponto, ainda no campo da estrutura de "Os Quatro Talismãs", é a divisão em jornadas, que nos remetem diretamente à divisão em noites presente em *Les mille et une nuits*, tal como nas *Noites* árabes, além do próprio fato das narrativas serem noturnas, como ocorre na tradução de Galland. Do mesmo modo, a multiplicidade das vozes narrativas de "Os Quatro Talismãs", cujas personagens tomam a palavra para contar o que lhes aconteceu em suas vidas, também nos remete a *Les mille et une nuits*, em que, como observamos acima, foi mantida a estrutura de narrativas encadeadas das *Noites*, mesmo nas histórias que não pertenciam à obra árabe.

Mais um aspecto relevante, pertencente à análise comparada, é a tônica do ato de narrar e permanecer, presente nas últimas linhas de "Os Quatro Talismãs", que se pronuncia pelo questionamento do narrador-autor ao leitor se ele poderá, ou não, continuar a contar histórias; paralelamente, esta tônica é um dos elementos que, para nós, caracterizam a singularidade das *Noites* e que, como procuramos demonstrar em nossa análise, foi mantida em *Les mille et une nuits* e está presente no conto de Charles Nodier. Assim, este autor, que assinalou sua preocupação a propósito do fazer literário em outras obras, também a registrou neste conto, por meio de um questionamento que nos remete à própria dúvida da exímia narradora Šahrâzâd, ou seja, se a história que acabou de ser narrada agradou o bastante para que continue a contar e, portanto, neste caso, a viver. Podemos, assim, perceber que determinados elementos significativos das *Noites*, aqui tratados, foram preservados em *Les mille et une nuits* e, por meio desta, Charles Nodier os conheceu e empregou em "Os Quatro Talismãs".

É também importante ressaltar que há elementos próprios a *Les mille et une nuits*, ausentes nas *Noites*, que podem ser observados no conto de Nodier, conforme nossa análise indicou. Dentre eles, destacamos os seguintes objetos mágicos, presentes na "História do Cego Baba-Abdalla" e "História de Aladdin", ambas inseridas por Galland em seu cânone: a pomada da caixinha de Baba-Abdalla e a lâmpada de Aladdin; estes dois objetos têm igualmente o poder de enriquecer seu possuidor, pois, enquanto o primeiro revela todas as riquezas subterrâneas, o segundo, que encerra em seu interior um gênio, é capaz de conceder as maiores riquezas desejadas. Comparativamente, em "Os Quatro Talismãs", foi possível notar que o talismã de Douban tem uma propriedade semelhante a esses dois elementos mágicos das narrativas de Galland, sobretudo em relação à pomada de Baba-Abdalla, que tem o poder de fazer seu possuidor descobrir os tesouros subterrâneos. Assim, Nodier, ao entrar em contato com *Les mille et une nuits*, apropriou-se de diversos elementos das *Noites* presentes nesta tradução, mas também absorveu outros que são específicos do cânone de Galland, como ocorre com o talismã de Douban, cuja propriedade é análoga à pomada de Baba-Abdalla.

Além das semelhanças que apontam para a esfera das apropriações de Nodier, há as diferenças que conferem uma transformação do modelo emprestado e, desse modo, denotam a originalidade do autor. O primeiro elemento que vamos aqui destacar relaciona-se com o narrador do prólogo-moldura de "Os Quatro Talismãs" que, inicialmente, mantém-se impessoal na narrativa, como ocorre em *Les mille et une nuits* e nas *Noites*, para ganhar, de modo crescente, presença até se declarar autor do conto. Esta marca do narrador na história aponta para a originalidade de Nodier, pois, diferentemente, tanto o narrador do prólogo-moldura da tradução de Galland quanto aquele das *Noites* não se manifestam na narrativa utilizando a primeira pessoa gramatical, tanto menos se declaram autores da história. Ainda no âmbito da técnica narrativa, outro ponto que nos chama atenção é o modo como Nodier trabalhou a multiplicidade dos narradores, que não segue de forma ordenada, como ocorre na tradução das *Noites*, transformando, assim, o encadeamento ordenado do modelo vigente ao inverter a ordem da enunciação somente no desfecho da narrativa, criando, de modo original, uma nova unidade de sentido no texto.

É também importante lembrarmos aqui a peculiaridade dos objetos mágicos de "Os Quatro Talismãs", que não têm apenas o poder de conferir a riqueza material ao seu possuidor, como ocorre nas histórias de Baba-Abdalla e de Aladdin, mas também atributos especiais, como o dom de atrair todas as mulheres e de identificar as doenças e seus remédios para curá-las. Além dessas propriedades mágicas originais, também é necessário destacar o quarto talismã do conto, o saco de ferramentas, que engendra um tema diferente em relação às *Noites* e à sua versão peculiar francesa, ao trazer em seu significado o engrandecimento do trabalho do artífice, bem como o valor da simplicidade.

Ademais, há também um quinto talismã mencionado pelo narrador-autor, cuja propriedade parece estar ligada diretamente àquela do talismã do artífice: o fazer literário, uma atividade que nos parece tão artesanal quanto o trabalho do artífice. Primeiramente, como assinalamos em nossa análise, esse fazer literário perpassa pelo sonho, de modo que o narrador aproveita na elaboração de suas histórias as ricas fantasias de seu estado de sono. Este é um elemento assinalado no prólogo-moldura que se distancia do universo "mileumanoitesco", apontando para mais um traço peculiar de "Os Quatro Talismãs". Tal peculiaridade do conto, ou seja, a concepção do fazer literário, primeiro remete a uma fonte – os sonhos – para, a seguir, através da imagem do talismã, tratar da qualidade de sua elaboração, lançando um questionamento ao leitor que, como já observamos aqui, nos remete às *Noites*, onde a relação entre narrativa e permanência ressoa por toda a obra. Nesse momento do conto, podemos perceber o entremear da peculiaridade de Nodier – a preocupação com o fazer literário – e da presença das *Noites* em sua produção, através de determinado questionamento ao leitor que nos lembra a suspensão da voz de Šahrâzâd, aguardando, ao raiar de mais uma jornada, o veredicto de seu soberano ouvinte, o rei Šahriyâr, aquele que lhe concederá, ou não, a permissão de continuar a narrar. Desse modo, podemos notar que Nodier, ao compor "Os Quatro Talismãs", apropriou-se, através de *Les mille et une nuits*, de determinados elementos que, originalmente, pertencem às *Noites*, como também se utilizou de elementos próprios da particular versão de Galland; porém, no processo de apropriação, transformou o modelo presente em *Les mille et une nuits*, imprimindo suas peculiaridades, suas marcas de um exímio contador de histórias.

Chegando ao final de nossas considerações, devemos registrar também determinadas questões para as quais nosso presente trabalho não alcançou resposta, e que apontam para possíveis pesquisas futuras. Primeiramente, no âmbito da elaboração das *Noites* no Oriente, nos perguntamos se a tradução de Galland, finalizada em 1717, teria sido uma referência para a composição do ramo egípcio tardio do livro, que alcançou as mil e uma noites de histórias na segunda metade do século XVIII, trazendo em seu *corpus* a história de "Sindbâd", já inserida por Galland, em seu cânone, na primeira metade do século XVIII.

Outra questão relaciona-se com as fontes de Nodier para a composição de "Os Quatro Talismãs". Além da menção à montanha Qâf, há também várias referências a determinados costumes islâmicos nas histórias de Douban e Mahoud, dos quais não tratamos em nossa análise e que estão ausentes em *Les mille et une nuits*, apontando, assim, para outras possíveis fontes, como a *Bibliothèque oriental*, de Barthélémy d'Herbelot, citada por Nodier no prefácio que elaborara, em 1822, para uma nova edição de *Les mille et une nuits*, de Galland. Por fim, no âmbito da análise comparada de elementos da narrativa, as personagens de "Os Quatro Talismãs" e de *Les mille et une nuits* ainda aguardam um estudo acurado, cujo ponto de partida poderia ser a observação do caráter apsicológico das personagens "mileumanoitescas" – indicado por Todorov em seu ensaio intitulado "Os Homens-narrativa" – em contraposição às personagens de "Os Quatro Talismãs", imbuídas de diversos caracteres que apontam para seu psicologismo.

Bibliografia

ABBAGNANO, N. *Dicionário de Filosofia*. Trad. Alfredo Bosi. São Paulo, Martins Fontes, 1998.
ABDEL-HALIM, M. *Antoine Galland, sa vie et son oeuvre*. Paris, Nizet, 1964.
ADAM, J-M. & REVAZ, F. *A Análise da Narrativa*. Lisboa, Gradiva, 1997.
AGINA, M. "La traduction comme ouverture sur l'autre: les cas des *Mille et une nuits*". In: CHRAÏBI, A. (ed.). *Les mille et une nuits en partage*. S.l. Sindbad, 2004, pp. 267-275.
AS MIL E UMA NOITES. Trad. Alberto Diniz. Rio de Janeiro, Ediouro, 2004. Versão francesa de: Antoine Galland. Original árabe, 2 vols.
BECHARA, E. *Moderna Gramática Portuguesa*. São Paulo, Companhia Editora Nacional, 1982.
BENCHEIKH, J. E. *Les mille et une nuits ou la parole prisonnière*. Paris, Gallimard, 1988.
BENCHEIKH, J. E.; BREMOND, C. & MIQUEL, A. *Mille et une contes de la nuit*. Paris, Gallimard, 1991.
BENJAMIN, W. "O Narrador: Observações Sobre a Obra de Nikolai Leskov. *Obras Escolhidas*: *Magia e Técnica, Arte e Política. Ensaios Sobre Literatura e História da Cultura*. São Paulo, Brasiliense, 1986, vol. I, pp. 197-221.
BORGES, J.L. "Os Tradutores das *1001 Noites*". *História da Eternidade*. Rio de Janeiro, Globo, 1986, pp. 77-95.

_____. "As Mil e Uma Noites". *Sete Noites*: São Paulo, Max Limonad, 1987. pp. 70-87.

BOURGEOIS, R. "Charles Nodier ou les charmes de Clio". *L'ironie romantique: spetacle et jeu de Madame de Staël à Gérard de Nerval*. S.l., Presses Universitaires de Grenoble, 1974, pp. 173-218.

BRAY, René. *Chronologie du romantisme: 1804-1830*. Paris, Nizet, 1963.

BREMOND, C. *Logique du Récit*. Paris, Seuil, 1973.

_____. "Traditions, traductions, trahisons". In: LARZUL, S. *Les traductions françaises des* Mille et une nuits: *étude des versions Galland, Trébutien et Mardrus*. Paris, L'Harmattan, 1996, pp. 5-10.

_____. "Principes d'un index des passions, actions et motivations dans *Les mille et une nuits*". In: CHRAÏBI, A. (ed.). Les mille et une nuits *en partage*. S.l., Sindbad, 2004, pp. 29-38.

CAMARANI, A. L. S. *Tradução e Poética*: *Charles Nodier*. 1997. Tese (Doutorado em Língua e Literatura Francesa) – Faculdade de Filosofia, Letras e Ciências Humanas da Universidade de São Paulo, São Paulo, 1997.

_____. "Charles Nodier, o Contador de Histórias". *Itinerários n° 12*. Araraquara (Unesp), pp. 141-148, 1998.

_____. "Nodier e o Fantástico". *Itinerários n° 19*, Araraquara (Unesp), pp. 67--89, 2002.

CARVALHAL. T. F. *Literatura Comparada*. São Paulo, Ática, 1986 (Série Princípios).

CASTEX, P.G. *Le conte fantastique en France, de Nodier à Maupassant*. Paris, Librairie José Corti, 1962.

CENTO E UMA NOITES. Trad. Mamede Mustafa Jarouche. São Paulo, Hedra, 2001.

CHRAÏBI, A. "Idéologie et littérature: répresentativité des *Mille et une nuits*". Les mille et une nuits *en partage*. S.l., Sindbad, 2004, pp. 95-104.

CLERVAL, A. "L'Orient des voyageurs français au XIX siècle". *La nouvelle revue française n. 393*, Paris, NRF, pp. 57-62, 1ᵉʳ octobre, 1985.

COELHO, N.N. *O Conto de Fadas*. São Paulo, Ática, 1991. (Série Princípios).

_____. *Panorama Histórico da Literatura Infantil/Juvenil: Das Origens Indoeuropeias ao Brasil Contemporâneo*. São Paulo, Quíron, 1985.

CUNHA, A. G. da. *Dicionário Etimológico Nova Fronteira*. Rio de Janeiro, Nova Fronteira, 1996.

DARNTON, R. *O Grande Massacre de Gatos: E Outros Episódios da História Cultural Francesa*. Rio de Janeiro, Graal, 1984.

ELISSÉEFF, N. *Thèmes et motifs des* Mille et une nuits: *essai de classification*. Beyrouth, Librairie Orientale et Américaine Max Besson, 1949.

FIORIN, J.L. & SAVIOLI, F. P. "Modos de narrar". *Para Entender o Texto: Leitura e Redação*. São Paulo, Ática, 1995, pp. 137-143.
GENETTE, G. *Figures III*. Paris, Seuil, 1972.
GUINSBURG, J. (org.). *O Romantismo*. São Paulo, Perspectiva, 2005.
HEGEL, G.W.F. "Ironia e Romantismo". *Curso de Estética*: O Belo na Arte. São Paulo, Martins Fontes, 1996, pp. 83-89.
HOURANI, A. *Uma História dos Povos Árabes*. São Paulo, Companhia das Letras, 1994.
HUGO, V. *Les orientales*. Édition critique avec une introduction, des notices, des variantes et des notes par Élisabeth Barineau. Paris, Didier, 1952, t. I.
JAROUCHE, M. M. "Tribulações do terceiro xeique". *Revista USP nº 31*. São Paulo, Codac/USP, pp. 142-149, set.-out.-nov. 1996.
_____. "Borges, Autor das *Mil e Uma Noites*". *Cult – Revista Brasileira de Literatura n. 25*, São Paulo, Lemos Editorial, pp. 67-71, ago. 1999.
_____. "O Prólogo-moldura das *Mil e Uma Noites* no Ramo Egípcio Antigo". *Tiraz Revista de Estudos Árabes e das Culturas do Oriente Médio n. 1*, São Paulo, Humanitas/FFLCH-USP, pp. 70-117, 2004.
_____. "Noites para Brilhar no Escuro". In: FONSECA, M.A. (org.). *Olhares sobre o Romance*. São Paulo, Nanquin Editorial, 2005, pp. 209-217.
_____. "Uma Poética em Ruínas (Introdução)". *Livro das Mil e Uma Noites*. São Paulo, Globo, 2005, vol. I.
_____. "Ramos (e Florestas) Entre Cairo e Damasco". *Livro das Mil e Uma Noites*. São Paulo, Globo, 2005, vol. II.
_____. "Notas Sobre a Tradução e Regimes de Narrativa no *Livro das Mil e Uma Noites*. In: ARAUJO, H.V. (org.). *Diálogo América do Sul-Países Árabes*. Brasília, Inpri/Funag, 2005, pp. 223-261.
JAUSS, H. R. "La 'modernité' dans la tradition littéraire et la conscience d'aujourd'hui". *Pour une esthétique de la réception*. Paris, Gallimard, 1978, pp. 158-209.
JOURDA, P. *L'Exotisme dans la littérature française depuis Chateaubriand*. S.l., Presses Universitaires de France, 1956, t. II.
KIERKEGAARD, S.A. "Sobre o Conceito de Ironia". *O Conceito de Ironia*: Constantemente Referido a Sócrates. Bragança Paulista, Editora Universitária São Francisco, 2005, pp. 209-283.
LAGARDE, A. & MICHARD, L. *Les grands auteurs français du programme*. Paris, Bordas, 1962, t. III, IV, V.
LAMARTINE, A. de. *Le voyage en Orient* (extraits). Paris, Hatier, s.d.
LARZUL, S. *Les traductions françaises des* Mille et une nuits: *étude des versions Galland, Trébutien et Mardrus*. Paris, L'Harmattan, 1996, pp. 5-116.

_____. "*Les mille et une nuits* d'Antoine Galland: traduction, adaptation, creation". In: CHRAÏBI, A. (ed.). Les mille et une nuits *en partage*. S.l., Sindbad, 2004, pp. 251-266.

LEITE, L. C. M. *O Foco Narrativo*. São Paulo, Ática, 2005 (Série Princípios).

LES MILLE ET UNE NUITS. Traduction d'Antoine Galland. Paris, Garnier, 1955, 3 vols.

LEXICON, H. *Dicionário de Símbolos*. São Paulo, Cultrix, 1997.

LIVRO DAS MIL E UMA NOITES. Introdução, notas e apêndice e tradução do árabe por Mamede Mustafa Jarouche. São Paulo, Globo, 2005. 2 vols.

MAHDI, M. (ed.) *The* Thousand and One Nights (Alf layla wa-layla) *From the Earliest Known Sources*. Leiden, Brill, 1994. vol. 3, pp. 1-49 e 183-215.

MARTINO, P. *L'Époque romantique en France*: *1815-1830*. Paris, Boivin, S.d.

MAY, G. Les mille et une nuits *d'Antoine Galland* (*ou le chef-d'ouvre invisible*). Paris, PUF, 1986.

MILNER, M. *Le Romantisme*: *1820-1843*. Paris, Arthoud, 1973, t. I.

MIQUEL, A. *Sept contes des* Mille et une nuits *(ou il n'y a pas de contes innocents)*. Paris, Sindbad, 1981.

MIQUEL, J. "Le *Journal* (1708-1715) d'Antoine Galland (1646-1715)". In: CHRAÏBI, A. (ed.). Les mille et une nuits *en partage*. S.l., Sindbad, 2004, pp. 329-349.

NABHAN, N. N. As Mil e Uma Noites *e o Saber Tradicional*. Faculdade de Filosofia, Letras e Ciências Humanas da Universidade de São Paulo, São Paulo, 1990. (Tese de Livre Docência)

MONTESQUIEU, Ch. de S. *Lettres persanes*. Paris, Garnier, 1960.

NITRINI, S. *Literatura Comparada*: *História, Teoria e Crítica*. São Paulo, Edusp, 1997 [Acadêmica, 16].

NODIER, Ch. *Oeuvres choisies de Charles Nodier*. Paris: Librairie Delagrave, 1923.

_____. "Notice sur Galland". *Les mille et une nuits*. Traduction d'Antoine Galland. Paris, Garnier, 1955, pp. I-IX.

_____. *Contes*. Paris, Garnier, 1961.

_____. "De quelques phénomènes du sommeil". In: JUIN, H. *Charles Nodier*. Paris, Seghers, 1970a, pp. 141-154.

_____. "Du fantastique en littérature". In: JUIN, H. *Charles Nodier*. Paris, Seghers, 1970b, pp. 119-138.

PROPP, V.I. *Morfologia do Conto Maravilhoso*. Rio de Janeiro, Forense Universitária, 1984.

SCHWAB, R. *La Renaissance orientale*. Paris, Payot, 1950.

SETBON, R. *Libertés d'une écriture critique: Charles Nodier*. Genève, Editions Slatkine, 1979.

SERMAIN, J. "Art de la transition et mélange des genres dans *Les mille et une nuits* d'Antoine Galland: l'histoire d'Aladdin". In: CHRAÏBI, A. (ed.). Les mille et une nuits *en partage*. S.l., Sindbad, 2004, pp. 276-312.

SIRONVAL, M. "Le flambeau des *Mille et une nuits* de Galland a Mardrus". In: CHRAÏBI, A. (ed.). Les mille et une nuits *en partage*. S.l., Sindbad, 2004, pp. 311-328.

SORIANO, M. *Les Contes de Perrault*: *culture savante et tradictions populaires*. Paris, Gallimard, 1968.

_____. *Le dossier Perrault*. Paris, Hachette, 1972.

TODOROV, T. *As Estruturas Narrativas*. São Paulo, Perspectiva, 1970.

_____. *Introdução à Literatura Fantástica*. São Paulo, Perspectiva, 1992.

THOMPSON, E.P. "Tempo, Disciplina de Trabalho e o Capitalismo Industrial". *Costumes em Comum*. São Paulo, Companhia das Letras, 1998, pp. 267-304.

VAX, L. "Motifs, thèmes et schèmes". *La séduction de l'étrange*. Paris, PUF, 1965, pp. 53-88.

VAN LEEUWEN, R. "Orientalisme, genre et réception des *Mille et une nuits* en Europe". In: CHRAÏBI, A. (ed.). Les mille et une nuits *en partage*. S.l., Sindbad, 2004, p. 120-141.

VERNET, J. *Literatura árabe*. Barcelona, Labor, 1964.

VOLTAIRE, F. M. A. *Zadig ou la destinée*. Paris, Didier, 1964.

WELLEK, P. A "Crise da Literatura Comparada". In: COUTINHO, E. F. & CARVALHAL, T. F. (orgs.). *Literatura Comparada*: *Textos Fundadores*. Rio de Janeiro, Rocco, 1994a, p. 108-119.

_____. "O Nome e a Natureza da Literatura Comparada". In: COUTINHO, E. F. & CARVALHAL, T. F. (orgs.). *Literatura comparada*: *Textos Fundadores*. Rio de Janeiro, Rocco, 1994b, pp. 120-148.

WELLEK, R. & WARREN. A. *Teoria da Literatura*. S.l., Publicações Europa-América, 1976.

YURIKO, Y. "*Les mille et une nuits* et les automates: l'interaction infinie de la science et de la fiction". In: CHRAÏBI, A. (ed.). Les mille et une nuits *en partage*. S.l., Sindbad, 2004, pp. 39-50.

ZHIRMUNSKY, V.M. "Sobre o Estudo da Literatura Comparada". In: COUTINHO, E.F. & CARVALHAL, T. F. (eds.). *Literatura Comparada: Textos Fundadores*. Rio de Janeiro, Rocco, 1994, pp. 199-214.

Título	Na Senda das Noites
Autora	Christiane Damien
Editor	Plinio Martins Filho
Produção Editorial	Aline Sato
Capa	Tomás Martins
Editoração Eletrônica	Daniela Fujiwara
Revisão	Plinio Martins Filho e Geraldo Gerson de Souza
Formato	16 x 23 cm
Tipologia	Times Arabic
Papel	Pólen Soft 80 g/m² (miolo) Cartão Super 6 250 g/m² (capa)
Nº de páginas	208
Impressão e Acabamento	Gráfica Vida e Consciência